后浪
剧场
044

文艺·戏剧·生活

Из прошлого

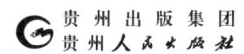

［苏］弗·伊·涅米罗维奇-丹钦科 著

焦菊隐 译

贵州出版集团
贵州人民出版社

为了使回忆具有某种意义,
它们应该首先是真诚的
而不是臆造出来的。

丹钦科（1858—1943）

上：丹钦科的太太叶卡捷琳娜
下：丹钦科的乡下别墅

丹钦科和斯坦尼斯拉夫斯基

左上：斯坦尼斯拉夫斯基
右上：莫斯科艺术剧院演员利林娜（斯坦尼斯拉夫斯基的太太）
左下：契诃夫
右下：莫斯科艺术剧院演员克尼碧尔（契诃夫的太太）

莫斯科艺术剧院演员：费多托娃（左上）、叶尔莫洛娃（右上）、莫斯克温（左下）、连斯基（右下）

莫斯科艺术剧院演员：维什涅夫斯基（左上）、卡恰洛夫（右上）、巴利耶夫（左下）

《万尼亚舅舅》演出剧照（莫斯科艺术剧院，1899）

《底层》演出剧照（莫斯科艺术剧院，1902）

契诃夫给莫斯科艺术剧院的艺术家们朗读《海鸥》。(左起) 丹钦科、拉耶夫斯卡娅、维什涅夫斯基、卢日斯基、阿尔乔姆、克尼碧尔、斯坦尼斯拉夫斯基、契诃夫、安德烈耶夫、利林娜、季霍米罗夫、格里戈里耶娃、罗克萨诺娃、梅耶荷德

上：契诃夫在雅尔塔的故居
下：莫斯科艺术剧院的诞生地（位于普希金村）

高尔基

契诃夫和托尔斯泰

美国戏剧制作人莫里斯·格斯特和丹钦科

目 录

第一部分　契诃夫

第一章 ··· 5

和契诃夫初次相遇 / 托尔斯泰、格里戈罗维奇、博博雷金对契诃夫的意见 / 契诃夫与自由主义 / 契诃夫的剧作《伊凡诺夫》/ 他的大胆、单纯和抒情的诗意 / 我的剧本《最后的愿望》/ 契诃夫的家庭 / 钱的问题 / 契诃夫被误称为"战士" / 旧型剧场中的契诃夫

第二章 ·· 26

我的生活中的片段：夏天的一些印象 / 活生生的认识和旧型剧场之间的鸿沟 / 著名的莫斯科小剧院和它的"黄金时代" / 奥斯特洛夫斯基 / 作家契诃夫和内科医生契诃夫 / 契诃夫对于女人的成功 / 契诃夫的剧本《林妖》/ 我的剧本《新事业》/ 作家的苦恼

第三章 ·· 45

我开始教授戏剧艺术 / 音乐协会的学校 / 新的剧场的种子 /《万尼亚舅舅》的问世 / 我们在剧作家协会里的斗争 / 剧作家兼演员孙巴托夫 / 我和孙巴托夫敦劝契诃夫写剧本

第四章 59

《海鸥》/ 连斯基劝告契诃夫停止为舞台写作 /《海鸥》在彼得堡的命运 / 新闻企业家兼出版家苏沃林 /《海鸥》在彼得堡的排练 /《海鸥》的失败 / 所有报纸上的意见都是不利的 / 契诃夫发誓永远不再写剧本

第五章 72

我的剧本《生活的价值》/《海鸥》和《生活的价值》的命运 / 旧型剧场的机构本身存在着一种不对头的东西 / 我已经梦想一个我自己的剧场了 / 斯坦尼斯拉夫斯基和他的业余剧团 / 我动身到莫斯科去会见他

第二部分 一个新剧场的诞生

第六章 85

俄国剧场史上有名的十八小时谈话 / 对导演斯坦尼斯拉夫斯基的片刻印象 / 新的艺术和新的剧场机构 / 对旧型剧场的无情的批判和准备新剧场的计划 / 剧场是为它的管理人存在的 / 排练的程序 / 回忆我的剧本《黄金》的第一次彩排 / 劳动的愉快 / 斯坦尼斯拉夫斯基的雄心 / 两头熊不能安处在一个洞里 / 我的传记的片段 / 契诃夫的致命的肺结核病

第七章 120

我和斯坦尼斯拉夫斯基为我们的剧场寻求资金 / 斯坦尼斯拉夫斯基导演的《沉钟》/ 梅耶荷德在我的学校里 / 莫斯科的商人和莫斯科的贵族 / 一位大公爵 / 大公爵夫人

家里的一次表演 / 斯塔霍维奇 / 音乐协会学校的董事会 / 莫罗佐夫

第八章 ······ 143

建立我们的剧场的款项找到了 / 皇家剧院里出现了一个意料不到的竞争者 / 短短一阵不祥的旋风 / 契诃夫拒绝许我上演《海鸥》/ 我和契诃夫的通信 / 排练工作开始 / 普希金村 / 首个扮演沙皇费奥多尔的演员 / 莫斯克温的胜利 / 唤起斯坦尼斯拉夫斯基对契诃夫的兴趣的努力

第九章 ······ 159

我们的艺术的表面特色 / 导演的三重面貌 / 内心体验律 / 最高的艺术的单纯性 / 什么也不要表演 / 导演斯坦尼斯拉夫斯基 / 我们的剧团的热诚

第十章 ······ 175

契诃夫在莫斯科参加我们的排练 / 社会对新的剧场的态度 / 诽谤 / 朋友们 / 剧场的迷信 / 剧场的开幕 /《沙皇费奥多尔·伊万诺维奇》/ 巨大的成功 / 更多的失败 / 和审查制度的矛盾 / 总主教弗拉基米尔 / 教会的审查制度

第十一章 ······ 193

《海鸥》初演以前的情景 / 初演 / 演出的品质 / 历史性的成功 / 新的剧场诞生了 / 给契诃夫的电报和书信

第十二章 ······ 205

契诃夫和剧院的根深蒂固的联系 / 契诃夫背弃我们 / 剧院的经济困难 / 又是莫罗佐夫 / 契诃夫的戏在艺术剧院 /

3

契诃夫和克尼碧尔／《三姊妹》／《樱桃园》／《樱桃园》的初演／对日作战／契诃夫的逝世

第三部分　高尔基的剧作在艺术剧院中

第十三章 241

和高尔基初次相遇／艺术剧院到克里米亚去看望契诃夫的旅行／演员们的任务：争取使高尔基写剧本／契诃夫和高尔基之间的关系／我旅行到阿尔扎马斯去看高尔基／高尔基和夏里亚宾

第十四章 254

高尔基和彼得堡／求得准许上演《小市民》的困难／青年们／政治性的示威游行／《底层》的巨大成功／艺术的机巧性／同一剧本在十月革命以后的演出

第十五章 262

一九〇五年事件前夕的不安心情／《裘力斯·凯撒》在观众中的巨大成功和后台的沉重空气／革命以前一个时期的回忆

第十六章 273

艺术剧院的世界观中的"高尔基精神"／高尔基和安德列耶娃／一九〇五年的革命／《太阳的孩子们》／"黑色百人团"威胁要毁掉艺术剧院／初演／悲喜剧的结局／后台罢工的威胁／反动／高尔基和陀思妥耶夫斯基在艺术剧院／十月革命以后对剧目的态度

第四部分　艺术剧院的青年时代

第十七章 ·················· 295

复杂的准备 / 继莫斯科之后，柏林被反动的骚乱所侵袭 / 国外的剧场 / 新的观众 / 巨大的成功 / 批评文章摘要 / 霍普特曼 / 威廉二世 / 一段柏林童话：塔拉索夫和巴利耶夫

第十八章 ·················· 316

旅行全德国 / 剧场工作者 / 德累斯顿 / 报纸文章摘要 / 莱比锡 / 捷克国家剧院 / 剧院的停留对于被奴役的捷克人的政治色彩 / 克拉马日 / 往日的维也纳 / 报纸文章摘要

第十九章 ·················· 337

我为什么没把剧院带到巴黎去 / 宣传的商业性 / 杜塞尔多夫的滑稽事件 / 又是威廉二世 / 华沙 / 回到莫斯科

第五部分　托尔斯泰的剧作在艺术剧院中

第二十章 ·················· 353

和托尔斯泰初次相识 / 契诃夫为什么长时间避免和托尔斯泰相遇 / 我为什么吸烟 / 托尔斯泰否定易卜生 / 托尔斯泰对我们这一代作家的影响 / 托尔斯泰观看《万尼亚舅舅》的演出 /《教育的果实》的第一次演出 /《黑暗的势力》在艺术剧院

5

第二十一章 ········· 362

我去雅斯纳雅-波良纳的旅行／又谈到易卜生／对宗教偏见的攻击／托尔斯泰和索菲娅·安德列耶芙娜／她的态度给我的深刻的印象／关于托尔斯泰夫妻间极富戏剧性的相互关系／"我从来就没有爱过。我又非结婚不可"

第二十二章 ········· 367

在捷利亚京基村切尔科夫家里／"托尔斯泰式"的生活／为在艺术剧院上演《活尸》所订的契约的条件／托尔斯泰的艺术世界观／莫斯克温演普罗塔索夫，格尔马诺娃演丽莎，卡恰洛夫演卡列宁／在新的社会问题、新的生活方式的门限上，"托尔斯泰精神"和"契诃夫精神"对艺术剧院演员的心理起了什么影响

译后记 ········· 376
校订后记 ········· 388
出版后记 ········· 389

第一部分 契诃夫

给我写传记的人，都以为我癖爱契诃夫的作品，因此才在艺术剧院上演了《海鸥》——两年前彼得堡的国立剧院用全班优秀演员扮演而完全失败的这么一出戏。

批评家们因而坚持认为，艺术剧院的历史虽然在时间顺序上开始于《沙皇费奥多尔·伊万诺维奇》的初演，可是它真正的第一页应当由《海鸥》的演出算起，因为这个剧场及其革命的意识只是从契诃夫起才明朗确定了。

此外，我的传记的作者尤里·索博列夫更肯定地说，我一生的志趣只是向着一个目标前进，这个目标就是创立艺术剧院。他又肯定地说，我作为戏剧作家、作为小说家、作为新闻记者、作为导演、作为戏剧教育家，甚至我在青年时代作为业余演员，这一切活动、一切追求都归结到一条道路上，这条路就引向了后来我和斯坦尼斯拉夫斯基那一次持续了十八小时之久的、具有历史意义的会谈，以及艺术剧院的草创。

因此，在我的文学工作和戏剧工作之间，在我对契诃夫的创作的酷爱与艺术剧院的创造之间，就都存在着一个根深蒂固的联系。

到了现在，只要我一回想起以往的一切经过，马上就更相信这句话确是对的。我每一回想起契诃夫这个名字，就不能不联想到我个人在文学与戏剧生活里的一段段的经验。我们两个人生活在同一个时代，接触着同一类人物，参与到同样的环境中，因而，自然也就被同样的理想所感召。于是，契诃夫小说里的那些新色彩、新节奏、新字句为什么能使我心灵上产生一种强烈的反应，也就可以得到清楚的解释了。我们好像用同样的生活材料，去追寻同样的一些目标，这就足以解释我为什么能如此迷恋地把握住他的诗意、他的抒情因素和他那种意想不到的真实风格了。

真是令人意想不到的真实风格啊！

除此之外，我们还同样不满于旧型剧场。我也许比契诃夫的态度更尖锐些，因为我比他献身于剧场者多。他也许比我更深刻些，因为他从剧场所受到的痛苦是一个作家心灵反应上所能受到的痛苦中最大的：旧型剧场里存在着许多不可理解的现象，破坏人的幻想，钳服人的自尊。

这说明了为什么我对契诃夫的各种回忆永远和对艺术剧院的回忆交织在我的心中，像十字路口一样。而这些道路也就是引向莫斯科艺术剧院诞生的道路。所以我们可以说，艺术剧院就是契诃夫剧院。

第一章

一

在我的脑子里,有三个契诃夫的影像,每一个影像代表着他一生中的某一阶段。

第一个影像,是一个"大有希望的"契诃夫。他写了无数小说,其中有些很短,有些很平凡,这些小说大多数都用"阿·契宏特"的笔名发表在幽默刊物上。这一类小说,他一共写过多少呢?若干年后,当契诃夫把他的作品全部卖掉,并且把值得发表的小说选出来的时候,我问过他。他的回答是:"大约有一千!"

这些小说大都是故事逸闻的性质,在结构的编织上,在机智上,都很精妙,而且笔到点题、一针见血,这正是他独有的特点。

但他早就迈进写重要小说的阶段了。

他喜欢人多,可是只愿静听而不愿开口。他丝毫也不自傲。大家公认他毫无疑义是有天分的,不过,当时谁又想得到,他这个名字,日后竟会列在伟大的作家们中间呢?

第二个影像,是已经被承认为"最有天才的作家之一"的契诃夫。他那一册小说集子《黄昏》,得到了皇家学院的普希金文学奖金。这时,他的写作在数量上已经少了,而在质上也更严格了:他每写出一篇新小说来,就都被人谈论着、称赞着,所有出版家都争着请求印行他的作品。但,当时的青年领袖米哈伊洛夫斯基不断地强调说:契诃夫是一个没有思想的作家。这种评论不是没有影响的,当时获得了响亮而一致的认可。

另一方面,伟大的托尔斯泰却说:

"这是一个使人谈起来感到愉快的作家。"

格里戈罗维奇——现在已经是一位老人了——在当时是俄国文学界的领袖之一,他说得就更甚于此。当年有人在他的面前,拿一个只有"思想"而无天才的作家来和契诃夫做比较,格里戈罗维奇就说:

"这个作家,连去吻吻咬过契诃夫的跳蚤留下的踪迹都不配!"

谈到契诃夫的小说《冷静》,他差不多是在耳语了——真的,那神色好像是在讲句大胆话似的:

"把这本小说跟果戈理的作品放到一个书架子上去!"接着他又加上一句,"你们看,我说得多么过分!"

另外一位俄国文学的领袖博博雷金,说他每天必要读一篇契诃夫的小说,从来没有间断过。

在这一段时期,契诃夫活动在大都市的漩涡里,周旋于作家、戏剧家和艺术家的圈子中,时而在莫斯科,时而在彼得堡。他喜欢人多的聚会,喜欢机智的谈话,喜欢剧场后台。他旅行得很多，到过全俄各地和外国。他依然和以前一样，有兴致而不自矜，宁愿观察和静听别人的议论，而自己不发表意见。他的声誉在不断地增长着。

第三个影像，是艺术剧院中的契诃夫。

我对契诃夫的第二个阶段的追忆，仿佛忽然随着他的《海鸥》在彼得堡上演的失败而中断了。那次失败，就好像把他的生命折断了一样，从此他的生命就转了一个弯。写到现在，我仿佛还没有提到过他的病，而事实上，就在那一次意外的失败之后，即或把契诃夫看成一个平凡的人，我们也都不难想象出，他是怎样显然地被一种暗藏着的病痛所损伤着。

在这个时候，他的写作愈来愈少了，一年只写两三篇，他对自己的态度也更严格了。他的小说里最显著的特征是这样的：虽然他的态度还保持着主观，虽然他还在锻炼着他那纯熟的艺术技巧，可是，他愈来愈多地让人物自己去讨论人生了——所讨论的，都是那些沉湎于梦幻与空谈之中的、迷失于矛盾之中的俄国知识分子的人生。这些讨论都精确得纤毫无爽，我们可以从这里面辨识清楚：作者自己的思想永远是敏锐的，目标永远是正确的、高贵的，表现永远是精巧的，而趣味永远是高尚的。

他每发表一篇新写的小说，大家就把这看成文艺界的一件大事。

但是，这第三个阶段的契诃夫，主要的却是一个剧作家、一个新型戏剧的创造者。这样的契诃夫，几乎把文艺作家契诃夫给掩盖了。他的声望大增，他所创造的形象借着戏剧形式，又对人们产生了一种新魔力。他变成了一切作家中最受欢迎的一个，以前指责他缺少思想的怨言也被消除了。他的名字，仅次于那位仍然活在我们中间，不倦地苦干着的伟大的托尔斯泰。

可是，他的名望虽然在增长，他的生命之结束却正在临近。他的读者在赞颂他的每一篇新作时，不是像对一般爱好的作家那样漠不关心，却是怀着一种挂虑的感激，因为他们知道这些作品恰如力量在慢慢消退的火焰，不久就会全熄了。

这就是十八年当中的三个影像。契诃夫死于一九〇四年，死的时候，只有四十三岁。

二

莫斯科常常有作家们的小组，这些小组总是不久就瓦解了。其中有一个小组，它的领袖是尼古拉·基切耶夫——《闹钟》杂志的编辑。他从来不扬起声音说话，几乎从来没有笑过，永远客气、有礼貌、和蔼，只是有些冷静而无快感。想到像他这样一个人竟当了幽默杂志的编辑，倒是很奇怪。可是他对笑比对世上任何东西都爱，他能意识到笑的力量，他认为机智是上天赋予人类的最大恩物。我早就认识他了，在我的文艺生活刚开始的那些年，他曾和我联合主编《闹钟》的戏剧栏，还共用了一个笔名"尼克斯与基克斯"。

他领导的这个小组里的分子相当复杂，从政治立场上看，它倾向于思想自由，但个别人左右偏倾得很厉害。有一个时期，一部分人认为反映"社会问题"是创造性艺术的最主要的功能，另一部分人重视艺术的形式、活跃的形象和文字的价值。前一派故意把每一种题材都和政治混在一起，他们在晚饭后做许多演说，这些演说使我们不得不偷看在旁边伺候我们的听差，因为我们很疑心，生怕那些听差当中有官厅的特务。另一派的人都很冷静地坐在那里。为了保全伙伴们的情感，没有人有答辩的打算，却在旁边说这些演说都是"在别人背后逞威风"。

真正的"自由主义者"都采取这种冷静的态度，并为此很自豪。直到现在，我还能记起戈利采夫在一次宴席上的神情。他到死都是一个最正直的人，是个献身于社会进步事业的新闻记者。可是，只要他一开始即席演说，他的态度马上就透出冷静来，而且他的内心愈恳切，他的脸就愈红，他的话说得也就愈枯燥乏味。他一开口，大家就准知道下面要说什么。然而那些思想自由的少女都喜欢他的美丽词句：对于戈利采夫的每一种论断，她们以及大部分的观众都在严肃的面孔上现出同情的欣赏，等他谈完一个段落就热烈地鼓掌。他们之所以特别高兴，是因为他们对于他所发表的言论早已有了同感。

有一次，我偶然和契诃夫坐在同一辆轻便马车上，赶车的人常常在拐弯的时候拢不住辔道，于是车子就和一辆电车相撞，翻倒了——一片惊震、恐怖和呼喊之声。我们爬起来，没有受伤。我说：

"你看，我们也许一下子就会死的。"

"死不算什么，"契诃夫说，"不过一想到我们死后，戈利采夫会在我们坟上做永别的演说，那比死可就坏得多了！"

但，这种话并不足以妨碍我们对戈利采夫的崇敬。

在作家们当中，谢德林是一个伟大的偶像——我要提醒你们，这可不是因为他有卓越的讽刺天才，而是因为他有鲜明的自由主义思想。在当时，大家甚至形成了一种刻板的风气，就是：每到有酒、有演说的集会上，必定要发一封贺电给谢德林。（他住在彼得堡。）

大家都以嫌恶的态度来看纯艺术派。

"啊，为艺术而艺术吗？又是一套'耳语，怯懦的呼吸，夜莺的歌鸣'①吗？……我祝贺你！"

与纯艺术派敌对的作家也在增多。庸俗的、定型的、模式化的思想弄得人厌倦，在写着"灿烂的人格""争取自由的战士"的标签下常常藏着许多毫无天才而又诡诈的人物，这个事实引起人们的憎恶。

以自己的批评文章统治着青年知识阶级的米哈伊洛夫斯基，操着有创造性的新型文艺的缰绳。当时，一个人要想在文艺界成名，只要受过几年苦，或者有过几年的充军生活就足够了，这并不是一句笑话。有一回，一位享受过惊人的成功，可是他的整个天才只在他那修美的长髯上的作家，刚一从政治充军中释放回来，就发表了一篇小说。这时，大家都恭维他。而那些真正有灵魂的天才作家，反而一点也引不起大家的注意。大家都看不起诗的形式。只有"散播智慧、良善……"②，或者"前进！不要怕，不要怀疑……"③，才被人满意地引用着。普希金和莱蒙托夫全被人遗忘了。

---

① 出自费特的著名抒情诗，被认为是无思想内容的"纯艺术派"典型。——译注
② 出自涅克拉索夫的抒情诗《致播种者》。——编注
③ 普列谢耶夫的著名诗作，有"俄罗斯马赛曲"之称。——编注

某一次，在一个饭店的雅座集会上，契诃夫出现了。基切耶夫给我们介绍的时候，低声说：

"这是个大有前途的人。"

我们很可以说契诃夫生得漂亮。一副好容貌，一头使人看着舒服的栗褐交织的头发向后梳去，一把短短的下髯，两撇小胡子。他保持着谦虚，可是看不出羞怯，他的举止、姿态都很检点。他说话的低音里含着一种深沉的金属声，他用的字句都是纯粹的俄罗斯国语，掺杂着些全俄通行的纯粹习语。他的语调变化很多，甚至有一点像歌唱，然而，并没有感伤成分，当然更没有做作的影子。

一小时以内就可以发现他的两个显著特点。他有一种内心的匀称，独立不倚的冷静。他和别人面对面谈到一个共同感兴趣的题目时，那永远离不开他脸上的笑容并不表现出怀疑。你可以注意到，那种亲切而紧张的微笑是在说："啊，我和你谈话是多么快乐啊"，或者，"自然，我和你是有同样兴趣的！"

可是，他这第二个特点——微笑——是很独特的，在他的脸上，微笑很快地一下子就出现，可也很快地一下子就消失。这微笑是显著的、坦白的、满面的，然而，永远是很短促的。就好像微笑的人极其骤然地决定，那件事情不值得再笑下去了。

契诃夫一辈子都是这个样子。而且他的全家也都是如此。他的母亲、妹妹，特别是他的弟兄伊万，都是这样微笑。

我自然熟悉他的小说。有许多小说他都是用的真名字，只有那些不重要的，他才用"契宏特"的笔名。

他只是最近才让他所写的第一个剧本《伊凡诺夫》在科尔什

的私人剧场上演。这出戏他只写了八天，是一口气写成的。他写出来并没有给皇家剧院去上演的念头。当时，在科尔什的私人剧场里，正有一位出色的演员达维多夫。

似乎演员们把《伊凡诺夫》演得非常好。至少，契诃夫家里的人是常常称赞他们的。不过这次成功是不平稳的，从私人剧场的观点看，可以说是成功，也可以说是失败。

当时莫斯科的戏剧界都倾听两位批评家的意见：一位是瓦西列夫·弗廖罗夫，另一位是有点浮动的彼得·基切耶夫——他和《闹钟》杂志的编辑基切耶夫只是同姓而已。彼得指责《伊凡诺夫》，用尽一切辩词来证明，契诃夫因为是个医生所以不能做诗人。而批评家弗廖罗夫呢，他也批评这出戏，不过在结尾这样说："无论如何，我逃避不开一个印象，就是：这位青年作家确实是有天才的。"大体看来，这位批评家倒还值得我们最感激地怀念。

而实际上呢，契诃夫的天才需要一种新的而又特别的演出方法来处理他的剧本，然而，这个想法不但没有存在于批评家们的心中，就连作家自己的心里也没有；事实上，这种思想在那个时候还没有诞生。

直到契诃夫的《伊凡诺夫》出版之后，我才读到他这个剧本。我觉得它只是一个精彩剧本的粗稿。

第一幕是契诃夫写起来最擅长的"夜景"之一，给了我一个很深刻的印象。除此之外，作者用以揭露虚伪面具的那种值得羡慕的勇气与轻快，也使我欣悦不止。只是戏中的喜剧人物写得过火了一点，有些场面写得相当冒险，结构上也缺少和谐。很明显地，在那个时候，对于契诃夫作品里的诗的创造成分，连我也还不能充分地了解。这是因为我那时仍在发展着被莫斯科小剧院的艺术所支配的舞台形式，所以对契诃夫的剧作才有这样的批评。

可是，我对我所熟悉的这一套舞台形式之关切，正遮住了我的眼光，使我看不出契诃夫如何用深刻的抒情方法，把简单而活生生的现实的真面貌有力量地组合起来。

在《伊凡诺夫》以前，他已经写过两篇独幕的讽刺戏：《蠢货》和《求婚》。这两出戏都得到巨大的成功，到处都在演，而且时常演。契诃夫不止一次地对我说过："写消遣喜剧吧！你会知道这种戏是有利可图的。"

这些讽刺戏之迷人，不仅因为布局滑稽，而且因为其中的人物是生气勃勃的活人，不是舞台上的闹剧人物，他们所说的话里充满了幽默和出人意外的典型语句。

但是，当时，这些讽刺戏只有在私人剧场里才能上演。

《伊凡诺夫》发表在很厚的一本刊物上。当时有一种风气：月刊是不登载剧本的。然而，为了契诃夫——你们看——他们竟来了一次例外。他得的稿费很少，事实上，真是少得很。少到什么程度呢？当我告诉他说，我在一个周刊上所得的发表费比他的稿费多三倍时，他都几乎不相信我的话。

在同一季演出里，我新写的喜剧《最后的愿望》在小剧院上演。这出戏使演员们演起来很高兴。写法——按当时的说法呢——是一种轻松的笔调：它不触犯任何人，不攻击任何事，主要是写几个杰出的人物，有和谐而气魄雄浑的大场面，又有产生戏剧效果的"下场"。

在那个时候，一幕戏中的一场结束后，演员常常被观众叫出来，这已经成了风气。这个被叫出来的演员走向台口，向观众鞠躬，而其他的演员就得像木偶似的站在他的后边，等他鞠完躬下场，才能接着演下去。

一个人必须懂得如何写这样的"下场"。我记得我那出戏的第三幕真有一串产生效果的"下场"。穆济尔被欢呼出来过一次，费多托娃被欢呼出来过两次，尼库利娜三次。这可怎么办呢？全剧场都在欢叫。费多托娃不能反对别人，因为下面她自己还有一整场戏，也是有一个落幕效果的。

在这出戏演出之前，还有一件争角色的趣事。在这个地方附带说一说是很适当的，因为这件事是当时戏剧界流行现象的代表。十年以后，当艺术剧院演出《万尼亚舅舅》时，同样的问题也都还发生过，只是在解决纠纷的方法上却有了多么大的不同啊！

穆济尔选了《最后的愿望》作为他个人福利演出的剧本。这对于作者是一个恭维的举动。因为穆济尔和奥斯特洛夫斯基有私交，凡是奥斯特洛夫斯基的新作，都由穆济尔首演。莫斯科的观众对于穆济尔以奥斯特洛夫斯基剧本的初演作为他个人的福利场表演，已经都习惯了。而这次呢，在奥斯特洛夫斯基死后，穆济尔的第一次福利表演就选中了这个剧本。

可是，忽然间，剧院的首席女演员费多托娃宣布了她的意思，说也要用《最后的愿望》作为她的个人福利表演。穆济尔只好把剧本让给了她。

这个剧本里有一个讨巧的角色，是一个经理的太太。这个角色，本来是分派给尼库利娜的。但是，费多托娃既然把剧本据为自己的演出所用，就提出异议——差不多也等于一个条件吧——说这个角色必须让萨多夫斯卡娅演。而萨多夫斯卡娅的名气又并不在尼库利娜之下。尼库利娜就提出抗议。导演和剧院经理都没有力量和费多托娃去争。作者也只有无望地耸一耸肩，因为对于这两位女演员的才干，他同样欣赏。尼库利娜先是暴怒，接着哭了起来，最后就搭了特别快车到彼得堡，去向皇家剧院的院长控诉。院长也不能帮忙，她就跑到内阁大臣那里去陈请。

陈请的结果是她带着一封信回到莫斯科，把信交给了剧院经理。可是萨多夫斯卡娅依然拒不交出这个角色。于是弄得费多托娃很狼狈，只好把上演这出戏的意思放弃了。作家给弄得头昏目眩就不足为奇了。但是，穆济尔重新提起了旧话，又把这本戏收回去自己演了。他自己扮经理，至于经理太太的问题，他对作者说：

"请让我自己来解决这个问题吧。尼库利娜和萨多夫斯卡娅两个人都是我的好友，我会想办法把她们说服的。"

一连几天，他都在和她们进行着热烈的讨论。结果呢，还是性情比较和缓的尼库利娜胜利了。

莫斯科小剧院的精彩，只有巴黎的法兰西喜剧院才能敌得过。演这出戏的，全是最优秀的演员：费多托娃、叶尔莫洛娃、尼库利娜、连斯基、尤任、雷巴科夫、穆济尔和其他人，全都是响亮的名字。演出场场满座。在彼得堡，这本戏作为领袖女演员萨温娜的福利演出，连皇室也到场观看。第三幕之后，沙皇要……怎么说呢？……要见一下演员。大家便跑来找作者。当我向沙皇走近的时候，剧院经理跟在我的后边，低声对我说："不要先向他说话！请你不要先向他说话！"亚历山大三世站在舞台上，旁边是萨温娜，前后左右围着侍从。他又高又壮，留着一大把长下髯，长着有一大块秃亮的头顶。我认识一位警察局长，他的头顶也秃了这样大的一块。就这一点来说，那位局长挺得意，因为人们都对他说，他秃得很像沙皇的那一块。

有一位书报检查官，他看到有人在描写小花园时提到一种叫作"沙皇的下髯"的小花，于是就把它给删掉了。

三

在我们初相识的日子里，我们并不时常会面，那时，我们几乎还称不上朋友。不过，我也不知道契诃夫对哪一个人是特别亲近的。这，在他是可能的吗？

他的家庭人口很多，有父母、四个弟兄和一个妹妹。根据我的印象，他与这些人的关系各有不同：有的爱得深些，有的浅些。感情厚些的是对他的母亲、两个弟兄和他的妹妹；另外一边，就是对他的父亲和其余的两个弟兄。他的一个弟兄尼古拉是个青年画家，恰巧在我们认识的头一年就死了。他的另一位弟兄伊万——我在前面已经提过——我总在契诃夫在乡下的家里遇到，也总在克里米亚遇到。倘若我没有记错的话，伊万是长兄。[①]他的声音、语调，还有不断地把拳头举起来加强语气的那个姿势，都特别引我联想到契诃夫，尤其是在契诃夫死后，我的这种感觉就更强烈了。

[①] 作者记忆有误。伊万比安东·契诃夫小一岁，家中排行第四。——编注

契诃夫和他父亲的关系，我知道得不确实。只有一件事，是他曾经告诉我的。

那是我和他成了至交若干年之后了，有一次，我们两个一同在法国南部过冬。一位很著名的教授科瓦列夫斯基请我们两个去吃饭——在里维埃拉的一座别墅里——饭后，我们两个一同辞出。我们在那个"冬季的春天"的温和中步行着——穿着夏季的外衣，在热带的油绿颜色中间——谈到青春，谈到青年时代与儿童时代。就在这个时候，我听到他说了一句话：

"你知道吗？我永远不能原谅我的父亲，他在我还是个小孩子的时候打过我。"

他对他的母亲却有极深的感情。无论他到什么地方去，也要每天给她写一封信，哪怕只有一两行。他对她的挂怀竟到这种程度。但，这也碍不住他偶然也嘲笑几句她对宗教的虔诚。他会忽然间问她：

"妈！僧人也穿衬裤，这是真的吗？"

"又来了，安托沙[①]总是说这一类话！"她一定用一种柔和、愉快而轻低的声音，很安详地回答他。她永远是这样安静、这样温雅、这样非凡地慈祥。

他的妹妹玛丽亚·巴甫洛芙娜因为家庭里只有这么一个女孩子，所以享有特殊的地位。但她对契诃夫特别忠诚、敬仰，这是一眼就看得明白的。她的这种情感与日俱增。最后，她管理着全家事务，把一生都献给了契诃夫和她的母亲。她哥哥死后，她尽

[①] 即契诃夫。——译注

力保管着他的纪念品，守着那所房子，守着一切陈设和遗物，刊行他的书简……

契诃夫对他的妹妹也不缺少虔诚的感情。我们从那些刊行的书简中看到，这种感情有时竟引起他太太奥莉加·克尼碧尔的妒忌。

契诃夫很早就负起养家的重担，所以，也可以说，很早就当了家长。我不记得他父亲是什么时候死的了。我很少遇见他。我的记忆里只有他那副瘦弱身材和一撮灰髯的影子。

早年，契诃夫经常缺少钱用——除了极少数的例外，当时的俄国作家，是无不如此的。契诃夫的书札也和大多数作家的书信一样，里面所谈的尽是关于钱的话。在当时我们作家的谈话中，占首要位置的全是稿费问题，全是这个作家和那个作家收入多少，以及哪个出版家可以出多少钱这一类问题。

§ 有一次在《闹钟》的编辑部里，我们的谈锋忽然转到作家按行收稿费的利益问题上。契诃夫就说，如果按行计算稿费的话，写短行比写大段便宜，所以最好不要学果戈理。他又说，十行只写十个字，比起把十行写满，收到的稿费是同样的。

"你就试试呀！"基切耶夫说。他正坐在编辑桌子后边，把身子往椅背上一靠，手里玩弄着一支铅笔。

"你付稿费吗？"

"是的，我照付。"

契诃夫站在那里，聚精会神地想了有半分钟的样子，就从基切耶夫手里把铅笔拿过来，即刻就写。

"听着！"（"Listen!"）

"什么？"（"What?"）

"老乡？"（"Native?"）

"问谁？"（"Who?"）

"问你。"（"You."）

"我吗？"（"I?"）

"对啦。"（"Yes."）

"不是。"（"No."）

"可惜！"（"Pity!"）

"哼哼！"（"H'm!"）[①] §

这里必须附带着提到的是，契诃夫对款项很清楚、很小心。欠任何人的钱，他都不能忍受。他很节俭，但不是吝啬，是永远也不浪费。他对钱的看法，是非有急需不必去弄。他对富人的态度，也是财富是他们私人的事情，别人的财富丝毫不关他的事，在任何情形之下，他都绝不改变他对富人的一贯态度。

当他游览世界赌城蒙特卡洛的时候，他也赌博，但有一个限度，自己节制着自己，永远不去冒大险，而他大多数都是赢的。可是他在莫斯科的各俱乐部里，就从来没有赌博过。

在谋划身后赡养母亲和妹妹上边，他思虑过很多。

他起了念头要买一座林园别墅的时候，我问他为什么会想去

[①] 用一个中国字来表达一个完整的意思十分困难，所以只好把原文的一个字一行改译为两个字一行。——译注

弄这种麻烦事。他回答我说:"啊,这样就可以不必操心付房租、买劈柴了呀!"

四

有一个人,为了对契诃夫尽力写一点特别恭维的话,就称他为"自由的战士"。契诃夫自然是珍视自由的,自然是认为自由是人类生存的第一要素的,不过,他要是读到被人称为"战士"的话,会非常恼怒的。

他会把两手插在口袋里,大步子在室内踱来踱去,说:"可是,请问,我算得是什么战士?"他在心情混乱之下,一定会把那副夹鼻眼镜取下来,任由它垂悬在挂绳上。他还会对那个作者加上这样一句:"他既然说这种呓语,我绝对不和他握手。"

他的末几年在我心中所构成的形象虽如上述,但是在他还没有戴夹鼻眼镜的青年时代,"战士"这个名称对他是非常不适合的。

在《伊凡诺夫》之后八九年,《海鸥》里的青年作家特里波列夫不是说吗:

"应当寻求另外一些形式。如果找不到新的形式,那么,倒不如什么也没有好些。"

某一类新型戏剧的梦,在契诃夫的心中,永远没有过。在任何一段时间,在任何一个地方——无论是在辩论的场合里、在激烈的谈话中,或者是在任何文章里——契诃夫都从来没有以新形式的"战士"姿态挺身而出过。

不但如此，甚至在艺术剧院诞生一年之后，当《海鸥》重新挽回了它的价值与地位，而新形式也实际实验成功的时候，契诃夫却把第二个剧本《万尼亚舅舅》送给了皇家剧院。他不愿意破坏他个人与任何方面的关系，他不愿意表示出对这个年轻的剧团特别亲近，而对小剧院疏远。这又算得是什么战士呢？

他有多么渴望为剧场写作，是难以形容的。然而，有若干年，他给人的印象是：他认为编剧是一个很次要的职业。这种态度是出自他的衷心呢，还是他强迫自己做如此想法呢？我说不出来。我以为，无论谁也不明白是哪一种。

他不愿意任何人忘记他第一是医生，其次是小说作家，而最末才是剧作者。最末一个身份只是偶然的。他是一个很敏锐的人，所以看得很清楚，认为一个剧本如果要在皇家剧院演出，就必须用某种特别的方法去写，或者只有利用私交上的关系。某一位作家说过："写剧本需要才气，可是要想法子叫他这个剧本演出，就得需要天才。"契诃夫的心目中并没有激动着想战胜别的剧作家的念头，他认为剧场只是能找到额外收入的一个来源而已。

五

契诃夫所写的人物和一般剧作家给旧型演员所写的人物之间，有一道很宽的鸿沟。这里所谈的，不是一般剧作家认为重要的那种对主角——尤其是对女主角——的粉饰问题。契诃夫的人物都是简单的人物，谈着最简单的话，用着最简单的语言，处在日常生活的环境中。

没有一个人物沉溺在善感的独语中，侃侃而谈着无尽的理想，也没有一个人物被作者披上一件古罗马的外衣；相反地，他使他的人物赤裸裸地存在，着重刻画出他们那可憎的歇斯底里的病态，暴露出他们那种渺小而自私的性情。然而，他的心里充满同情，不是对这些人物的同情，而是通过他们，对向往着较好的人生的某些不明朗的梦想充满同情。

这一切非常简单的笔法得到惊人的音乐化的效果：那荒芜的田野，那月光下的深夜，那一束一束的干草，那夜枭的哀鸣，还有那位萨拉强抑住悲哀的安详，那位伊凡诺夫的思恋，和那位伯爵的大提琴的呜咽。

他的戏里并没有新创的东西。其所以最出色者，全是因为契诃夫自己在不自觉间就往每个场面里都注入了那么丰富的色彩和音响。他只想写一出戏，一出最平常的戏。

而且，他也像每个剧作家一样，想供给演员们一些好角色。他没有一点改革剧场的念头。他甚至连一点想比别人更新奇些的念头都没有。他在用一种最诚恳的态度，去满足人们对现代剧作家的一切要求。

他的剧中人物，都是照着他从现实生活中所观察到的人物写的，他无法使他的人物脱离开他们所生活的环境：那玫瑰色的晨曦，或是蔚蓝的黄昏，那些声音、颜色、雨，在风下战栗着的百叶窗、灯、火炉、铜茶炉、钢琴、风琴、烟草，那姊妹、亲戚、邻居，那歌、酒，那每日的生活和给予生活温暖的无限的平庸琐事。

他用自己的眼睛看人类，而不用托尔斯泰、陀思妥耶夫斯基、屠格涅夫，或是奥斯特洛夫斯基的眼光来看。更不用戈利采夫、米哈伊洛夫斯基和当时的新闻记者与出版家们的眼光来看人类。

一个乡间医生！请想想看，那些知识分子，如学生们、女大学生们，只要嘴里一说出他的名字，脸上已经有多少赞羡的表情了。一旦这样一个乡间医生出现在舞台上，观众对医生的同情、欢迎自然不必说了：他们以为这必是一个"灿烂的人物""共同的理想"，是表现剧本中"正面"人格的工具。在我的《最后的愿望》里，主要人物当中也有一个乡下医生，自然，他也是一个好人。

这出《伊凡诺夫》里的医生，也可以说是一个诚实的人。他敢于对每个人都说实话，啰啰唆唆地谈论忠实，谈论一个人在每一个步调上所应负起的责任——简而言之，他是这出戏里的英雄人物。

可是，这个主角——也就是这个乡间医生里沃夫——在剩下自己一个人在台上的时候，忽然说：

"天晓得！他们来看病，好像不付诊费还不够！……"[1]

请看，只用一句简单的台词、一句短短的话，面具就被揭开了。而且，你越往下看就越明白，原来这是一个心胸狭窄、渺小、无情、自私而巧言令色的人。他诚实，真是诚实得可怕——你可以站在一里开外看到他有多么诚实——用戏里伯爵的话来

---

[1] 原文如此。《伊凡诺夫》剧本中台词为："不行，我应当绝对拒绝在这种情形下医疗一个病人！他们分文不给我还不够……"——编注

说，他是诚实得要"胀爆"了。可是，当他像骑士一般地呼喊"伊凡诺夫，我在大家的面前宣布，你是一个流氓……"的时候，他身旁已经没有一个人肯站在那里听了。每个人也都会在想，"滚他的诚实吧！"

好了，一个演员要怎样才能把自己的光焰在这个角色身上发挥出来呢？"业余演员"索洛宁当初在科尔什剧场里是怎样演的这个角色呢？他是怎样发挥表演的精髓，把这几句高贵而热诚的台词念得打动满座呢？

在第三幕末尾那一场热烈的戏里，伊凡诺夫对他那位生肺痨的太太喊着：

"你这犹太女人！"接着立刻又说：

"哼，让我告诉你吧，你——就要死啦……医生告诉我……"

在这种情形之下，而要把作者对主人翁伊凡诺夫的同情清清楚楚地表示出来，这又如何可能呢？

或者拿伊凡诺夫的太太萨拉这个角色来说吧，在戏剧场面正在发展的时候，她说：

"咱们到干草堆上翻斤斗去吧！"

可是她是个犹太人，她的台词不该带犹太口音吗？是的，十五年以后，当艺术剧院演出《伊凡诺夫》，由克尼碧尔扮演萨拉的时候，是掺进了一点犹太口音的。

契诃夫的剧木，需要另外一类演员，需要另外一种戏剧艺术，还需要别的东西。旧型剧场是不能胜任契诃夫的。

请想一下：当时的演员中间，确有不少的人天赋很高，趣味很隽雅，文学鉴赏力也很敏锐。在莫斯科扮演伊凡诺夫的杰出演员达维多夫一回到彼得堡的皇家剧院，就劝服了经理当局上演《伊凡诺夫》。

《伊凡诺夫》的演出甚至得到了很大的成功。但这次成功并没有给剧场留下丝毫痕迹，因为里面没有一点严格的"契诃夫风格"——那已经不是契诃夫在想象中所创造的世界了。里面没有一点新东西。里面的人物，全是观众一向在舞台上所看惯了的，都依然是那些引人注意的演员萨温娜、瓦尔拉莫夫、达尔马托夫、斯特列佩托娃等本身，在台上表演着旧有的那一套舞台神气。换上一顶新假发，在服装上加上一个新花样，是改变不了人物的！而且，还有甚于此者，台上装置成村庄的那一套绿景片，也正是观众昨天晚上在另外一出戏里看见过的，也正是明天还要在第三出戏里看见的。台上依然用着微绿的散光照明，虽然一点都没有略微像月光的东西，可是观众对这种绿光已经看惯了，晓得那就算是月光了。满台都是巨大的亭阁，这些亭阁昨天还用来充当高贵的巨邸呢，而今天就已经变成一间小而恬静的农舍内室了。

被观众喜爱的演员却获得了一次大大的成功，看，他们换了另外一套衣服，化了另外一副装容，倒是蛮有趣的。这次成功也给作家增光不少，因为观众从此也因为他写的小说和故事动人而喜欢他了。

可是，一件最重要的东西却不存在。没有这件东西，其余一切东西的价值只能说是平凡而暂时的。这件缺少的东西，就是契诃夫赋予舞台的那种对周围生活的新的反映。简而言之，在这次演出里，契诃夫并不存在。

第二章

一

冬天，我们在莫斯科或彼得堡，而夏天就想去旅行或者到乡下去住。必须置身于田间与农村生活里，才能给诗人契诃夫、给写现实生活的作者契诃夫以完全的评价。

我娶了俄国著名教育家科尔夫男爵的女儿。他死后，他的别墅由我的岳母和她几个女儿做主，以半价卖给了农民；没有卖的，只剩下一所田舍和二十五俄亩①的田地。我和我的太太在那里度过夏天，她的母亲和她的姊妹们都不愿意再住到科尔夫死去的房子里。

田舍没有人住，就很快地塌坏了。这间仅留的田舍，当我去住时，已经有四年没有人用过，那地方已经是一片完全没有人管的荒芜景象了。

这个别墅位于俄国南部，在一个大草原上的县里，旁边有一

---

① 1俄亩 ≈ 1.09公顷。——编注

道河水弯曲地流过，带一座宽大的林园。房子是长形的，全旧了。在最初几年我们没有修理这座房子的时候，我们只能住其中一半；另外一半是一间大会客室和几间小接待室，没做修理，用来堆存冬天用的暖窗格子，以及从仔细栽种的苹果树、梨树、番茄藤和胡椒藤上新采下来的果实的种子。晒台的腐霉的石阶下，土虺蛇造了窟穴。青蛙也都集聚在晒台上。一到晚上，在我写作的时候，灯光射在白墙上，许多黑色的甲虫就往有亮光的地方急爬，而青蛙就跳到墙上去捉它们。

那个地方左近的半俄里[①]以内，河流都很窄，可以一跃而过。河边生满了一望无尽的高芦荻和颠茄草，遮掩得连河水都看不见。而沿着别墅和田地这边，一直通到磨坊的那一头，河水就喷放出来，喷得很远，变成一条宽大的洪流。河水深的部分，生满了鳗鱼和三十二三斤重的大鲶鱼。

别墅的林园也是一片荒芜景象。小兔和狐狸到处乱窜，甚至还有跳跃的野兔子——一种小而跳跶的动物，拖着一条长尾巴。此外还有刺猬和鼹鼠——地上隆起的一些小小土丘，一眼就可以看出是它的地下道。禽鸟的种类与数目也很多，从呱呱的乌鸦、黄黑色的黄鹂、杜鹃、喜鹊到戴胜，几乎每样都有。它们互相竞胜，都在春天里炫耀着自己迷人的歌喉、口哨和吟啭。这一片嘈杂，简直把人的声音都掩盖了。

黄昏时节，还可以听到一种鸟的轰轰之声，我想那是池鹭。它把它的喙投入水中，那种神秘的声音可以使人惊讶：它那可怕

[①] 1 俄里 ≈ 1.0668 公里。——编注

的哀咽好像是一个溺水者的呻吟,确足以使人感到苦痛。假如你在深暮的时候走进树林深处,你会听见枭鸟粗犷地鸣叫着,从这一枝头飞到那一枝头。

田地的周围全是草原。这里没有天然的森林,一处一处的森林都是人工栽植的。草原上通夜不停地交响着野蝉和蟋蟀的歌唱。只有巨大的月亮、寂静,和寒蝉。

我们那里的那一条河叫作湿雅利,因为另外有一条河叫作干雅利,一到夏天就干掉。从前,沿着这两条河列着一排一排的农舍,到现在,不是已经全部塌毁了,就是卖到发财的经理人手里去了,或是完全消失了。从前这四周是农人的王国。村落与村落之间都是无尽头的草原,伸展到二三十俄里远去。草原是宽广的、美丽的、闷热的,静寂得压迫人。草原上,有时候厚厚地覆盖着大麦、小麦、裸麦,有时候焚烧得光光的,平得连一根草都没有,满是忧郁而杂乱的羊群。

从这里到最近的一个火车站有五十俄里,到邮局也有这样的远近,到最邻近的一个城市有一百二十俄里。邻居们是些村子里的男女教员、神父、乡议会的官员、医生、预审官、警察局长、出租地产的农户和开店子的老板。表面上看来,整个县里的知识阶级都是在自由主义的思想中教养出来的,在科尔夫工作过的两个大县城内,所有学校都挂着他的肖像。然而,这种自由主义的思想老早就已变成了一副面具,如果不戴这副面具,大家认为就仿佛访友而不打领结一样是不可能的,而思想本身却早已被人忘掉了。

女校长是一个没有人理会的可怜虫,她把她的爱浪费在一群小孩子的身上。医生也专心从事田地出租了，给人治病时反而在心理上厌恶自己的职业。假定有一个老太婆去求诊，他一定会说：

"得了，你为什么还想把病治好，找这个麻烦呢？你的年纪已经够死的时候了！"

我的太太和我都不大愿意接待这一群人物，我们交往的人只有一个年老的德国经理和他的养子——一个中学生。

真是荒凉寂寞。草原浸透着史诗气味，但那种消沉和忧郁是使人难以相信的。我们每次在草原上旅行，总是为第一次遇到的电线杆子欣然私自庆祝，好像遇到一个晴朗的节日一样。

我们拜访过一位青年学者，他住在一座得自遗产的大别墅内，就在我们村子的旁边，但仿佛也有五十俄里远近。他本是一个很好的人，但一接受了遗产，就懒起来了。什么事也不做，只喜欢招待客人，大量地饮酒，并且喜欢别人也陪着他照样喝那么多。一群人在他家里喝、唱，为了些高入云霄的题目，个个提高了嗓音，像喊叫一样地辩论，吵完了就接着喝酒。这位青年家里，川流不息地来往着省里的知识阶级，省长出巡的时候，每经过此地也必住在他家。在这儿，可以遇见许多契诃夫笔下的县里的典型人物……

二

我被一种热烈的渴望感染着，想用我的观察、经验和疑问等等，照着他们的本貌和我所揣想出的他们的样子，来描绘描绘这些人物。可是，只要我一想到剧场，特别是一想到那最好的剧场——莫斯科小剧院——我所观察来的整个新事物，它们的机锋和整个这些热情的印象便都消失了。像现在这样的剧场，我们能用什么舞台上的手法，在冬天，教莫斯科和彼得堡的观众隔着脚光去接受我这林园黑夜里的空洞的刺激，或者，去接受这里昼间荒岗上的郁闷的压力呢？而且，像连斯基、尤任、叶尔莫洛娃和费多托娃这类名演员，又能在这些辽僻乡间的沉闷而无条理的人物身上，为自己发现什么出奇的东西呢？这里又有什么足以腾沸性情，足以洗练成优美字句、舞台形象与戏剧感召力的材料呢？

我又要回过笔来讲剧场了。为什么契诃夫没有在国立舞台上占到一个位置？为什么没有在那著名的小剧院里占到一个位置？

那时正是小剧院的"黄金时代"，是它的表演能力的鼎盛期，著名的人物非常之多。小剧院当时更有两道巨流：一道是喜剧和现代剧，大部分是奥斯特洛夫斯基的剧本；另一道是席勒和雨果的创作。

莫斯科有这样一个小剧院，颇足引以为傲，正像拥有一所莫斯科大学，拥有特列季亚科夫画廊[①]，保有隐庐与亚尔等饭店，或以面包卷与乳猪驰名的泰斯托夫酒馆一样。

奥斯特洛夫斯基那时已经死了。当时的剧目只操纵在五六个重要作家的手里，这几个人熟知小剧院的艺术，而且能给观众欢迎的几个演员写出好角色。小剧院的演员，以费多托娃为首，其次是叶尔莫洛娃；后来是叶尔莫洛娃为首，费多托娃居次。所有

[①] 一个富商捐献给莫斯科市的。——译注

戏都是轮流给她们两个人写的。要是她们两个同时上台,多少场也满座是一定有保证的。然而,如果这两个人哪一个人也不上台,那么,那出戏至多也只能希望有一次非常微小的成功,但大多数都是惨败的。

当时的批评家称这些作家为"合法的"剧作者,而他们在当时确也据有稳固的地位。他们只要通知剧院经理切尔涅夫斯基,说什么时候有一出新剧本会写好,而且是为谁写的,经理一定就会把这本戏排进本季的演出日程表里去。

小剧院的行政当局不是文艺家,而是政府的官吏。现在这位经理,在他被派到现任以前,就从来没有和剧院发生过一点接触。他从前是禁卫军里的一个军官,那个军职是借他太太的力量弄到的。剧院经理本来是很渺小的一个角色,既没有创作的使命,也没有教育的责任。演员们服从他,只是出于礼貌罢了。

除了这一切情形外,演员们受到观众的喜爱甚至信仰,也远胜于作家们。我们可以很容易了解,这正是一个真正的演员帝国的时代。

从这里,我们看清当时一切好的现象,也看清一切坏的现象。一出戏必须适合舞台条件,这是当然的;一出戏必须具备允许演员进行创作的材料,这也是当然的。可是,什么才是舞台技术,什么才算是好角色,却不容许你有理解上的创造性的自由,因此,一切都变成了千篇一律的刻板化的东西。

这个舒适而高贵的小剧院有它自己成就的艺术,有它自己成就的观众。观众于是满意剧院,而剧院也满意观众。这里的艺术家很辉煌、很动人心魄,他们的观众把他们看得很高,用喝彩和献花纵容他们；而对于不熟悉的和很新的东西，观众反倒带着成见转移了视线。

总而言之，这都是学院派的保守主义的旧把戏。

从文学方面讲，局面就成了这样："剧作家"和"作家"完全不是一回事，成了彼此相距很远的亲戚。那些剧作家，在小剧院也许是最被渴求的人物，可是，让他们站在真正的作家中间，就有一点不自在了。他们的剧作演出来可以全场满座，可是，引不起刊物编辑们的丝毫兴趣。反过来说，作品行销得极广的短篇小说作家，在剧场里只是一个客人。不出名的克雷洛夫出入剧院全然像在自己家里一样，屠格涅夫反而只被敬为贵客，这是因为克雷洛夫"懂得舞台"技术，而屠格涅夫不懂！这个"舞台知识"对于作家来说，是一个惊人的妖怪。

和这种陈旧过时的观念发生决定性冲突的时期，还没有到来。可是，对一个文艺剧场的思慕向往，已经正在成熟了。不久，我们的话题就可以逐渐着重到这一点上。

文艺剧场的要求很高，就连用最精彩的演员阵容演出的席勒与雨果的作品，也都不能使它满意。这看来也许很奇怪。这些演出都很伟丽，布景也堂皇，既极端地有戏剧性，又能深深打动观众。然而，在这一切布景、一切戏剧性的特质和一切感动之中，很少有纯现实的东西。所以，这些戏剧里的主人翁及其热诚，也就很难令人相信是真的。

奥斯特洛夫斯基有一次去看当时街谈巷议的席勒名剧《玛利亚·斯图亚特》。小剧院对奥斯特洛夫斯基是很重视的，当他的声望达到极峰时——就在他死前不久——还吸收他进小剧院的经理当局，还在审查它的全部剧目。在这出戏演完之后，剧院里的人围在他的四周，等着他的批评。他把那聪明的头摇了一摇，用他的左手掌摸一摸长髯——这是他的习惯——他的深呼吸给人一种停顿不语的感觉，然后，慢慢地说：

"这一切……多么糟蹋俄国演员啊！"

这一句致命的宣判，传遍了全俄戏剧界。可是，没有人相信他的话，就连比较年轻的人也都不相信，因为他们也是从早已经沦为刻板化的奴隶的学院派里出来的。果戈理和史迁普金所宣示的著名的俄国艺术，因为伤感主义和保守主义发展得愈来愈过分，早已变成静止不动的死东西了。它像是一只抛了锚的船，因为停得太久，就被寄聚在船底的贝壳包上了一层硬壳。

写完这个以后，我就沉思起来。从那个时候起到现在，已经有多少年了啊，我又走过了多少地方，而且又看过了多少戏剧啊——可是，这种腐朽的、彻底虚伪的舞台艺术，它的寿命又有多么长啊！

拿美国演员来说，他们原本是多么真挚、多么纯朴啊。他们原本和俄国演员的最优秀的典型是最嫡亲的。然而，直到今天，他们竟依然是那样在受着老套子的拘束，那样在受着一百五十年前那种艺术的束缚！

三

一个人要是永远能做自己所选的工作，那真是人间例外的幸福。不必提外省，单说莫斯科，就腾沸着无数为糊口而不得不去做自己不欢喜的工作的人。医生，在定好的门诊时间内办公或是出门诊病，是为了钱。法院的推事、民事律师、政府各部的官吏、银行办公室的职员，都毫无变化、毫不愉快地拿时间去换钱。中学的教员一年又一年地教着那同一样的课目，就没有几个人还能有余力去干点别的事了。开工厂的、开店铺的愈是贪图财富，就愈除了自己的工厂、店铺和货品之外，对何种生活都不感兴趣了。

只有莫斯科的大学教授和学生、剧院、音乐与艺术机关、编辑部，可以算作例外——不过，这只是那广大而无生气的人民中的很薄的阶层。

从这一点上看来，演员是最幸福的人了：他们把全部爱好都献给他们的职业，所以就必然对戏剧怀着一切兴趣。他们的职业怂恿他们努力工作，他们之间的交往活跃他们的精力，情愿也好，不情愿也好，演员都要尽最大的能力去创造。相反地，作家、艺术家、作曲家就孤独得多，他们全部精力之添储，只能完全从自己身上去寻求。而他们对自己工作的爱好，也容易一受诱惑就有变动。

契诃夫曾十分机敏地谈到我们这一辈的一位作家格涅季奇：

"这个人是一位真正的作家。只有一件事是他做不到的，那就是'不'写作。你无论用什么情形来使他屈服，他也还是写，万一没有钢笔，他也总会拿过一支没有修过的铅笔，用齿咬一咬，取过一张纸来就写——一个素描、一篇小说、一出喜剧或是一集故事。他娶了一个有钱的女人，他并不需要赚钱来维持生活了，可是，结婚之后，他继续着，写得比以前更多了。当他想不出独创的题材时，就去翻译。"

§而关于一位我称之为有天才的青年作家，他就驳我说：

"不然。请只想一想，他才二十五岁，就已经旅行过很多的地方，几乎都把俄国走过一半了。如果我们在他这个岁数也见过这么多的话，我们也会写得这么多吗？你等着看吧，他不久就会停止写作而换职业的。"

这句话，到后来，证明确是预言了。由于他的各方面的关系，他竟一变而为彼得堡的重要官吏，到后来，就只写报告了。§

契诃夫没有固定的写作工作，他既不为某编辑部动笔，也不为某一剧院服务。他是一个为自己的职业得意的医生。他在莫斯科的时候，在医药方面究竟花过多少时间和心血，我记得不大清楚了，不过，我记得他随着家人到梅里霍沃去住的情形。他在那里很恳切地给乡下人治病。从他那些用小钉子穿起的处方存根上，我曾看到最后的号码是八百带一个零头——这是一年间诊病的次数，包括各式各样的病。据契诃夫说，他所诊治的大部分都是妇女的疾病。

因为他对于自己的医学文凭是如此地珍视，他的写作确是在治疗之余暇挤工夫进行的。可是，竟没有人提到他的医术，有时这使契诃夫很生气：

"可是，请你不要忘记，我是一个内科医生啊。"

他也不把全部时间都贡献在写作上。他不像托尔斯泰那样经常地写，又写得那么多；高尔基住在卡伯里岛的时候，也是和他一样，写得不多。他读书很多，但不过分，所读的几乎全部都是文艺作品。

完全是随便一提。有一次，他提起他没有读过陀思妥耶夫斯基的《罪与罚》。

"我要把读这本书的愉快留到我四十岁后。"后来他到了四十岁，我就拿他这句话去提醒他。

"是的。我已经读过了，不过这本书并没有给我多么深的印象。"从他说这句话的口气上看，他是不愿意详细讨论这本书的。

他把莫泊桑看得很高，可以说，他认为莫泊桑超过了一切法国作家。

无论怎样，他总是有很多空闲时间消磨在懒散之中的。

他不喜欢冗长的解释和争辩。这尤其是他的一种特性。他注意静听别人谈话，常常是为了表示殷勤，但是也常是因为感兴趣。他自己却永远保持着沉默，非到给他自己的思想找到一个清楚的定义的时候，他是不开口的。可是，一开口发表意见，他的句子就必是简洁的、切题的、肯定的。等到他满脸泛着笑容地把意见一说完，就又陷入沉默之中去了。

他和社会各方面的交往总保持着文雅、朴实，毫无令人生厌的气味，而他的内心却很精细——这是我应该说的。他不是没有冷冷的时候。举一个例子吧。他遇到你，和你握手的时候，常是说一句"好吗？"就完了，好像顺便说这么一句，绝不等你的回答似的。

他喜欢浸沉在对他青年时代的追忆中，但，他的年纪愈大，这种回忆就愈少了。他时常说，每顿饭都喝伏特加酒是不必需的，可是偶然喝一点，即或喝得很多，也并不坏。不过，我从来没有看见过他在筵席上或是朋友聚会的晚上过分地饮过酒。我简直想象不出他喝醉的时候会是什么样子。

我觉得，他对于女人总是有极大的成功。我说"觉得"，是因为我们两个人都不喜欢谈到这个问题，我只是凭着传到我耳中的传言判断的。只有一次，出于某种原因，他发表了一番奇怪而出人意外的坦白话，也许是因为那是一个特别的情形。这事很早，是在艺术剧院诞生以前。那一阵，我们有好久没有见面了，偶然在一个绘画展览会上遇到，就约好次日在市中心的一个酒馆里相会。见面的时候，他差不多一开口就谈到一个女人，这是因为那件事情的性质太奇特。他追求了一个已婚的妇人——在已接近成功的时候，他才忽然发现，原来她是个有夫之妇。他这样表达自己的想法：

"忽然间——门就锁了！"

他是否把那把锁打开了，我没有问，但我猜想得出他指的是哪个女人，而他也知道我猜着了是谁。

受过文化陶冶的俄国女子之放纵，并不如她的才智能吸引一个男人。我有一个观念：契诃夫是能抓住女人的。在他结婚以前，他和任何女人都没有坚固而长久的关系。据他说，在结婚以前不久的一个时期，没有一个女子和他的关系是能延续到一年以上的。

在《伊凡诺夫》发表了两年以后，契诃夫又写了一个新剧本《林妖》。这个剧本他没有送给科尔什，却送给了阿布拉莫娃新组织的剧团，这个剧团有变成一个伟大而忠实的剧院的征兆。其中重要的演员之一是索洛夫佐夫，契诃夫曾把自己的闹剧《蠢货》献给他。

我还模模糊糊地记得观众对这出戏的态度，无论如何，那不能算是一次突出的成功。我觉得作者还没有娴熟地掌握舞台的形式。第二幕两个女人那场戏给我的优美印象，我还清清楚楚地记得，结果，这一场戏就充分地移用到《万尼亚舅舅》里面去了。可是我特别记得，我个人感觉到，这出戏的抒情内涵和舞台上所表现的并不调和。扮演各角色的都是很好的演员，可是从他们的语言、态度和性情中，找不出一些熟见而活生生的人物。这出戏是认真上演的，不过，那些装饰、那布景的安排法、那布制的墙壁、那些摇摇晃晃的门和那幕后的嘈杂，处处都没有一刹那能提醒我台上的戏是真的。任何东西都是在舞台上所熟见的，可是我们所希望的戏剧是要在现实生活中所熟见的。

我认识许多有才智、爱好文学与音乐的知识分子，他们都从不想进剧场。他们觉得剧场里什么都是假的，他们时常嘲笑那些最"神圣"的舞台把戏。要是以我们自己的观点，我们要称这些人为无情的恶人，或是俗恶而粗暴的人。可是这句话并不公道：是剧场的不现实使人冷静的，还有什么话说呢？我们应该指责的不是他们，应该指责的——是剧场。

但是，要演一出戏，要使这出戏的创造性的刺激不产生于舞台，而产生于生活，这是不是可能呢？要想达到这个地步，中间有什么障碍呢？缺少什么东西呢？缺少的是适当的演出、适当的演出组织，以及演员的艺术吗？

这个问题，到现在才刚刚提出……

四

我写了一出喜剧《新事业》。这在我的戏剧生活里是一个重要的阶段。

这出戏里也有我自己的舞台上的问题。第一，这出戏是偏重男性角色的。就是说，里面没有一个引人注意的女角可以给莫斯科的叶尔莫洛娃或费多托娃演，也没有值得给彼得堡的萨温娜演的角色。第二，这里边还有一个大胆的写法，就是爱情的穿插只居于次要的地位；事实上，爱情故事几乎不存在。最末，里面没有外在的效果：没有开枪，没有晕厥，没有歇斯底里，没有打嘴巴子，没有大转机——真的，没有意想不到的结局。

故事是：在农人的土脉里发现了煤矿层。邻近的地主把它买下来开采，可是开采的钱找不到。没有人信任他，因为他平日总好空谈"新事业"，不是这个"新事业"，就是那个"新事业"。连他那嫁给莫斯科一个富商的女儿也在阻挠他，使他弄不到钱。

故事仅此而已。我只想从舞台形式本身找到趣味，只想用简单的方法把握住喜剧的精神。

开头的一些步骤就没有得到很多的鼓励。小剧院倒是接收了剧本，但是冷冷地，没有一点感谢之意。演员们也在孜孜不倦地排演，可是，不用说就知道，都是没有灵感的。导演和一切舞台技术指导工作，全由我承担，经理切尔涅夫斯基虽然每次排演都到场，可是没有提出过一次异议，仅是一切照着我的话办。以下是他对这次演出的态度。

在最后一次排演的时候，大家正在后台吸烟室里休息，演员们在那里吸烟、下棋。切尔涅夫斯基一边在棋盘格子上移动着那小骨头棋子，一边说：

"好吧，我们看吧：如果有好结果，我们就算成功；不然，我们就算不成功！"

然后，过了几分钟，又说：

"据我揣测，当然是不会有好结果的！"

我正站在那里，参与演出的大部分人也都在场。切尔涅夫斯基向那靠墙的低椅的背上往后一倚，眨了眨眼，接着用一种无望的音调说：

"我们拿什么来希望好结果呢？总是煤、煤、煤矿、钱……"

实际上也只有两个演员喜欢我这本戏，这两个人和我一样感到心慌意乱：一个是连斯基，他演主角；一个是费多托娃，她同意演配角，而她，一般说来，是以敏感著称的。

在这一次演出的前夕，作家也和演员们一样，绝没有成功的把握——只有自大的人才会有这样的信心。那种对次晚的担心、那种不自信、那种心情混乱，可以说是演员、艺术家或剧作者的经验中最神秘的东西了，特别是对演员与剧作者来说，因为一到明天，他们就得面对结果了。

这倒不是一个人因为怕伤了自尊心而惊恐，这心情有更深刻、更动人的意义。假定真的忽然证明是我走错了路呢？假定明天所有这些戏剧梦想都会被大家嘲笑呢？可是，只要观众略微有一点接受的表示，你马上又能相信一切了：相信你的真理，相信你的力量，相信你自己是在精神财富的最正确的意义上的一个富人。同时，也许有不同的结果，事情也许发展得不大对头，也许把你的无能给明明白白地暴露出来——到那个时候，你也许瞧不起自己了。

后来斯坦尼斯拉夫斯基和我创办艺术剧院的时候，我们的经验永远小心翼翼地和演员们的经验联系着，我们拿这种联系当作每个人与整个剧团联系的基点。那种官僚式的空气、那种流行于演员中间的漠不关心，我们都认为是艺术的最毒恶的仇敌，毫无顾惜地予以铲除。

《新事业》演出四十年后的今天，我还能记得它初演的那一天，我是如何全然地无地自容。我游荡在大街上，被犹豫、畏缩的心情折磨着。

"假定切尔涅夫斯基的话真的说对了呢？假定演重要角色之一的沙多夫斯基平日排演时那种无精打采的神色，也忽然被证明是对的了呢？（他排戏时候的态度坏到连台词都不肯读熟，以至我不得不托经理去请他多读剧本。）我为什么要这样写剧本呢？我为什么要抓住这么一个题材呢？"

我心里反省着，觉得我本可以写一个比较令人满意的题材，觉得本该就便利用大家比较熟悉的效果——至少这样是不会令剧本失败的。我是否该到别处去旅行一趟呢？避开这一晚，不去剧场呢？不写这样的剧本，和朋友们坐在舒适的房子里玩一玩纸牌，在悠闲的心情下开开玩笑，够多么快乐啊！

但是，我的幸福居然证实和我写《新事业》时所想象的一样了：演出竟得到一次巨大的成功，一次众口同声的成功。我可以自视为一个战胜者了。然而，我还不能相信我会得到完全的胜利，那需要批评家们的意见。批评家们又将怎样说呢？他们在那时有相当的势力。最先发表的一些评论是很精彩的，只是那最好的报纸《俄国公报》上有一篇文章，那位批评家可以说是不让我有一点立足的余地：他说这出戏没有思想，人物还不彻底，整篇都是一堆庸俗、鄙陋的东西。

这里最使人哭笑不得的，是这位批评家是最近才由我把他介绍给那个报馆的。那个以前做过许多年批评专栏固定编辑的人死了，报馆就请我写些关于剧场的文章。因为我和小剧院的关系很近，我觉得不大方便，不过他们一定要我写，我就写了些文章。后来，我偶然遇到这位青年批评家，觉得他大有希望，就把他介绍了去。

于是他就趁着这个机会，赶快证实他是有希望的了！

那篇文章给了我一个惊心的印象。我又战栗起来，焦急地等待着礼拜一，因为礼拜一是"批评之王"弗廖罗夫的文章发表的日子。

这出戏能在观众面前成功，而观众又那样友好地欢迎它，是后台所意想不到的，所以后台的人也在极关切地等着，要看弗廖罗夫的文章。

这位批评家以不偏不倚而又有健全的判断著称。常常有某一出戏失败了，观众发出哑哑的声音，各报纸上也散布了失败的消息。可是一到礼拜一，弗廖罗夫常会发表一篇恳挚的文章，他并不替这出戏辩护，只把他自己的印象介绍给读者，完全不去理会失败的那一面。这样一来，这出戏不久就会忽然又引起人们的注意，而各剧场也都又会演起来，从此就能使这出戏在几十年中经常上演。

这里附带提一句，奥斯特洛夫斯基晚年所写的戏全都遇见过这种情形！

弗廖罗夫的批评发表了，里面充满了称赞《新事业》的词句。我必须承认，我把这篇文章保留了起来，而且常常读它。这篇文章是批评家与作家有亲切同感的不多见的例子之一，因为他敏感地抓住了作家意向之最内在的精髓，又找到了发挥自己情绪的字句与格调。

《新事业》是我第一次重大的成功。实际上，在彼得堡的成功更大。在彼得堡，这出戏是作为瓦尔拉莫夫的福利场演出的，他是一个出色的喜剧演员，是大都会的偶像。在排演时和正式公演时，演员们都怀着兴趣。观众全场欢腾。和上次萨温娜演我的戏的时候一样，这一次皇室全体又到场了。剧院经理紧握着我的手，比上次更热烈地来传达亚历山大三世的赞许。经理说，第一，皇帝说他终于看到了一出真正的俄国喜剧；第二，他下次想带他的女儿任妮亚来看。报纸上也热烈地欢迎这出戏。

不但如此，《新事业》还得到了格里鲍耶陀夫奖金，由剧作家协会颁奖。协会每年要选一出最好的戏，授予此项奖金。我发现自己原来已在前列，已经站在戏剧界第一流代表人物中间了。莫斯科和彼得堡的各剧院联合组织了一个戏剧文学委员会。莫斯科方面，委员会邀请了三位最出色、最受崇拜的文学教授——吉洪拉沃夫、斯托罗任科、维西洛夫斯基——和我，共四个人做委员。还有一件事可以作为《新事业》的战胜纪念，就是那一次和柴可夫斯基极幸运的会谈，以及他请我给他写一部歌剧的词稿。

那个时候，在我看来，我唯一应做的事情就是多多写剧本。

有些地方已经有人在暗中传言，说我注定是"继承"奥斯特洛夫斯基的人，而且接受了奥斯特洛夫斯基的新商人阶级的遗产。

　　所有剧场的大门都对我开放了。然而，直到四年以后，我才拿出第二个剧本来上演。情形就是这样。

第三章

一

现在要开始向着主要的目标走上一个新的、重要的行程了。我收到一个请我到音乐学校去教戏剧艺术的聘约。

这本来是一件很小的事。任何人都不会觉得严重，更不会想到这对我的活动竟能产生一个不灭的影响。

莫斯科有两个戏剧学校：一个是皇家戏剧学校，教员都是莫斯科小剧院的著名演员§，有连斯基、普拉夫金、沙多夫斯基，有一阵费多托娃也在里面教过课§；另外一个，就是音乐学校，里面高深的课程§以前由普拉夫金教授，后来改§由尤任担纲，初级课程都在一个二流的演员手里。音乐学校当局不满意这个演员，尤任就介绍我去替他的位子。介绍一个不是演员的人去教青年群体中的预备演员，这在尤任可以说是又聪明又大胆。他这个举动的意思，就等于说，他在我身上看到了别人所看不见的东西。音乐学校当局相信了他的话。

尤任告诉我说，他对教戏非常不感兴趣，觉得我可以准备在一两年以后把他所教的全部课程都接过去。他也非常相信我是一个有"活跃的潜力"的人,是一个教员,是一个舞台导演。

而我也深深地相信自己。可是学生们对我就不怀信心。

他们觉得那位前任教师,固然是个二流的演员,但究竟还算是个演员,可是这个新来的人呢,即或假定他是一个好剧作家吧,他又能教给我们什么呢?……尤任觉得应当用一套有说服力的讲演来告诉他们:我是一个出众的业余剧人,我导演过好多戏;在我所写的戏演出的时候,连小剧院的演员都接受我的意见;等等。在我呢,我说:我是到这里来"在教书中学习"的,我说我比学生们只不过稍多一点经验而已,我只是对戏剧学校的工作有过许多思索而已——总而言之,我开头很谦逊,希望渐渐能得到学生们的信任。然而,不久我就被他们逼得非采取另外一种方式不可了。

这个学校的名誉很坏。这学校固然造就出来过几个第一流的演员,如近来的明星列什科夫斯卡娅和波托茨卡娅,但同时,学生们当中也有多得可怕的流氓:尽是些多嘴的女孩子,好像她们到学校里来是为参观一个精彩的博览会一样;尽是许多没有地方可去的懒货。到这个学校来的,大多数都想要教员尽可能地以最快的速度教会他们如何表演,好能在毕业公演的时候分到一个好角色。没有人注意学校教育的目的究竟是什么。要想以声音训练、吐字、造型、舞蹈、剑术及文化科目之重要来说服任何人,是不可能的。简而言之,全校的风气都出乎寻常地庸俗。学生们只在很不耐烦地等着被派到一出戏里去,这出戏由最老的教员指导进行试演或公演;其他任何事情他们就都认为讨厌,认为不必要。

我问过一个将近三十岁的学生："你为什么进剧校？怎么你什么事情都不愿意做呢？"

"我怎么说给你听好呢？"他用一种非常无耻的口气回答我，"我有钱，我选择什么职业都不重要，这里又有这么多的女人……不用花钱的女人。"

学校当局也不想法子消灭这种歪风。显然地，学校当局甚至承认后台生活之一般情调，原是如此。有一些领导甚至认为这倒是挺方便的……

我的举动愈谦逊，我班上的情形就愈混乱。我于是不得不行使教员应有的权威了。唉，在后来的年月中，我得多么时常乞灵于权威呀！就连像在艺术剧院那样的环境中，就连在比这群流氓高贵得多的人物中间，我有时也还得利用职权呢……人类就是如此。有一次，我气得喊叫起来，请学校开除四五个学生，把管理学生的缰绳握在我自己的手中……

我对课程专心致志到什么程度，自己都羞于供白。只请想一下：一个戏剧作家，所有最重要的剧场都在等着他写戏，而他呢，却把自己完全牺牲在这样一个戏剧学校里，这样浪费着他的时间与精力，结果人家反觉得他是全校里最幼稚的一个小学生！如果这工作可以赚到一笔大钱，也还总算是有些道理，但，又只拿到这样小小的数目。谁会同情我呢？这也就是我特别欣慰于幸而认识连斯基的缘故了：他在皇家剧校，也是同样热衷于把自己的身心都贡献给所授的课程，并且宁愿放弃演戏而来教课。我们两个交换着彼此的探讨、实验和成就，彼此相互竞赛着、勉励着。

教艺术是很教人心无二用的，凡是试过的都知道。要抓住性格，要启发生命的星火，要帮助生命去发展；要消除生命发展中的障碍，要使趣味高尚化，要和坏习惯、渺小的私心搏斗；要寻索，要坚持，要要求；对学生又要诚恳热情，又要训诫；要不停地使学生的兴趣寄托在活的人类的材料上；要用你的最高理想来培植他们；要怀着愉快与担心，随时注意学生那些微小的成长……

剧院的种子就藏在这里边，剧院的最深、最动情的精髓也伏在这里边……

而他们那些青年，也必须对自己决心终身从事的事业有无限的信念，对我所给予他们的训练也必须珍视……学生有那么多，你对每个人都得加以最大的注意。有些青年，如果你对他说他没有戏剧天才，就等于谋杀了他……可是这种错误是很难犯下的吗？连斯基和他的考试委员会拒绝录取克尼碧尔，已经是一个好例子了！克尼碧尔先是到皇家剧校去读书的，他们觉得她没有希望，所以她就到音乐学校来了。这种错误并不是例外。我个人也有过这种经验。在训练莫斯克温几个月之后，我对他说，我对他的天分有一点怀疑。此外还有萨维茨卡娅的例子。她入学校的时候，自己下了这样一个决心：假如进不了剧场，就去进尼姑庵；如果她不能成为演员，她就会完全退出这个世界。在这种情形之下，你怎么有权利不用最细心的测验与试读来决定她是否适于舞台呢？学生们怀抱着多少热烈的希望来到学校，他们怀着多么提心吊胆的预感瞪着教员脸上的每一条皱纹：他们要看一看这张脸所反映的是什么——是愉快呢，还是绝望呢？

如果他们证实了那是希望，这些在颤抖的青年会用怎样感激的情感交流来反馈你啊！

按照规定，我每周必须讲课四次，每次两小时。这是一个不合理到可笑的条件。我从早到晚都在忙，每天一直工作到深夜，就是这样，时间也还几乎不够用。

后来我居然能使一切上了轨道。我时常说起我从别处听到的一句话："与其叫一切不上轨道，不如及早从全盘事业中引退。"

我所教的这些课程，究竟都是些什么呢？我从我所教的这些课目中学到了些什么呢？我又教给了这些戏剧青年些什么呢？我探索、发现和启发了些什么呢？在经常单独试验他们的时候，用的都是哪些方法呢？这些题目，简直够另外写本书的。这些都是有关专门技术的问题，所以这里不谈了。这样的八年过去之后，才有了艺术剧院的创立。几百个青年跟着我上课，其中有几十个成了好演员，后来又有不少的人获得了巨大的声誉。在教与学的联合工作中，我们所掌握的题材，种类非常之多；训练方面，也远超过舞台技术的初步实习。心理动作、现实生活中的姿态、道德问题、如何融合剧作家的情绪、对真诚坦白的希冀、对纯朴的抱负、对活跃的表情与字句的研究、形意模拟、雕塑造型、自信……都是每天紧张的学校作业里的纲要——这里还没有细述其他一切琐碎的细节。

§ 毕业公演给学校赢得了好名誉。音乐学校每年只举行一次公演，而那时皇家剧校一年演三四次。小剧院在四旬斋[①]停演。

[①] 四旬斋，亦称大斋期，时间为复活节前的四十天。——编注

连斯基就利用这个机会，让小剧院这四十天几乎全给他的学校占去了。音乐学校只得在小剧院演一场戏，在自己的校舍里再演几场。后来我设法和皇家剧校享受到同等的权利，连斯基和我平分了四旬斋小剧院那些空闲的日子。这把我的课目的水平提高了，我的这些课目不久就和官办学校的课目相抗衡了。§

音乐学校的公演开始引起莫斯科人的注意。有些演出连我都觉得足以自傲。有这样一次，我有意上演易卜生的戏，我一向是醉心于易卜生的。大部分的剧院不重视他，小剧院只演过他的《海尔格伦的海盗》而没有成功，科尔什演出过《人民公敌》也失败了。如果我再提到杜塞一到俄国就演的《玩偶之家》，那么，在俄国境内演出的易卜生就全在这儿了。而杜塞因为是站在以自己为主角的立场上，又是在外国演戏，不消说，她的戏里很少有易卜生的成分。我用学生阵容演出了《玩偶之家》，这是莫斯科第一台真正的易卜生演出。

所有教员都喜欢过高地评价自己的子弟，我敢说我自己在这方面可一点也没有犯过罪过。但，唯有一件事我心里也看得很明白，就是：必须借着他们，必须借着这个学校的青年们，剧场才能复活。

§我对学校的公演十分专注，甚至在柴可夫斯基刚刚给莫斯科音乐学院的毕业公演排了普希金的《叶甫盖尼·奥涅金》之后，我就叫我的学生们演我的新剧本《黄金》。小剧院里的那些朋友怕我在这次演出以后口袋会成问题，就以相当的热情来劝阻我。§

有许多奇特的回忆是和这出戏不可割分的。

第一，我当时想体验一下古典的公式：地点、时间、动作上的一致。三一律的重大性在诱惑着我，易卜生时常采用这个公式，动作的逻辑发展可以借三一律得到雕塑的特质。所以，我在实际已把剧本写好之后，又校正了一遍：把它紧缩成一个地点，紧缩在一天之内，等等。

照我看，这样是把我的剧本毁了。我加给它的分量过重了，把剧本弄得更造作了、更单调了，可是，我自己不愿意承认，就这样把它拿到社会上去了。

但这也没有妨碍它的成功。它得到敖德萨大学的奖金，在莫斯科和彼得堡都是用最辉煌的演员阵容演出的。

而且，这是第一出经过彩排的戏。直到那个时候，大家都认为彩排仅被富有装饰特性的戏剧所需要。而现代剧本上演时，剧作家只在实地演出的那一晚，也许只在演员上场的前五分钟，才能见到大家都化了装、穿了戏服的样子——有任何不适合的地方也已经来不及改正了。因此，演出中常常有使作者痛苦的吃惊之处。

而我这出戏，却有这么一个"多此一举"。

《黄金》本来应该先在彼得堡演的。那个时候，亚历山大三世正在克里米亚，生命垂危。排演就是在举城期待皇帝病况消息的紧张空气中进行的：大家都认为这出戏也许会在上演的中途停演，即或不，观众的心情也必然是陷于一种忧郁状态的——总之，都因为这是皇家剧院。初演的那一天到了，早晨还排练了一次。晚上六点钟的样子，我正往剧场去，群众都拥在涅瓦大街上，那里的新闻报告板上发表着：皇帝死了。

公演就未能举行，因为宣布了国丧。国立剧院都停演两个月以上。我就利用了这个空闲的时间来组织彩排。从此以后，所有演出就都采用彩排制度了。

二

《林妖》与《海鸥》中间，相隔有六七年的样子。《万尼亚舅舅》就是在这中间发表的。契诃夫反对人家说这是《林妖》的重写。他在某个地方曾断然宣布《万尼亚舅舅》是一个完全独立的剧本。然而，《林妖》的基本线条和一部分场面，经过极小的变动后，都编织在《万尼亚舅舅》里面了。

他在什么时候、怎样使《林妖》绝版，又在什么时候、怎样刊行了《万尼亚舅舅》，我都记不清楚了。我记得第一次读到的是编在一种剧本小丛书里面的《万尼亚舅舅》，可能它的第一次问世就是这种版本。最初《万尼亚舅舅》是在外省演的，我在敖德萨城看过，还是那个索洛夫佐夫的剧团演的。索洛夫佐夫本人做经理，他在外省的生意非常好。我的妹妹涅米罗维奇就在他的剧团里做演员，她在《万尼亚舅舅》里演的是叶莲娜那个角色。

他们经常演出，剧目轮流替换。《万尼亚舅舅》很成功，可是，若是从舞台的观点来看，成功的性质可以说是平凡的。观众们鼓掌，演员们被欢呼到幕前，可是戏一演完，剧本的生命也就跟着完了：看戏的人没有带着极度真实的体验回家，这出戏并没有唤醒观众对世间事物的一种新的了解。我再重复一句，一位新的诗人放在剧本里的那种人生，并没有得到新的反映。

因此，契诃夫便不再给皇家舞台写作了，而且实际上也不给任何剧场写剧本了。可是，我们尽力提起他对戏剧生活的兴趣。我们就在剧作家协会里发动了一场斗争，把契诃夫硬拉了进去。他很谨慎，并不马上就屈服，可是，最后他还是对戏剧有了很大的兴趣。

剧作家协会是奥斯特洛夫斯基创立的，有一点官办的性质。全部会务受秘书领导，这个秘书在总督办公厅里是一个重要的位子。协会的整个组织只包括这么一个秘书和一个司库，司库也是政府的重要官吏。所谓斗争，只不过是要从他们两个人手里把权力夺出来，把协会置于作家们的领导之下，并定出个新规程，等等。可是仅仅这一点也很难，也很复杂。协会的会长，是作家中年高德劭的前辈什帕任斯基，他是奥斯特洛夫斯基的继任者，实际上也只是挂一个空名：一切都受秘书的左右，他很怕秘书利用总督的机关加害于他。

我们这一群"密谋者"常常在我家里开会。在我们所拟订的新的行政组织里，一位是孙巴托夫-尤任，一位是个律师兼剧作家，一位是契诃夫，另一个就是我。一到开全会，舌辩得确像是一场紧张的斗争。结果，我们战胜了。可是我们绝不是想去占那有利的秘书与司库的位置。我们的目的只是要定出并施行一套新规程，在这个上边，我们整整花了一年的时间，而这一年之内还一面继续着斗争。但结果我们失败了，我们被挤了出来。这和政党斗争中常见的情形一样：我们本应该坚决彻底，甚至不怕和总督办公厅决裂的，但我们却犯了自由主义的毛病。

在这个时期，我时常见到契诃夫。看来他是没有组织才干的，可他也并不假装有。他很留心听，话说得很少，特别教人觉得他主要是在观察，是在把幽默的材料装进脑子里去。

他那时没有写什么新剧本，对皇家剧院——纵然里面有他几个朋友——他也没有什么企图。尤任和连斯基两个人都是小剧院的领袖演员，契诃夫跟他们比跟谁都来往得多。他和尤任谈话，都是用亲近的称呼——"您"。

三

尤任是俄国戏剧界最重要的人物之一。一九一七年十月革命以后很久，国内都还流行着这么一句话，说支持着俄国戏剧界的有三条鲸鱼：尤任、斯坦尼斯拉夫斯基和丹钦科。

他是那种社会关系最广的人。他当着世界上最优秀的剧团的领袖演员，他支撑着一套又大又充实的演出剧目。他走上舞台是违背了他父亲的愿望的。他的真姓是孙巴托夫。他只在他的戏剧创作中才用这个名字，而在舞台上他就用"尤任"这个假名。他还在上学的时候，就已经是一个剧作家了。他所写的戏，大家都认为很有戏剧性，很容易演出，因此到处都在演，而且演来永远是成功的。无论是戏剧的、文学的、社会的集会，凡是可能参加的，他都去参加——其他各种委员会、社团也是如此。他的文化修养很高，读过很多书，怀着惊人的兴趣夫追随新文艺的潮流。他和"全莫斯科"保持着宽广的交往。他是所有重要俱乐部的会员，又是那个众所周知的莫斯科文艺俱乐部的创办人和终身会长。没有一个公共集会上，他不是居于领袖的地位的。他真正是莫斯科的一个宠儿。到了夏天,他并不去休息,一定要到外省去旅行演出,然后到世界赌城蒙特卡洛去把他冬季在莫斯科建成的新的"体系"检阅一番,再从赌城回到自己家乡的别墅里去见见他的太太,在那里再写一个剧本。

这个人不懂得懒惰为何物,他可以给"铸造自己的幸福"的铁匠做一个模范。真的,他的地位确是他自己铸成的,他不相信任何简易的方法,他每迈一步都是用了精力和付出了倔强的意志的。你和他一起谈话时,他总是有用之不尽的机智和乖巧,而且像是他一个人包办了谈话一样。他在女人身上也有很大的成功。他像一个藩主那样地好客。他的住宅以无数集会、无数午饭、无数晚餐而著名。

我和孙巴托夫,从我们年轻的时候就有人说:"是魔鬼用绳子把他们两个捆在一起的!"我们的友谊开始于中学二年级。其实,就连在学校的时候,我们走的也并不是一条道路,我们只是在两条平行线上各自前进罢了。我们的学校是城里仅有的一所中学,学生人数非常之多。为了调整人数,就不得不把每一年级分为两班,我在一班,孙巴托夫在另外一个班。到了六年级,我们虽然还是朋友,可是已经变成敌手了。每班都自己出了一个文艺刊物。我们两个人之间的争执是为了什么,我记不清楚了。我只记得,我当编辑的那个刊物叫作《同志》,还记得我俩以"批评家"与"反批评家"的姿态彼此攻击过……

我们两个人第一次演戏是在故乡提弗里斯,是以业余身份同台的。

我们合作写过一个剧本,表面上得到很大的成功。后来,我们两个又都以剧作家的身份在小剧院里会到。我们是连襟，他的太太也是科尔夫家里的人，是我太太的堂房姊妹。

孙巴托夫是我一生中的一个真正的朋友。我们的友谊从来没有中断过，可是我们的艺术趣味彼此分歧很大。这仿佛是一种与生俱来的东西，因为从我们很年轻的时候，这种艺术上的分歧便已经开始了。随着艺术剧院的兴起，这种分歧也就特别鲜明地显露出来。我们许多次都发现彼此处在敌对的立场上。然而我们的主要工作——戏剧——都仍在努力进行着，就像以往在中学里一样，在平行线上进行着。

他是一个浪漫主义者。他喜欢雨果，对雨果的爱好几乎超过对一切诗人。他甚而接受了巴黎歌剧院邀他担任艾那尼和吕伊·布拉斯两个角色的聘约。他在任何东西上边的兴趣，都永远倾向于具有浪漫色彩。

在这个题旨上，我们几个人做过一次长时间的热烈的辩论，契诃夫和我站在一边，尤任站在相反的一边。辩论的地方，就在他那间面向大街的、宽大而光亮的书房里。那条街，在他死后就被命名为尤任街。契诃夫和尤任辩论得最多，因为这个争执是牵涉到我的。在这以前不久，我的小说《州长的视察》已经出版，契诃夫从他的别墅里寄给我这样一封信：

> 我刚把你的《州长的视察》一口气读完，它的精彩、它的完整纯净，在我所熟知的你的作品中是最好的。它给我的印象很强烈。只是在结尾处，从与那位作家的谈话起，进行得有点像是喝醉了的样子，而我们所希望的却是安静，因为

那本来是非常悲哀的。你关于人生的知识太丰富（这种话我是早就说过的）。你的作品愈来愈好了，就好像在你的才力上每年都新添起一层楼一样。

在《州长的视察》以前，我还写过另一篇故事《死的织品》，孙巴托夫很喜欢它。如今他们就在辩论哪一篇比较好些。辩论发展到一般的讨论，揭开了两个不同的方向。尤任偏爱某篇小说里那种鲜明的、戏剧的心象，而契诃夫就偏爱某本戏剧里那种简单的、生动的形象。尤任喜欢特殊的，契诃夫喜欢一般的。尤任是格鲁吉亚人，是格鲁吉亚血统的优秀子孙，有一种近似西班牙人的热烈性情，喜欢开敞的、发光的效果；契诃夫是最纯粹的大俄罗斯人，喜欢深刻而隐秘的热情，喜欢含蓄。

这次讨论所揭开的重点是这样的：尤任的艺术在震响，在发火花，可是在它的背后，你看不见人生；而契诃夫呢，在他所描绘的人生背后，你又看不见艺术。

契诃夫辩论了很久，这是很少见的。平日，他一发表完意见，如果对方接下去想说服他，他一定在沉默中摇头，就等于说："不然，亲爱的朋友，我坚持我自己的主张。"可是，这一次，他不但没有停止发言，反而愈来愈多多搜求辩词。

事实上，这就等于小剧院和一个新的、未来的、尚未产生的剧场在辩论。不同的只是，艺术剧院采取的是一种直接战斗的态度，而契诃夫的辩论是温柔的，还带着他那种骤忽的微笑。他迈着大步子在书房里踱来踱去，把手插在口袋里，一点也不像是一个"战士"，一点也没有愤怒。

不久,《海鸥》里那位作家特里果林就发问了:

"谁都可以有他自己的天地呀,为什么要这样彼此攻击呢?"

孙巴托夫和我屡屡苦劝契诃夫,不要停止给剧院写剧本。他听了我们的话,就写了《海鸥》。

第四章

一

《海鸥》这本戏他是在梅里霍沃写的。那个地方,须从莫斯科坐两三个钟头的火车,下了火车,穿过树林和村庄,再走十一俄里的小路,才能走到。他那里常有从很远处赶去的访客。契诃夫很喜欢永远有愉快而健谈的人围着他,可是,当他要把一个涌上心头的新构思或者新心象记录下来的时候,他却总会把客人丢在书房里不理的。

他那里有一座美丽的花园,园里有一条笔直而漂亮的走道,和《海鸥》里特里波列夫布置舞台的地方相像。一到黄昏,每个人都玩牌,这也和《海鸥》里面的情景相似。

在那几年,契诃夫亲近的朋友里有一位新作家,名叫波塔片科。他发表了两篇故事,一篇是《大人的秘书》,一篇是《实职》,立刻就得到了名望。他是从外省来的,很善于交际,有一种非常讨人喜欢的和蔼和沉着的智慧,使每个人都受他那常有的乐观的感染而觉得欣悦。他唱歌很不坏。他写作又多又快,他并不对自己的著作估价太高，而且总是取笑自己的出品。他很挥霍，但是天真、质朴、意志柔弱。他待契诃夫很亲切，而且承认契诃夫的卓越。女人们热烈地爱他，爱他的原因，是他也爱女人，而且主要的原因，是他懂得如何恋爱。

很多人以为《海鸥》里的作家特里果林是契诃夫的自我写照，托尔斯泰在什么地方好像也这样说过。可是，我永远不能放弃我的想法：我认为，作为特里果林原型的应该是波塔片科，他的成分比其他任何人的都多。

戏里的妮娜给了特里果林一个纪念章，上边刻着从特里果林某篇小说里摘下来的一句话：

"一旦你需要我的生命的话，来，就拿去吧。"

这句话是从契诃夫自己的一篇小说里摘下来的，这句话里存在着契诃夫式少女们的那种献身于人的热情和单纯。这一点是令人把特里果林误认为契诃夫本人的原因。但，这不过是仅有的巧合，可能是契诃夫喜欢这一句又强烈又温柔的妇女献身的言语，才把它再用了一次的。

在描写特里果林的性格上，更有价值的是他与女人们的关系，这方面就一点也不像契诃夫了，反而和波塔片科的形象相近。

自然，整个看起来，那既不像契诃夫，也不像波塔片科，而是两者的混型。①

---

① 女作家阿维洛娃写给我一封信，承蒙她的允诺，我从那里摘录出下面的一段话："当安东·巴甫洛维奇（契诃夫）写这个剧本的时候，他通过《俄国思想》的编辑部收到了一个表链坠子，坠子像一本小书的样子，一面刻着选集的名字，另一面（转下页）

《海鸥》是一篇非常真实的作品，其中许多琐事一定是从梅里霍沃的生活中直接摘取下来的。就连被选作妮娜原型的那位少女，也是契诃夫妹妹的一个朋友。不过这些特点上的相似也可以说是偶然的。在那个时候，像这一类从乡下来的少女多得很：这类少女的野心，都是要从她们那沉滞的环境里逃出，从那昏暗的平凡的世界里逃出，去另外寻求可让她们全部"献身"的东西。所有少女都如此，她们都想要火焰一般暴热地而又温柔地把自身牺牲给"他"，牺牲给能激起她们幻梦的天才男人。当时，由于我们这里的女权受到粗暴的限制，从外省来的这些女孩子就挤满了戏剧学校。

二

契诃夫把《海鸥》的稿本寄给了我之后，又动身来找我，亲自听取我的批评。

当我向他详尽而又琐碎地分析这个剧本的时候，他那种样子，为什么到今天还这样清清楚楚地刻印在我的记忆中，我简直

（接上页）刻着这样的数字：第247页，第六和第七节。赠者没有说出自己的名字。契诃夫在自己的选集中找到这个地方，就发现那里有这样一句话：'如果在什么时候，我的生命对你是必需的话，那么就请你来把它拿去吧。'这是一篇叫作《邻居》的短篇小说中的一句话，是格利果利·符拉西奇向他太太的兄弟讲的。安东·巴甫洛维奇隐隐约约地猜到是谁送给他的这个坠子，于是便想出一个奇特的办法来表达自己的谢意和回敬：他叫妮娜把同样的坠子给了特里果林，而且把选集名称和数目改了一下。他在《海鸥》第一次上演的时候便特别指定了以这种方式回答。演员们当然没有怀疑，他们在演戏的同时还起了传信人的作用。"——原注

无法解释。我坐在我的书桌旁,他站在窗口,背朝着我,两只手像往常一样,插在口袋里。他至少有半小时没有向我转过一次头来,然而,我的话,他也并没有一句不在留意地听着。他极其注意地听我说话,这是毫无疑义的。然而他也给我另外一个印象:我觉得他在用同样的注意力看着窗外小花园里所发生的事情。有几个刹那,他甚至毫不掩饰地把头探出窗口去,加强注目,盯着花园。这是诚心使我这种自由发表意见的重任轻松一点呢,还是免得两眼直瞪着我使我局促呢?还是,相反地,他在努力保持他的自尊心呢?

契诃夫家里的人,大体说来,都是不大喜欢把自己的灵魂揭露出来的,都是一些脆弱的、敏感的、缄默的、含蓄的好人。

现在我很难追述清楚我是怎样把初读《海鸥》的印象告诉给契诃夫的,我也不敢冒昧去杜撰一篇那次晤谈的记录。回忆录的最大罪过之一,是叙述者把事情发生的时间前后倒置,而说起来仿佛一切都有先见之明似的。

我对《海鸥》进一步的举动,是大家都充分晓得的了。在这个时候,我对契诃夫的作品实在是有亲切之感。所以我对这个剧本,也像对他其余的一切创作一样,提供了一些关于造型及舞台技术的建议。大家都认为我是舞台专家,所以,显而易见地,我当时把自己在舞台上曾经检验过的一些公式向他提出了。而他未必想接受我的建议。

不过有一件事情我还能很容易地想起来。在我批评过的那一份稿本的原文里,第一幕的结局是一个大的意外:在玛莎和杜尔恩医生两个人的一场戏里,剧情忽然揭露了玛莎是杜尔恩的女儿。可是，在以后各幕里，这件事就始终没有再提过一个字。我说，或者把这个意思发展下去，或者把它完全放弃，这两种办法非要采取一种不可。按着戏剧的本质，第一幕的结尾必须清清楚楚转变到全剧所要发展的方向。

契诃夫说："可是观众喜欢在每幕的结尾处亲眼看见'箭在弦上'！"

"很对！"我说，"不过这样的结尾必须放在后边，不可仅仅摆在全剧的中间！"

我记得契诃夫后来又几次提过同样的答辩。

结果，他同意了我的主张。第一幕的结尾就因此改过了。

当谈话转到这个剧本的演出问题时，我说现在该是送给莫斯科小剧院一本戏的时候了。而当我已经开始讨论剧中角色可能如何分配时，他突然递给我一封信。

那是连斯基写给契诃夫的。

连斯基是小剧院的领袖演员，后来出了名的演员尤任当时在地位上还只是开始与他对抗。他是俄国最动人的演员之一，魔力之强，只有日后的卡恰洛夫才能和他相比。

他在新的化装上、在使人发生兴趣的形象上，都是一个惊人的能手。他拿油画作余兴，可以说近乎是一个艺术家了。在那时，他对表演的热衷已经渐渐不如从前了：他每次预备一个角色，只演两三回，再演就会厌倦了。另一方面，他却献身于学校教育，专心致志于学生的演出，全力在筹备新剧团。

连斯基厌恶小剧院的行政，他也不想隐讳这种厌恶。他梦想要创造一些舞台工作的新条件，他在筹备一个完全由自己的学生组成的新剧团。

我一回忆,连斯基的影子就有多少次在我的脑子里转。所有我所写的戏,他差不多都演过。我们两个很熟识,在彼此的家里都像在自己家里一样随便。后来,我们因为对学校教育有同感,都不满于小剧院的行政管理,就更密切地联系在一起了。

他比我和契诃夫大八岁到十岁的样子,契诃夫很珍视他的友谊。

契诃夫给我看的这封信,是与《海鸥》有关的。这样看来,连斯基当然早已读过这本稿子了。他是这样写的:

> 你知道我对你的才气估价有多么高,你也知道我对你的情感有多么深。可正是因为这样,我才不得不极坦白地对你说。以下是我最友好的忠告:停止为剧场写作。这完全不是你本行以内的事。

这是那封信里主要的几句话,口气很坚决。连斯基似乎对这本戏都不愿加以批评,可见他觉得《海鸥》有多么不适于舞台演出了。

我记不清契诃夫又把《海鸥》给小剧院别的人看过没有,可是它的命运立刻就转到彼得堡去了。

三

就莫斯科的著作界和教授界而论,契诃夫和《俄国思想》的关系比和任何期刊都密切。这种关系不是忽然间形成的,有一段酝酿的过程。原来,这本杂志是以自由思想著称的,由戈利采夫编辑。在很长的一段时间内,他对契诃夫都怀着一颗戒心,把后者当作一位享有大名而无思想的作家来看待,不敢领教。可是读者对契诃夫著作的爱好,是如此巩固并扩大起来,结果,《俄国思想》终于不得不向契诃夫请求稿件。此后不久,二者之间也就发生了最密切的联系。

《俄国思想》的发行人是富商拉夫罗夫,他曾把波兰显克维奇和奥若什科娃的作品很精彩地译成俄文。他以最恳切的热诚把当时自由主义的各宗派都撮合在一起。他学会在晚饭后演说,尽力随着他的编辑兼朋友戈利采夫不流入偏见。同时,他还时常在莫斯科城里他那所孤零零的大房子里,或者在他的夏季别墅里,安排各种集会招待朋友,招待与刊物有关系的文艺作家们和青年男女们。他的家里永远不断地有喧嚣的谈话,有醇美的晚餐,还有演说和纸牌游戏。不要以为这是流于奢侈的饮宴,要知道,它的格调并不庸俗。客人当中,常有一位饱学的青年历史学家米留可夫,拉夫罗夫对他表示出真正的敬仰。

此外,尤任、波塔片科和契诃夫也在经常光临又受欢迎的客人之列。

这是在莫斯科。在彼得堡呢,情形就不同了。契诃夫虽然和著作界的交游很广,可是在彼得堡就被苏沃林一个人独占了。他们两个人的关系很奇怪。苏沃林有一张全俄最受欢迎的,也是最有势力的报纸,名叫《新时代》。这张报纸是契诃夫素所蔑视的,自然一点给它写稿子的念头都没有。只有一次,他受恩惠不过,才在很短的一个时期用假名字在上边发表了两三篇文艺小品。然而他和苏沃林及其家人处得非常相得。

对于契诃夫的天分，苏沃林确是心悦诚服。他们两个人之间通信来往很多，有时甚至一同到国外去旅行，只是在这些旅行中，契诃夫总是特别坚持非付自己那一份开支不可。

要解说清楚契诃夫和苏沃林的确切关系，是很难的。他觉得苏沃林有经营庞大新闻事业的才气和组织能力。除了这张在当时有巨额收入的报纸之外，苏沃林还有一间全俄最完善的印书工厂，契诃夫作品的单行本就是在那里印行的。此外，他还有一家独力经营的剧场。可是，契诃夫怎样否定他的报纸，也怎样否定他的剧场。

对《新时代》及其主持人苏沃林和苏沃林的全部活动，《俄国思想》都保持着很尖锐的敌对态度，但，这并不能使苏沃林停止他的工作。至于契诃夫呢，他在最后十年生命中虽然和《俄国思想》联系在一起，可是他自己会想办法来解决这个两头为难的问题。

四

苏沃林读《海鸥》后受了感动，就负责去与皇家剧院接洽演出的事情。七年前，皇家剧院曾演过契诃夫的《伊凡诺夫》，演得很成功。

据说当时的情形是这样的。

§ 列夫克耶娃选定这出戏作为自己的福利场演出，在分派角色上遇到了困难。契诃夫指定要萨温娜来扮演女主角妮娜，可是她拒绝了，可能的原因是这位著名的女演员已经有四十岁了。这个角色于是就派给了科米萨尔热夫斯卡娅。这是派得很合适的，契诃夫后来还时常提起她演得如何好。为了积极支持这次演出，萨温娜自告奋勇来扮演玛莎，可是后来不知道为什么又不演了。§

契诃夫为了参加排练，就跑到彼得堡来。演员们都被弄得头昏脑涨，他们很久都还不能够把握住作家意念中的形象，也找不到合适的调子去诵读台词。很明显地，他们从那些陈腔滥调的套数里，很痛苦地想选出而实际又选不出适合这些台词与动作的东西。这本戏里，没有可以作为他们表演根据的东西；换一句话说，这里边没有只依靠"气质"、只依靠公式，或者只依靠个人的"套数"就能保证成功的关子和场面。

这些人都是最优秀的演员，都小心翼翼地珍视契诃夫为文学家，他们也都用尽了方法使作家满意。

契诃夫甚至不会向演员们提供意见，就是后来他常和艺术剧院的演员们接触，也依然不会提意见。在他看来，无论什么都是太容易了解的了：

"怎么，我不是完全写出来了吗？"你要问他，他会这样回答你。

可是他又会对导演说：

"演员们表演得过多了。"

他不是说演员们演得过火，而是嫌他们只在表演感觉、表演形象和表演字句。可是，怎样才可以不用表演而表演，就没有一个人能告诉演员们了。作家自然更不能了。

"做出来必须是很简单自然的,"契诃夫说,"正如在现实生活里一样。必须做到好像他们每天都谈到这件事情一样。"说自然是容易说!做起来可就是最困难的了。

这些演员大约每个人都演过神化入微的角色,其神化的程度,有时可以说是完全停止了表演——唯有这样形成的印象才是巨大的。但是,谁会相信在《海鸥》里边也能达到这种境界呢?谁能很简单自然地把这些最简单的句子读出来,而还能保有戏剧性,又能避免极端的冗长单调,不令人厌倦呢?

大家都感觉没有自信。演员们在作家面前大事恭维的时候,心里却一点也不相信自己在台上能做到。就连导演也不相信这出戏会演好。然而,并没有一个人喊出来:"让我们展期上演吧!让我们得点时间探索一下再排演吧!让我们摸索着进行吧。在这种情形之下排出来的戏,是不能拿到观众面前去的!而且,像我们这样,使观众一取了帽子出了剧场太平门就把作家的名字忘掉——拿这种行为来对待一首珍珠一般的诗,是不对的!"

照例行事只能收到照例的结果。虽然有大家爱好的作家,虽然有彼得堡最有势力的人物苏沃林参加演出,而排戏的方法却依然是这样照例行事。

戏的演出失败得凄惨。这一次失败是剧场史上数得出来的几次之一。从第一幕起,观众和舞台之间就缺少了情绪上的联系,就没有了戏剧空气。最富有诗意的台词全引得观众大笑。妮娜那一段瑰丽的独白:"人,狮子,鹰和鹧鸪……"落到观众的耳朵里,就像是一串冗长讨厌的古语。戏接着演下去,观众都在耸肩,在互相交换着会意的眼神,等到幕落下,连一点掌声都没有；而且在幕间休息的时候，观众们还发着嘘嘘的声音，说着藐视的言语。在戏快要演完的时候，在全剧的结尾——幕后发出枪声，特里波列夫自杀——杜尔恩医生怕阿尔卡基娜受惊，说：

"没什么。不要慌。我的一瓶乙醚刚刚炸了。"

观众一听，就付之一阵哄堂大笑。

幕落的时候，整个场子里都发出嘘嘘的声音。

可怜的作家！可怜、可怜的契诃夫！在这备受侮辱的三个小时内，他在后台不停地踱来踱去，尽力装出无所谓的样子。只要看见有人从他身边走过，他就狼狈地避开，不愿触到那个人的目光，尽量避免人家对他恭维一套虚伪的言辞。也许他心里屡次想到连斯基的信和连斯基劝他不要再写戏的友好忠告呢。毫无疑问地，他在诅咒那些劝他不要听连斯基的话的人。这位受全俄喜爱，作品被全俄全神贯注地读着的诗人、作家，可怜竟落到这么一个地步！

戏演完之后，契诃夫到什么地方去了呢？往常他是参加在饭店里边的大集会的。这一次，苏沃林在家里等着他吃夜饭。据说苏沃林家里总是有一大堆人，尤其是在初演之后。可是契诃夫既没有在饭店出现，也没有到苏沃林的家里去。没有一个人看见他。传说他就在那刮着冷风的秋夜里，在河堤之上漫游了很久，结果伤了风，因此，就加快了疾病缩短他生命的速度。

第二天早晨，他什么人也没有去找，就悄然离开了彼得堡。他给他家里发去这样一个通知：

这出戏轰然跌落了。剧场里有一种侮慢而沉重的紧张空气。演员们演得可憎、愚蠢。这次的教训是：一个人不应该写戏。

五

观众的批评比读者的批评还要令人痛苦得多。因为读者只是各自在一个时期读到一篇小说，也许觉得有问题，也许写一篇批评文章；而在剧场里呢，持有千百种不同意见的观众把他们那些未经证实而又迅速决定了的无情批评，马上一齐射到你的脸上，而且，几天以后，所有报纸就都根据这最近的一次演出来断定你的一切著作了。

奥斯特洛夫斯基在晚年从来不去看初演，也永远不读批评演出的文章。

只有苏沃林一个人称扬《海鸥》。别人就都这样写：

……那时候，就好像有一百只蜜蜂、黄蜂和雄蜂充满在剧场的空气中。

每个人脸上都羞得通红。

无论是从思想、文学或舞台技术哪一方面看，契诃夫的这出戏也都不能说坏，只是绝对荒谬而已。

这出戏是坏到无可再坏了。

这出戏给人一种压倒一切的印象，就是：它既不是一出严肃戏，也不是一出喜剧。

这不是海鸥,只是野狐禅。①

这些都是对一篇最有诗意的俄国文学作品的演出的批评!

恰巧在这个月(十月)里,我一整月都不在莫斯科。我到一个僻静的乡下去了,想在那里无论如何要把我那本《生活的价值》写完。还没有等我回来,我已经知道《海鸥》的噩运了。契诃夫写信给我说:

我的《海鸥》在彼得堡第一场就遭遇了惨败。剧场呼吸着侮蔑,空气受着恨的压榨,而我呢,遵着物理定律,就像炸弹似的飞离了彼得堡。你和孙巴托夫——是你们两个人劝我写戏的,我埋怨你们。

接着,在另外一封信里,他又这样说:

即或我活到七百岁,也永远不再写戏,永远不再叫这些戏上演了。

---

① Дичь,俄文有双关的意思,又作"野禽"解,又作"大惊小怪""无谓"与"无意识"解。——译注

第五章

一

在《海鸥》演出的同一季，我上演了《生活的价值》——在莫斯科作为连斯基的福利表演，在彼得堡作为萨温娜的福利表演。莫斯科方面，从第一幕一起头就预兆了成功，一直发展到全场腾呼。莫斯科有一份报纸说："昨晚证实了这次演出确是一个福利：不但是连斯基的福利，而且是作家的福利。"而彼得堡方面呢，在观众把萨温娜多次欢呼到幕前的过程中，她问我：

"这究竟是谁的福利——是我的呢，还是你的呢？"

彼得堡有许多报纸恭维着这出戏。

读者们，你们读到上一段时一定会说，"他在假装谦虚"，或者，相反地，说"他在给自己涂抹光彩"。这，我可丝毫都没有。我自己也看得清楚，《生活的价值》确有许多显著的特点。我很想把第一、第三幕用作我的学校的教材，给学生们做示范：第一幕的铺陈很巧妙，第三幕可以当作对话指南。此外，我还想拿支撑着第三幕的那个大胆的尝试给学生们做模范——换句话说，就是用两个人读一封长信来制造高潮。此外的特点，我也能指出来，如结构有力量、角色优美等等。不过，在同一个舞台上，时间也不过相差两个月，《海鸥》和《生活的价值》的命运，何以竟这样相差得使人不可揣测呢？这个差别一定是剧场本身出了严重的错误。这必然是旧型剧场的表现能力已经到了不能再超过的限度。它那四面墙是石头做的，那里边要求的范围是狭隘的，所以那里边自由创造的空气是全然不存在的。

这不再是剧本本质的问题了。像《海鸥》这样满篇珠玑的作品，结构上虽没有舞台性，可是两年以后，你们就可以清清楚楚地看出，契诃夫的作品里戏剧的感觉有多么强烈了——问题绝不是这个，问题是剧场的组织。必须把剧场的整个生命重新建造起来，把一切官僚式的东西——从那个经理的官职起——一起扫除净尽；把一切创造的力量都集中在共同的兴趣上，就连最小的琐碎末节也不要忽略；对排练的全部程序和演出的准备从根本上加以改革；使观众屈服于我们所趋向的主要制度，使他们不自觉间被我们抓在铁掌中。

从那年冬天起，我就开始梦想一个好剧场——不是一个抽象的新剧场，而是一个由我自己支配的剧场。作为一个剧作家，我已经占了一个令人羡慕的位置。但，我这时的兴趣已经不在创作上边，却被吸引到剧场的工作上边去了，所以在写作上，反而非得特别努力才能提笔。当我在写《生活的价值》的时候，我只有现实体验的片段，可是无论如何都不能把它们组织起来，结果，有时候竟得把头顶在我住的那座修道院的宿舍的白墙上，才能想得出一点东西来。从那时起，我已经发誓不再写任何剧本了。

因为，这本戏在它的孕育中就已经违反了写剧的原则。对于生命的价值、自杀的问题、殉情的问题等等，作者自然要把全副力量都放在它们的道德意义上；对于自杀流行病的现象，更自然要在心灵上先受过很大的感动。可是我呢，并非如此。一个作者在夏天坐在乡下的住宅里，对自己说：现在绝对需要写一本戏——是因为顾虑到人间各方面的关系才必须写的。而写什么呢？连他自己都不知道。必须马上想出一个题材才好。有一天，他忽然对自己提出这个问题："现代剧本常常以自杀作为结尾，那么，我也选一个题材，用自杀作为开头不好吗？写一出以自杀开头的戏，这不是一个刺激的念头吗？"

于是，我也如此。我也会对自己提这样的问题："剧作家常常把第三幕写成冲突的场面，使它成为全剧最有效果的一幕……使它成为包括全体演员的一个大场面……那么，把第一幕建立在一个决斗的故事上不好吗？好的，这样，这一整幕戏若是再叫名演员——如叶尔莫洛娃和连斯基——来演，岂不就彻底动人了吗？"

即或一出戏的情节已经向大家揭晓了，自杀依然成为有刺激性的穿插。必须记住，两幕戏写完了，而作者在《生活的价值》的主题上还不曾反映出什么来。主题应当超过形象，超过片段的场面与细微的描绘，正如云雾超出于池沼、小丘和矮林一样。

后来我出于必要，就不得不停止工作。把它丢开一两个月，好全神去思索生命的价值的各种问题。

某一批评家谈到我，说我在写戏的时候，舞台导演的成分比编剧家的成分多。也许这是一个精确的论断。

你只要把你的梦想告诉我,我就可以说出你是怎样的一个人。在那个时候,得到一个作家的声誉的梦,或是利用剧本来传达某种思想的愿望,都不能给我什么安慰。我只梦想一个剧场:这个剧场里的演员,必须赋有我正在赋予我的学校的学生们的那种品质;这个剧场里演出的戏,必须是上一年演的那些戏——如易卜生的《玩偶之家》、比昂松的《挑战的手套》、契诃夫的《海鸥》、高斯拉夫斯基的《兵士之妻》(这也是一个在舞台上失败过而实在出色的剧本)——或者是在优秀演员伊基谢列夫斯基手里失败过的易卜生的《人民公敌》,或者是一般人认为不适于舞台演出的屠格涅夫的剧作。我所梦想的剧场,是完全用另外一套程序来工作的,而且是合伙组织的……

这样一个剧场的梦想,从我青年时代起就占据在我的心中,如今可算是接近实现了。这些梦想在我心中喊叫着,要求着……

我一想到从我的学校毕业的演员们竟迷失在劣等的剧场里,就感到悲哀与激动。试看莫斯克温变成什么了?当初他在学校读二年级的时候,扮演《玩偶之家》的主角已经给人一种了不起的印象了。他确是"我的"演员,他把我所能传授给他的艺术最精华的部分完全消化了。可是,他现在竟到什么地方去了?他在耶洛斯拉夫尔城的一个消遣剧场里演小戏,学得庸俗,习染上了外省演戏的那种低级趣味。可是,我马上又得把根基未固的罗克萨诺娃送进社会,下一年又要轮到克尼碧尔、萨维茨卡娅、梅耶荷德、蒙特……毕业了——这些人都要分散到旧型的剧场里去。那么,我们消耗了巨大而惊人的精力所共同得到的职业戏剧空气,他们之中又有哪一个再能够保持得住呢?

因此，我在修道院的那间住室里，"在钟声徐鸣之下"，粉碎了要解决自己对自己提出的编剧问题的渴望——就是说，粉碎了要完成《生活的价值》的计划。

在《海鸥》第二次演出之后，我接到从彼得堡寄来的几封信，说观众都在用心听，说观众对这出戏第一次演出的失败也都觉得诧异……可是，这还不能挽救《海鸥》的命运。

《海鸥》在《俄国思想》上发表了，可是，就连文艺批评家的力量也都不能挽回它的噩运。

格里鲍耶陀夫奖金——每一年颁发给当季演出中最优秀的一个剧本——竟赠给了《生活的价值》。我向评审员说，我觉得这不公平，这笔奖金应该送给《海鸥》，好给观众和旧型剧场一个打击。评审员们不接受我的意见，而这里必须附带提起，评审员中间有一位是戈利采夫。

《海鸥》的失败，不用说，并没有丝毫影响到契诃夫之孚众望。大家都认为，最有天才的作家有时是会在舞台上失败的。至于那些遥远的外省，根本就不知道有这么一回事。

然而，契诃夫在很长的时间内，都不能忘怀这一下打击。他变得更缄默、更灰色。而这件事最可怕的影响是，他的康健从此受了摧折。

他到南方去了。他和他的全家住在梅里霍沃，过着冰冷的生活。他马上把他的全部著作都卖给了马尔克斯——行销极广的《粮食地》杂志的发行人。如果我没有记错的话，他一共卖了七万五千卢布。这个数目在当时并不算坏，契诃夫得到这笔款子，就移居到克里米亚的雅尔塔，在那里按着自己的口味建造了一座自己的别墅。他把整个心思都热情地放到这件事情上面去了。

二

我一生都在刻苦地工作。我十三岁就教书了，从那年以后，我的生活一直都是靠自己。我在中学读八年级的时候，学校因为教员少，就叫我在晚上给低年级讲课。学生时代，我靠着教书过活；离开学校后，就靠写作来维持。我的整个人生都在不停的苦干中度过。在苦干的日子里，我是以一种特别贪婪的心情在赶工作，好像要尽力把一切赶完，好把自己的全副身心都贡献给戏剧似的。我写过长短篇小说、文艺小品和零零碎碎一点报纸上的杂文，我参加过各种集会、委员会等等，可是大部分的时间还是花在我所爱好的戏剧学校的教育工作上。

这就是我很少和与我的职业没有密切关系的人接触的原因。契诃夫也是如此。他到莫斯科的次数愈来愈少。我和那位剧作家兼戏剧运动推动者费多托夫就建立剧场的计划已经进行过几次实际的谈话。我向科尔什建议，请他把他的剧场每星期让给我两天。我做了一个计划，想把我的学生聚成一个剧团，到外省去演戏……至于契诃夫和这些商讨与计划的关系，我记不起了。他既然决绝地和剧场脱离了关系，那么，他那时候像是也很难注意这件使我狂热、兴奋的大事了。

到了夏天，我照例回到那被草原的寂静笼罩着的别墅里去，不过我没有写作，只着手拟一篇长长的"报告书"送给皇家剧院系统的经理。在这篇报告书里，我提议改组莫斯科小剧院。

我对于这个建议会收获什么结果，并没有存着什么念头。我已经在某个地方给人留下一种印象：我在经理的办公室里是个非常受欢迎的人物。不过，他的态度纯粹是很正式的。我记得有一天，我一半郑重一半开玩笑地对他说：

"如果你允许的话，我想用一种十分新的风格上演《鲁斯兰与柳德米拉》。[1]"

他回答我说："在莫斯科大剧院的范围内，你是得不到允许的，因为你会把这里的一切给搅乱的！"

所以我在呈送报告书的时候，早就预先看清他是连一个小小的建议都不接受的。因此，我就又接着计划我自己的剧场了。

这个计划我愈想得久，琐碎的问题就愈发生得多，而我也就愈觉得这个剧场太复杂，不是我一个人独立经营得了的。

而到了这个时候，我忽然想起斯坦尼斯拉夫斯基来了。

经过这些年的讨论和梦想，我到今天才第一次想到这位青年富商的业余剧团——他是那个剧团的导演兼主演。

我对斯坦尼斯拉夫斯基和他的事业知道得很少。我们的相识可以说只是点头之交，但是一见面就觉得好像应该很谈得来。我还模糊地记得我常听到费多托娃谈起他——他常到她家里去，并且和她的儿子是朋友——还记得他和费多托娃在一次纪念表演里演过我的《幸运的人》。我还记得我被邀请去参观一个半业余半

---

[1]《鲁斯兰与柳德米拉》是普希金的名诗篇经格林卡作曲而成的古典悲剧。——译注

学术性的展览会，那是斯坦尼斯拉夫斯基和科米萨尔热夫斯基[①]共同领导的一个组织所举办的。而后来，在某个开幕典礼的场合里，我看过这个组织上演莫里哀的戏，到场的观众全是爱护初演的人，他们自然都对这个组织发生兴趣。这个组织特别引起他们注意的是托尔斯泰的《教育的果实》的演出，这是这出著名的喜剧第一次在莫斯科上演。我记得，后来小剧院演了这本戏之后，他们自己的人说：

"可是我们演不过斯坦尼斯拉夫斯基的那个团体。"

后来几年，这个团体在业余俱乐部演戏。我记得有一出是《奥赛罗》，有一出是《达科斯塔》。前一出是用优雅的艺术风格演出的，后一出里我记得有两个不平凡的群众场面。这是迈宁根公爵的剧团来到莫斯科以后不久的事。迈宁根剧团之驰名，因为导演克罗内克，又因为布景的历史意义、场面的民族化。斯坦尼斯拉夫斯基立刻就以模仿迈宁根剧团而得到声望，这种声望他保持了一段很长的时间。

总而言之，我对这个剧团的整个印象是很空泛的。这是怎样一个团体——是要创造新文艺事业的吗？这位斯坦尼斯拉夫斯基心里是存着许多严肃的问题想要解决呢，还是只想把每一出戏的主角都演一演呢？他什么都演，从消遣戏起，一直演到悲剧。使人怀疑的是，所有他上演的戏都是为他自己演的，而他自己又不像是一个演悲剧角色的人。他们每次表演都经过高强度的训练，

[①] 科米萨尔热夫斯基是著名女演员科米萨尔热夫斯卡娅和她的导演兄弟的父亲。——原注

这一点感召了我。但是，他们的这种情形，是大家都具有同样热情的结果呢，还是仅仅是对"名师"表面服从的结果呢？他们的这个事业，有多少成分应该归功于这位"富商的幻念"，又有多少成分应当归功于纯正的创造性的刺激呢？

我对费多托娃有很强的信心。她对待艺术的心地是清楚而纯洁的。我还记得，她在我面前呼出斯坦尼斯拉夫斯基名字的时候，声音里透露着信赖之感和伟大的同情。

三

在那年夏天，我的最早一班和第二班的学生决定去"实习"。他们到了一个大村庄，在俱乐部的帮助下安排了每逢星期日演出一天。入场券定为：招待农民的日场，五至二十戈比[①]；为当地"知识阶级"演的晚场，一个卢布。我极其渴望看到他们独立地工作。

我写信给莫斯科的剧院经理，说我在六月二十一日到莫斯科去见他，听聆他对我送去的报告书的意见。我又寄了一封信给斯坦尼斯拉夫斯基，这封信很短，里面只说我要和他闲谈一个会使他感兴趣的题目，也告诉他说我在六月二十一日到莫斯科。

他一接到我的信，马上就回了我一个电报。从答复之迅速上看来，是很有深长的意味的——我觉得我的信是射中目标了。电报的原文是：

[①] 100 戈比 = 1 卢布。——编注

六月二十一日下午二时，在斯拉维扬斯基饭店恭候。

六月二十一日那一天我到了莫斯科。我先去看剧院经理。我的报告书还放在他的办公桌上，只是封皮上用铅笔画了一个惊叹号、一个问号。显然他已经看过了而不同意其内容。

我们进行了一次简短的谈话，大约有半小时的样子。这次简短的谈话已经使我过分明白这次谈话分明是无益的，而我的建议也完全成了泡影。

临辞出的时候，我对他说：

"你知道吗？帕维尔·米哈伊洛维奇，我是在去会阿列克谢耶夫-斯坦尼斯拉夫斯基的半路上进来看看你的。我要向他建议办一个新剧场！"

"斯坦尼斯拉夫斯基？是的，我晓得他。我可以请他来做我的装配部主任。"

请斯坦尼斯拉夫斯基来做装配部主任！

然而经理竟忽略了我所说的关于剧场的话，于他，好像这个念头就不必郑重考虑似的。

我到了斯拉维扬斯基饭店，斯坦尼斯拉夫斯基已经在那里等着我了。我们就开始了这次有历史意义的谈话，从下午二时起，一直到次日早晨八点钟，才在他的别墅里把话谈完。

第二部分 一个新剧场的诞生

第六章

一

我和斯坦尼斯拉夫斯基的晤谈,虽然已经有了不少文字上的记载,可是戏剧爱好者因为对它发生兴趣,依然保留着一种奇怪的想象。诚然,这次晤谈确是不平常的。试想一想,两个剧场幻梦者,环境不同、气质不同、性格也不同,本来相隔很远地各自单独工作着,因为都受了这共同而又唯一的、"主导一切"的意念的刺激,后来两个人一见了面,就谈话谈到十八小时之久,就立刻为剧场史上占极重要一页的事业奠定了基础。

莫斯科当时以第一流饭店见称。每家饭店各有它自己的面貌。斯拉维扬斯基饭店的餐厅看起来比别家朴实安静一些。隐庐最通俗而装饰也最华丽。泰斯托夫酒馆大部分时间受商人和类似阶级的光顾。虽然斯拉维扬斯基是一家第一流的饭店,可是它的气质很朴素无华。那里的主顾,尽是些托尔斯泰和契诃夫小说中的人物。莫斯科小剧院的艺术家们就喜欢斯拉维扬斯基饭店。享受福利表演荣誉的编剧家和剧作家们,在每出戏初演的夜晚,也都在这里招待演员们——有的在单间的雅座里，有的在单间的大餐室里。

饭店在莫斯科的日常生活里永远占着一个重要的位置。一切喜庆典礼、一切祝贺仪式、一切集会，都在饭店里举行。各种企业的股东们开的一切重要会议和艺术剧院的许多营业事务会议，就都在隐庐饭店举行。有一位演员萨多夫斯基，出身于一个著名的演员世家，他在晚年总是把一整天的工夫差不多都消磨在这个饭店里。他永远坐一个固定的座位，在那里吃中饭、吃茶、吃晚饭；他在那里接待朋友、约会，然后，从那里到剧场去，离开剧场后，仍旧回到这个老地方来。请注意，虽然如此，他并非没有自己的住宅，他有一个大家庭，而且他和他家庭间的感情很深。还有，那位小品文作家多罗舍维奇也和萨多夫斯基一样，每天一定要坐在隐庐里：他不但在那里饮酒谈笑，而且还时常写作。

我们还得补述，萨多夫斯基和多罗舍维奇都喜欢谈话——就像夏里亚宾一样——不仅是喜欢谈天，而且喜欢高谈阔论，并且喜欢人家都来听他们的高论。不过，他们的谈话里确有出色的创见和闪光的机智，总是一针见血——夏里亚宾也是如此。他们的谈话也确实能吸引听者。

二

下午两点钟的时候，斯拉维扬斯基饭店那个圆形的华丽大厅里，仍然挤满了那些买卖股票的人，所以斯坦尼斯拉夫斯基和我就订了一个单间。

斯坦尼斯拉夫斯基永远展现出一副图画般的身材。他的个子很高，体格很出色，举止透出精明强干。他的动作是富有雕塑性的，可是并不令人觉得他有丝毫是故意要造成这雕塑性的。事实上，他这随便形成的明显而美丽的姿态，是他下了巨大的苦功夫才得来的。据他自己说，他站在镜子前练习他的姿态，不知道花了多少年月。他只有三十三岁，头发就已经灰了，可是他那厚厚的两须和密密的下髯还是黑的。这种灰黑交映立刻就能引你注意，特别是因为他的身材又很高大。

会使你非常惊讶的，是他一点也没有特别像演员的地方。他身上没有引人注目的舞台特征，也没有那种一听就知道是演员的，而趣味低级的人又很喜欢听的抑扬的腔调。

斯坦尼斯拉夫斯基的戏剧视野整个是新的，甚至可以说是独一无二的。最主要的，他是个业余剧人——就是说，不在剧场工作中占任何位置，无论是作为演员或者作为导演，他都和任何剧场不发生关系。他那个时候还没有拿戏剧当职业，所以，没有一点东西可以标志他是戏剧界的人物。

我和当时所有著名的演员都认识。在和他们初次会面的时候，从他们每一个人的身上，都很容易一下子就猜出他们是舞台上的人。实际上，他们也不想隐讳，也没有想使自己的举止言谈像我们一样自然，甚而他们还努力矫正自己，唯恐有一点东西是从我们的生活中取出来的。这种演员，从早到晚，夜以继日，无时无刻不需要把他所有的精神都维持在某种紧张的程度——就是说，他们尽力在养成演员的第二习性。他们的声音，定型在一种过分强调了的优美调子上；他们的吐字是经过铸炼的；他们的姿态有一种洗练的、经过琢磨的美——或者，反过来说，姿态上有一种说不出的迷人的效果，比模拟动作还更有表现力。是的，他们的整个风度是一个特别族类的样子。这种人一看就知道是最有智慧的演员，有着最高超的趣味，身上也盖着聪明的印记。而且，他们在舞台上所表现的真实愈少，在生活中所表现的矫揉造作也就愈多。整个艺术上都盖着一群钤印的演员们，一到台下就会令人十分不能忍受，他们谈话中的每一个抑扬顿挫都使人联想到舞台上的某某角色。可是，一般人偏偏喜欢这个——可怕的地方就在这里了……

如果斯坦尼斯拉夫斯基的灵魂深处也停泊着一个热望，想把自己塑造成一个演员的话，他这个演员外形却是用很高的趣味锻炼而成的。他到过外国很多次，能从欧洲演员中选得模型。

他蓄的那两撇小胡子很能使人怀疑他相当喜欢风流的修饰。这恐怕在他作为一个演员上是很有妨碍的。他只是到了许久以后，在《裘力斯·凯撒》里要扮演勃鲁托斯的时候，才把胡子剃去——这就是说，到了一九〇三年以后，他才说服了自己，决意把两须剪去。实在，我们也难以想象勃鲁托斯生着胡子呢！可是，那个时候，萨尔维尼演这个角色就永远留着胡子。此外，斯坦尼斯拉夫斯基当时是阿列克谢耶夫公司的工厂主持人之一。工厂里的那些主持人对这位同仁在艺术上的努力一向是很同情的，可是等到他开始变成一个剃了胡子的正式演员时，同情也就随之消逝了。

三

　　我们两个人的谈话是怎样开头的，我自然记不清楚了。我既然是个发起者，很可能是我先把自己对剧场的各种失望告诉了斯坦尼斯拉夫斯基，先对他揭露了我的一个新剧场的梦想及其新问题，又建议以他的剧团里最优秀的人才和我的最有天分的学生合组一个剧团，成立这样一个新剧场。

　　好像他也一直在等待着一个像我这样的人出现，来说出这些在他自己脑海中也停泊了许久的话似的。我们的谈话立刻就达到了一种非凡的契合，相互的热衷毫无迟疑地发展了下去。我们谈话的题目很广泛。旧型剧场几乎没有一个地方没有被我们用无情的批判进行过攻击。这是多么大的一次斩杀！我们两个人竞赛着向旧型剧场投射毒箭。更重要的是，整个复杂的戏剧机构也没有一个地方没有被我们提出过积极的计划——对有的地方提议改革、改组，对有的地方就提议全部革命。

　　这次谈话中最显著的一件事，是我们彼此的见解竟没有一次不是相同的。尽管讨论的事情那么丰富庞杂，尽管有那么多的琐碎细节，可是没有一件事情上我们不是意见相同的。我们主张的纲领，有的合并起来，有的彼此补充起来，但是没有一个地方是冲突的。有些时候，他有较新鲜的见解，优于我的，就轻轻把我带了过去；有些时候，他又情愿屈服于我的意见。

　　我们的相互信任以不能节制的速度增长着。可是，我们互相并没有特别努力要投其所好。实际上，我们和普通人在开始一项共同事业的时候一样，最主要的是在为自己的立场而尽量争取。

我们的全部谈话，起先只包括定义新剧场、同意和肯定新规程，只是在这些新规程形成之后，我们彼此的立场才完全显露出来。

四

斯坦尼斯拉夫斯基和我都吸烟很多（后来我们两个人居然都戒掉了）。斯拉维扬斯基饭店的单间里烟味浓厚得使人不能忍受，我们就在那里吃了中饭，又用了咖啡，又吃过晚饭。晚上，斯坦尼斯拉夫斯基提议我和他做一次短短的旅行，到他的别墅里去过夜。

那是斯坦尼斯拉夫斯基家的一座私人别墅。从莫斯科市中心的一个火车站动身，一直沿着伟丽的东部森林——有宏壮、古老而修伟的冷杉和松树——前进，大约坐四十分钟的火车，然后再坐四轮马车走三俄里就到了。别墅叫作柳比莫夫卡。里边一切东西都很讲究，但很坚实，一看就都属于商人阶级，家具、银盘、各种布料——每件东西都有一种"结实"的样子。一座小小的两层楼房以外，还有一个演戏的大厅，那是斯坦尼斯拉夫斯基从前常常举办私人表演的地方。他有一个妹妹名叫安娜·谢尔盖耶芙娜，就是在那里训练成为一个很好的业余演员的。

斯坦尼斯拉夫斯基是好客的。一年以后，当未来的艺术剧院在距柳比莫夫卡约五俄里的地方进行着热烈的排演时，我就在这个别墅里住了两个星期的样子。再过几年，契诃夫在这里也住过一夏天来构思他的《樱桃园》，同时也专心于他最喜欢的消遣：在有着历史名字的克利亚济马河上钓鱼。

别墅坐落在一片美丽的松林中。

提起这片松林……

斯坦尼斯拉夫斯基导演的梅特林克的《青鸟》是我们的著名演出之一。在头几次彩排中，有一次他叫我去批评（我的演出的初次彩排也同样请斯坦尼斯拉夫斯基来批评），我就攻击布景师说："你看，他的松树和他的杨树，简直就叫你分不出来。"斯坦尼斯拉夫斯基想替装置者辩护，说："可是谁又见过松树呢？要想看见一棵松树，你得专门跑到意大利的南部去。"

"亲爱的康斯坦丁！你在儿童时代和青年时代消磨过多少夏季岁月的这座别墅，就坐落在松林的正当中啊。"

"真的？"我的提醒使他大为惊异。

这一类事情，还有一个例子。

他预备上演梅特林克的《群盲》。彩排时，台上的月亮从天边升起后，简直不停地就沿着天边溜到左边去了。我反对这种独出心裁的天文学。可是斯坦尼斯拉夫斯基并不是立刻便同意了我的抗议，因为从技术上很难指挥月亮按着它的自然轨道运行。

这都是很显著的例子，借此可以看出一点作为导演的斯坦尼斯拉夫斯基的性格。总而言之，他对自然现象不感兴趣。他只是在他的舞台想象中觉得有需要，才创造自然。一切对自然的陶醉，他都想把它们叫作伤感主义。可是，这一点也没有妨害他在《樱桃园》里创造出一个扰人心绪的早晨，在《万尼亚舅舅》里创造出风和雨，在《樱桃园》里创造出夏天的黄昏……这不是很使人诧异吗？

五

从斯拉维扬斯基饭店去别墅的途中，自然还是没有中断地谈着那同样的题目。

在柳比莫夫卡，斯坦尼斯拉夫斯基就早预备好了文房工具。在这第一次会见里，他已经把他那善于坚持的显著特性揭露到一个极端的程度：他惯于谈一件事情，就非得谈出一个结果不可，甚至愿意把它写下来——记录下来。所有和他工作过的人，无论是电气技师、道具师，或者甚至是演员，都晓得他这个特性。他不信任记忆力，不论是自己的或者是别人的记忆力，他都不相信。

他在一件事情已经谈出一个结论的时候，常向那个和他谈话的人说："写下来。"

"不必了。我记得的。"

"嗳，不！"他一定会脱口而出，装出一副欣悦的神气，来把他的坚持态度缓和一下，"我不相信你！"

"我向你保证，我的记忆力很好。"

"我不相信你。我不相信你。你也不要相信你的记忆力！写下来！写下来！"

记忆力对于一个演员是一种具有重大意义的美德。

不同的舞台人员，在记忆力上有不同的特点。斯坦尼斯拉夫斯基对一切视觉的东西，如一切现实的琐事、一切姿态，是有惊人的记性的。但是嘴里说的话，他就曾有一个很长的时期是记不来的。关于他在日常生活中和在舞台上常常把话弄不清楚的事，外边流行着很多传说。他真正令人注意的是，他甚而在若干年内认为记忆不佳并不是一个演员的缺欠。最后，他居然找到了他自己的记忆方法。比如，在重演《聪明误》的时候，他不但证实了自己说的法穆索夫的台词没有错，而且，那演恰茨基的、演列毕季洛夫的和演斯卡洛祖博的，在用字和节奏上没有一个比得上他这样明朗而熟练。

我们的事业在实地进行上不能完全和我们初次晤谈的记录相符，甚而有时一点也不一样，这自然是用不着说的。要记住，我在前边说过，在剧场的组织上，连最小的问题我们都给出了积极的解答。可是后来，在实践上，我们又遇到了无数料想不到的问题！而且又都是这样扰人的、意想不到的事！幸而我们没有预先知道这一切，也没有预先料到这一切。否则，假如一切能预先料到了，那么，对不起，这桩事业我们就不会下决心干了。事业之所以能开始，主要是因为我们——在某种意义上讲——完全为它着了迷。至少我们在彼此看来是这样，而每个人自己问自己，又都觉得很客观、看得很清楚。实际呢，我们都是"戴了眼罩"的。无疑地，我们受了苦痛，然而，我们对自己是否能胜任并不产生疑问，我们只觉得必能成就一切！一切！我们懂得所有必须懂得的事情，也懂得如何去成就这些事情！

我们就在他的演员和我的学生中间选出最优秀的人才，把每一个人的才干都分析得很清楚。自然，从做先生的立场上讲，我们对自己的学生既然怀着一种师生间的感情，就毫无疑义地容易过高估计他们的价值。等到我们拿他们和小剧院的演员一比，斯坦尼斯拉夫斯基反而比我的态度更坚决。他的天才虽然有新鲜的气质，虽然没有剧场的刻板铃印化（那个时候，这种名词还不存在于我们的词汇之中），可是他对旧型演员的技艺尚没有意见，而且也没有透视到他们的铃印化的艺术；他只是把他们的品格估计得很低而已。比如，我记得，有一次谈到这么一个问题：斯坦尼斯拉夫斯基剧团的一个业余演员卢日斯基（确实具有表演天分，已经演过很多的戏，可是还不曾创造过一个光辉的艺术形象）和小剧院相当重要的明星演员之一里巴科夫比起来，谁能使我们更为感兴趣呢？

"自然是卢日斯基！"斯坦尼斯拉夫斯基毫不犹豫地这么回答。

从这一点上立刻可以看出来，他对所谓"小剧院的传统"的一切，已经有了模糊的、不可和解的意识了。里巴科夫就是从这些传统中成长起来的，他的整个艺术品格也都是基于这些传统的。作为费多托娃的学生之一，作为名演员萨马林的模仿者，他把这两个人的艺术的优点和劣点一齐都吸收了——吸收了他们的伤感主义和保守主义。他虔诚地把这些深深地吸收了，永远也不变。而他也凭着自己优越的表演才华，把这些吸收来的东西运用得很出色。他是那些传统的典型继承者。可是，在这个名字下，不但是在实质上，而且是在更常常被看到的外形上，艺术也就因为屡次重复而凝固起来。这些传统阻碍了新鲜的道路，而我们的梦想正是要反对这些传统。

我们这两个放舟去寻求新的蜃楼的人，并不是要征服这一类演员的艺术习惯——这已经变成他们的第二天性了，是很难征服的——也不是要用一个新的信仰去感染他们。

主要的原因是：想使他们服从我们的训练、屈服于导演的单一指导，是不可能的。

在我们最初开始谈话的时候，我已经看得很明白，斯坦尼斯拉夫斯基想叫每个人都屈服于严格的纪律的渴望要比我强烈。这一点，到了以后，经过若干年的交往，都依然被证明是不错的。最初我还觉得，对于我的学生，我只要他们遵守学校范围以内的纪律就够了，不必向他们再做准确性和行为上的各种琐碎细节的要求。我记得我有一个天资很高的女学生，她有一个糊涂的习惯，总是在排演的时候迟到。为了给她一个教训，有一次，因为她又迟到，我就把排演停止了；也可以说，我是想把这个不经心的学生交给她的同学们去裁判。结果，效验竟超出了我的意料：他们攻击她，竟攻击得她赶上雪车来追我；她一赶上我，就在当街跪下，哀求我回去。

在许久许久以后，我在艺术剧院有一次也还不得不采取这种方法来对付我们的两个最杰出的艺术家：他们一个是男演员，一个是女演员，都有天资，又都受人喜爱，只是也都有那种迟到的混乱习惯。结果也是一样，他们虽没有在雪地里下跪，而这种方法却被证明了是比任何惩罚与谴责都无限有效的。

斯坦尼斯拉夫斯基在一切类似的例子上都和我一样，因为大体上讲来，他比我还要过分得多。比如，为了提高排演的热情，他常常采取宣布戒严令的方法。

六

在给艺术剧院估价的时候，我们必须明白，它的组织享有与它的艺术差不多同等伟大的声誉。在我们的十八小时的谈话中，斯坦尼斯拉夫斯基和我已经把这个组织的一切基本原则都确定下来了。我们并没有耽于自我陶醉地交换梦想，我们起草了一个真正实用的计划。我们极晓得，如果人类只任由自己掉在"好的愿望"的天真热诚里，在具体实践的时候却把这些"好的愿望"都交给一般只懂得生意经的二流人物去执行，而这种人又是偶然找到的，对事情的前因后果毫无所知就马上把一切安排妥帖，再加上原来的领导者们对他还多少存着一点藐视的态度，那么，这个事业一定很快就会粉碎。

把一个计划的细节都弄出来并不困难，因为旧型剧场的组织形式的腐朽程度，一看就已经是非痛遭一番新形式的变革不可了。比如：

办公室的首要性须让退于舞台上的各种要求。剧场是为了舞台而存在的，是为了舞台上的一切工作、为了演员与作家的创造性而存在的，并不是为了经营剧场的人而存在的。办公室必须使自身灵活地适应充满在艺术工作的空气中的一切曲线、一切意外的变故、一切矛盾。这一点小小的真理，在旧型剧场里就都被办公室的职员、训令、公事手续、保护政策、保持饭碗主义，以及在一切相互关系上的照例行事淹没了，淹没的程度竟使办公的形式比艺术的内容还重要得多。他们伤害最优秀演员的自尊心比伤害官僚的容易得多。他们很轻易地拒绝舞台管理上的合法开支，很容易拒绝一个舞台工作者的报酬，可是，同时，他们却可以给一个从彼得堡持着皇后介绍信来的青年随时添设一个新位置。如果要在舞台上实现一点最小的改革，而这改革在办公室的公事桌上必然会产生一点极不显著的变动的话，那它也是不可能的。另外还有：

每出戏必须有它自己的布景，即是说，有专门适用于这一出戏的一切，有它自己的装饰、家具、道具，服装自然也应当为适合这一出戏而专门制作。以目下而论，苏联所有的剧场都公认这是戏剧常识上的人之初，可是，在那个时候看来就宛如一次革命。旧型剧场有它的"花园"、它的"树木"，这些都是官吏们"最为赞许的绿草风景片"；它还有一套会客室，里面陈设着软线条的椅子，墙角里摆着一座黄色灯罩的高灯台，显然适合一段舒适的恋爱戏文；还有一套较大的接待室，里面有柱子，但自然是画了的；还有中产阶级的屋子，里面有红桃木的家具。装置储藏室里，有"古典戏"用的"哥特式"和"文艺复兴式"的道具，导演称一切古装戏为"古典戏"，哪怕是当代作家写的，也是这样称呼。相应地还有几把高背的椅子、一张黑色雕花的桌子和一把显官们坐的椅子——导演们固执地称之为"文化"椅子。这些道具今天用在这出戏里，明天在下一出戏里也还用。每个演员都有自己的几套衣服，而且都是按着自己的口味定做的。演员觉得连和导演商量一下都无必要。女演员们则彼此谈一谈，为的是避免大家在台上的衣服颜色雷同。

就没有一个人想到过舞台上的每一部分都得和谐地浸入整体景象。

布景是由花钱雇来的装饰画家或者装饰技师画的。至于要把艺术家吸引到戏场里，就连吸引一些能引动观众去看他们绘画展览的艺术家这个念头，也都从来没有进过导演的脑子。

我们在艺术剧院里废除了乐队。以前这种乐队总是在幕间奏乐。我们认为那是一种无用之举，而且甚至有害，因为那是破坏情绪一致性的分心事。那是认为戏剧仅仅是一种娱乐的时代的遗风。另一方面，我记得就像叶尔莫洛娃那样的女演员也都对我说过："我认为你废除乐队，是一件可惋惜的事情。开幕之前，音乐的声音总是能使我们演员的心情协调得很好！"

演戏的时候，场外走廊上必须安静。要想做到这点，场外两边走廊上的灯光就必须暗下去，那么，观众不管愿不愿意，自然会把声音压低的。商人休金是我们剧场的地主，在我们一盖剧场的时候（一年以后我们就演戏了）他就反对这种新办法："假如观众反对呢！"然而，后来，连他自己也都就了我们的轨范，也永远用脚尖在场内行路了。

公演的时候，观众进剧场的可厌习惯必须矫正。一群人聚在场外的走廊上，彼此闲谈着。表演厅的门都开了。一个人说："到进去的时候了。""不，他们还没有开始呢。"另外一个一边向那开着的门张望一眼，看到大幕还没有拉开，一边这样回答。不用说你就知道，这个人就是那种非等到戏已经开演不去入座的观众。

我们于是想出了一个办法，在拉幕之前，先把外边走廊上的灯光熄掉，强迫观众赶快入座。我们甚至不怕冒险地绝对禁止观众在演出中间入场。后一个办法是以后才实行的，是在大约十年以后了。

剧场里的观众就长年地被演员的低落地位娇惯到了这个地步！演员使观众更多地受到文化陶冶，演员使观众的梦想更高贵，演员赐予观众一种精神上的愉快。观众从演员身上得到多么大的愉快，可是，观众只要一付票钱跨入剧场，就好像认为自己有了随意行动的权利，而且还有了发号施令的权利！现今全苏联几乎没有一个剧场不禁止观众在演出中间进场的。可是在那个时候，为了这一点小事就得做多少斗争啊！我记得我们剧院有一个伟大的老主顾，每次演出的头一场一定来看，可是在我们宣布演出中间任何人不得入场以后，他就根本不再到艺术剧院来看戏了。

"当然，你对我们的演出不是不感兴趣的吧？"

"可是有什么办法呢？我只好克制自己不去了。我到剧场，照例是觉得什么时候合适就什么时候进去的。有时候我也许被一次重要的谈话绊住了，不能早去。你们想动摇我的意志。这我可不能同意！"

这是一位第一流的布尔乔亚。可是，就在革命后的第一年，也还有同样的事情发生。在某一次演出中，我听见门外走廊那边有什么声音。后来才知道是一个糊涂虫以为革命给了他为所欲为的权利，就在那里威胁那个不准他入场的招待员。

甚至梅耶荷德在他的剧场开幕的第一年，也还都得挂出一个公告牌，强调观众不但不准鼓掌，而且，即或戏演得不能令人满意，观众也都不准吹口哨或发出藐视的声音。然而，他却容许观众在演出中间自由出入。这是故意反对艺术剧院的规定，还是故意向观众表示一种讨好的宽大态度，这里且不去谈，因为那没有什么关系。不过，用不着说，像梅耶荷德这样的艺术家不久也就被迫相信，在这种自由出入的情状之下是无法演戏的。结果，他也不得不仿行艺术剧院的办法了。

我们对观众的态度是我们谈话中所讨论到的最重要的问题之一。原则上，我们要把事业建立起来，使观众不再认为自己是剧场的"主人"，而觉得能够享受到进剧场的权利——虽然非付票钱不可——是快乐的、应感谢的。我们对待观众，也要像对待可爱的宾客一样地有礼貌、和气。我们会供给他们一切方便，同时也要强迫他们服从我们表演上的艺术完整性的最重要的规则。

七

我在这里必须把我们谈话里的其他无数片段列述出来一些：我们的布告必须弄得比小剧院的官样文章更有文学风格；我们的大幕要向两边拉，而不要升降；后台必须禁止参观；演员的福利场在我们的剧院里就连半个字都不要提起；整个剧场机构必须有很好的制度，好使人觉得即或是第一场演出，也都像是有经验的人组织的，而不是业余剧人弄的；我们不能晚开幕，也不能延长幕间换景的时间；灯光不能出意外的故障；大幕不能偶然挂住拉不动；台上两侧景片的后边不能有人溜过；等等。

组织里最该考虑的几个部分，就是：

剧目，预算，那个最重要的、最应注意的排演程序，以及每台演出的准备方法。

组织的改革中最重要的一件事，就是一台演出要怎样准备。

这种准备方法主要是戏剧学校传下来的：那个时候，毕业考试的演出不用抽场来让学生炫耀，而用整排来给学生启示；教师们也不再只限于教习舞台艺术的初步知识，而与学生们在一整出戏里合作。教员就成了一个教师式的导演。学生们也被训练得能使自己服从于整个演出的要求、整个演出的效果，以及剧本的文学与戏剧特点的启示。普拉夫金和尤任也都是这样履行教员的职务的。而我在音乐学校，连斯基在皇家戏剧学校，工作得更有甚于此者。最主要的是，我们集中力量所努力的，不是在考试时仅举办一台演出，而是好几台——四台甚至五台。这个目标实现了之后，我们又在学校的演出里把导演的观念、正式演出的观念灌输进去，灌输的程度远超过学校演出所要求的。我们的做法，就好像那些受我们随意支配的人不仅是偶然集合起来的一群学校青年，而且是一个完善的剧团。在冬季的几个月中，我们在学校的舞台上演出；一到四旬斋，几乎所有剧场都要停演七个星期，我们就借用小剧院的舞台来演戏。这种演出是不公开售票的，专门招待私人，可是莫斯科有不少的人注意到它们，所以剧场也永远是满的。至于演出的外在效果，无论我或连斯基都没有多少苛求，我们只是利用小剧场里现成的东西。不过，在这种情形之下，我们依然设法使观众在习见的旧型剧场内，感觉到我们的演出是当代的、现实的。

斯坦尼斯拉夫斯基在准备一出戏的演出时也用类似的方法。这实在是一个重要的时机，使我们两个遇到一起。他也是先开始讨论剧本，然后一场戏一场戏地进行排演，有时停在某一场上，停上几小时或几天，最后通过把那一场戏——甚至只是一场戏内的一小段——排演数十次的方式来实现他的想法。他所向往的东西究竟是什么，是另外一个问题。我们认为重要的是，我们虽然沿着这条路子工作下去，可并没有把自己拘束在一个照例的程序上；照例的办法要求即刻上台排演，即刻演出。

若干年过去了，艺术剧院把这种改革加以发展、扩大、精炼，不再是我从前在音乐学校所做的那种学校式的了，也不再是斯坦尼斯拉夫斯基当初在他的艺术爱好者协会里所做的那种业余剧团式的了，而完全是一个大型专业剧场的方法。然而，旧型剧场依然维持着旧有的方法，依然像从前一样地工作着。

我们的组织方法对其他剧场产生影响的速度，慢得出乎寻常，特别是在外省。但是，自革命后的头几年起，政府开始认为戏剧是国家最重要的事业之一，剧场因而在人文历史与人类精神文化史上获得了从不曾晓得过的重大意义。于是，所有的剧场，即或是最小的或者国土内最偏僻角落里的，都采用了莫斯科艺术剧院的组织方法，都认为这是很当然的，连质疑一下的意思都没有了。

而当时的情形是怎样的呢？请看吧：

一出戏的上演完全不经过准备时期的讨论。

参加演出的演员们聚在一起，也只是根据抄本，开始对角色做机械的研究——对照一下本子是否抄错——而且主要的演员很少到场，他们的角色都是由助理导演来代替的。

第一次排演是在台上。演员们手里拿着抄本走来走去，很少了解这出戏是怎么一回事，而导演就已经在指示说："在说这几句话的时候，你走到右边桌旁去。你走到左边去，坐在扶手椅中。而你呢，科斯佳，向着那个窗子退到台后方去。"为什么这一个演员要走到桌子旁边，而另一个又得到左边去坐在扶手椅上呢？除了导演，谁也不晓得是什么理由。演员们服从地把导演的话记在抄本上。导演也实在没有时间来解释，因为每排演一次就非得把整个戏都排完不可，全剧四幕或五幕必须都排完。第二天，导演仍然指导着谁到右桌谁到左椅，然后，他就宣布用两天"研究角色"。如此，排演一天又一天地进行下去，总是四幕一次排完。渐渐地，演员们可以不再拿着本子看了，提词人也可以不用那么大声地重复全本台词，而只消略略提醒一两个字。扮演次要角色的人，或者是出于过分的热衷，或者是出于自卑，首先显示出他们已经把自己的角色弄熟了。扮演重要角色的演员，因为必须用高声把那些对他们来说还生疏的字句读出来，因为必须把解说不充分的情绪表演出来，因为毫无理由地必须把气质表露出来，就还得挣扎一些时候。最常见的，是导演所命令的动作部位有所变动——他也许很客气，也许很不客气，那可要看导演和演员之间的关系如何了。他觉得这位女演员往右边窗子走去是不合适的，可是女演员觉得改向左边坐在扶手椅上也一样不合适。而实际呢，这位女演员在心理上并没有不合适的理由，只是这不合乎她早已形成的习惯而已。

叶尔莫洛娃接着埋头看她的抄本。一次，她登上了排演的舞台，好像自己对自己讲话似的，用那低沉的声音说："今天我要试排第三幕。"这话的意思就是，她已经在家里把第三幕的概念弄出来了，现在渴想证实一下她所得的诸种印象。她排第三幕的时候台词背得通熟，把她那有力量的气质里的火花散播了出来。

她周围的每一个人都受了她的感染，于是大家对戏的兴趣在增长，要努力的渴念也被唤起了。一次在休息的时候，她被人恭维着，演员里年轻一点的也都为之神移，都去吻她的手，而她谦虚地把手抽回，于是这出戏开始像在轨道上那样动起来了。男演员们也开始彼此贡献意见（无论是表面上还是诚恳地），开始要创造一种新的适当的表演了。到了这个时候，在脚光前，坐在离提示箱不远的椅子上的那位导演，他的角色也就算演完了，他对任何人都不再有用了。演员们自己自然会去安排这出戏了。

末一幕永远是在匆匆忙忙之中排演的，因为已经是吃晚饭的时候了，而且晚上还有戏要演。这就是新鲜的概念何以不得不替换成理智的或是伤感的经验；换言之，就是新鲜的概念变成了以往经验的总合加上最近的疲乏。

这种排演里缺少一只统制的眼睛。结果呢，剧本的某些因素确也完全保留下来了，有些意念确也完全发挥出来了，只是，同时，有些地方不是淡泊无色就是强调得过分了。这，只有在公演里，或者在偶然才遇到的彩排里，才可以看得很清楚。

彩排……

斯坦尼斯拉夫斯基和我的会谈是在一八九七年，而俄国剧场史上的第一次彩排只是在那一次会谈的三年前——一八九四年——在我上演我的剧本《黄金》的时候才实现的。

这需要说明。事情的经过是这个样子的：这出戏在莫斯科和彼得堡同时排演。最初，在彼得堡公演的日期定在十月二十日，作为斯特列利斯卡娅的个人福利场。那时候，克里米亚的利瓦季亚城每天发出亚历山大三世病状的公报，排演就在这种压力之下进行着。他生命垂危。到了十月二十日,我已经穿好了大礼服,因为想象得到,第一晚必会被观众欢呼到台口的。我就在晚七时[①]出了门,到了涅瓦大街上,我立刻被围观贴在墙上的丧报的群众的肃静所打击。彼得堡全城挂了孝——皇帝死了。所有剧场都得无限期地关门。

在教会的压力下,俄国剧场永远被当局视为一种罪恶的消遣。这就是剧场何以在四句斋必须停演。就是在革命以前不久,萨马拉城也还有一个神父拒绝给著名的女演员科米萨尔热夫斯卡娅做弥撒,只因为她是一个"演员"——演员在另一个世界里是完全没有得救希望的人物。所以,就连替她祈祷也都是有罪的。

如果我没有记错的话,那个时候要求私人剧场戴六个星期的国孝。演员们因此就被判决了六个星期不能活动,也不能找饭辙。在国立剧院,演员的薪水是一年一付的,国孝一直到次年一月二日才解除。我于是就设法利用这个空闲时间,把我的戏一连排演了若干次,最后还有了一次彩排:一次完整的彩排、一次毛羽完整的表演,有完全的布景,演员完全穿上戏服、完全化上装。由于这些表演艺术家重视我,我才能办到这一点。在这出戏里扮演重要角色的,女演员主要有四个人,分别是费多托娃、叶尔莫洛娃、列什科夫斯卡娅和尼库利娜;主要的男演员有尤任、连斯基、里巴科夫和穆济尔。

照旧例,台上的每样东西,装置、服装、化装等等,直到戏上演的时候,剧作家才能看到,而且会感到惊讶。我的记忆里还

---

① 原文如此,与第三章提到的"晚上六点钟的样子"有出入。——编注

鲜明地保留着当时所体验到的这种受惊吓的感觉。这种感觉是我在我的某一剧本的初演临开幕时体验到的。当时，我看见那主要人物的化装无论从哪一方面讲，都与我对这个人物所抱有的想象完全不符。而我还必须做出一副高兴的样子，强作微笑，为的是不在演员上场之前破坏他的心情。至于希望女演员在演出以前试一试一个著名的成衣匠刚刚给她制好的衣服，那就连想也不要想了！

结果，这使得我和斯坦尼斯拉夫斯基都专心致力于排演。我们对彩排一次并不满意，要进行五六次。而这五六次又全是整个剧本的完整排演。至于部分彩排，即是说，主要演员们化起装、穿起戏服在景内的彩排，我们总是在整个彩排之前一个半月或两个月就进行的。

当艺术剧院的演员们已经变成参与剧院事业的人物，即是说，已经变成剧院完全的主人，把自己赚的钱和薪水也放进去，做了股东的时候，你们就可以看到他们对自己的艺术问题的重视，达到了什么程度。在冬季演出的高潮，每天都上满座的时候，我们居然十天不演戏，以求得到完全的自由，不受时间的限制，来进行《钦差大臣》的彩排。另外还有一次，我们两个星期不演戏，来进行戈登·克雷执导的《哈姆雷特》的上演准备。不久我们也实行过在几个月中每星期只演五晚而不演七晚，为的是把新鲜的创造精力保留给排练。

即或从经济方面看，我们也反而因此获得利益——让那些经营规模大的聪明的商人给你们解释解释这是怎么一回事吧。

我们的剧院在排演的劳动中所付出的创造性的努力，不但不比实际在舞台上演出的时候少，而且常常还多。恐怕我们是唯一这样做的剧院了。我所以要在这一点上详作叙述，是因为这些排演的劳动可以实现新的要求，可以发掘剧作者最深刻的思想，可以拓展演员的自我个性，也可以建立舞台各部门的和谐。

在我和斯坦尼斯拉夫斯基的十八小时的谈话中，我们对这次改革的了不起的重要性的信念，一点也没有动摇。后台的一切生活规则、整个的纪律、互相的关系、权利与责任——凡是对我们的事业有重要意义的，或者对把它熔铸成统一体有贡献的，我们全都讨论过。就在这种办法之下，我们组成了一群剧场工作者！这样一群人，就是后来人们所称的集体。

有一次，我偶然问尤任——他当时刚刚开始做小剧院的经理——他如何可以使自己和旧的排演方法不发生矛盾。我问他时，心里存着一个事实：他已经看过这么多年艺术剧院的实验了。他这样回答我：

"我是准备给我的导演充分的时间的，他为一台演出需要多少时间，我就给他多少时间——不过，导演却总觉得没有一出戏需要三个星期或一个月以上的！"

是这样吗？导演也许看不出来，可是演员总该可以。在演员的创造过程中，谁知道在什么地方会出现波荡呢？所以必须有工作的气氛来帮助他们。

§啊，如果我这个梦想会实现，不但你们的剧场——美国的、意大利的——会没有一个例外地采用这种制度；而且，世界上任何一个剧场都以这种制度作为第一个信条，够多么好啊！§

八

希望我的叙述不至于枯燥乏味。关于我和斯坦尼斯拉夫斯基的会谈,我的读者可能期望我说得更详细些。但是,正是因为这一点,我们的谈话和许许多多"没等开花就先凋谢"的剧场策划才是不同的。

我已经提到过我们俄国文学的领袖博博雷金。我和他,就如同和契诃夫一样,常常谈到很多关于新的文艺剧场的话。他有一种热情的气质,又有渊博的学问,所以能在五分钟之内,就把我们所希望的剧场的最精彩的剧目勾勒出来。他能估计到这项事业在全欧洲各大都市会怎样发展,因为那些大都市都是他最熟悉的,那里最好的演员、作家、批评家他也都认识。他写了很多关于剧场的文章,宣读过很多关于剧场的讲演稿子……可是,我却永远不能引动他去分析剧场的"烹调法"——这使他生厌。他对于结果是热衷的,然而没有足以达成那样结果的坚持力。虽然他主要是一个小说家,可是他把相当多的时间贡献给了戏剧,而且还是一个超群的剧作家。不过他不是一个"剧场里面的人"。他爱舞台上的外在景象,而轻忽地掠过所谓"技术"的部分。这技术,正是我们"剧场里面的人"在戏剧世界里最爱的东西。这技术,是一个很有韧力、很有坚持力,而且很多面的东西,足以把舞台从台顶吊杆直到台面的活板门,都充满起来。这技术,也是演员扮演角色所需要的。这话是什么意思呢? 就是说,要得到这种技术,演员必须对自己,对自己的天资、神经、记忆、习惯……下一番苦功夫。卡恰洛夫有一次说,在艺术剧院的演员身上,每一个新角色都是一个新人物的诞生……这种苦功夫是苦恼人的,是要牺牲的,也常常艰难到使人失望的地步。然而,这种苦功夫,却也能使一个演员只要把自身贡献给它,就永远不会再脱离开它,而他一生也永远不会去改换另外一个更安闲的职业。

如果一个人没有这种感觉的话,他最好及早躲开剧场,不要干戏剧。

这一点实在是我和斯坦尼斯拉夫斯基后来联合在一起的一个基点。实事求是的态度和似乎令人厌倦的琐碎细节在我们的谈话里出现得愈多,我们反而愈不想逃避它们,而我们对自己的事业之得以发达也就愈有信心。

九

斯坦尼斯拉夫斯基的雄心有多么大呢?

这个问题在我的心里出现过不止一次了。每当他那种永远悦人而又粗哑、深刻的声音里流露出满意(是什么使他高兴的呢?),或者透出恼怒(是什么使他痛苦的呢?),或者表现出显然的抑制(他在避免揭露什么情绪呢?)的时候,我就会在心里问这个问题。

我为了戏剧上的奢望,眼看着多少能有了不起前途的别种事业消逝。

现在,我就可以从我们的谈话里举出这种奢望的一个片段的例子。

我们正谈到剧目的问题。在剧场一开幕就要每日公演以前,必须预备妥当几台演出。像美国和法国那种只要是能吸引观众的戏就一直演下去的制度，在俄国剧场里是没有的，也不会令人接受，因为这太使生意腐臭了。我们于是先谈到斯坦尼斯拉夫斯基的剧团所演过的戏，想以我们未来的剧院的观点重新对它们做一个估价。我们就考虑了其中的两台演出——《奥赛罗》和《达科斯塔》。我不想掩饰我的怀疑。虽然它们有它们的价值，问题仍触及主要演员的本质。我们所要着手的是一项非常严肃的事业，我们不能一开始就虚伪地大事恭维。我们的谈话到了一个心理上的尖锐时刻。

斯坦尼斯拉夫斯基没有说过一句为自己辩护的话。他谦卑地任由我来决定他是否适于演这几个悲剧角色。结果，我们竟把《奥赛罗》和《达科斯塔》排除于剧目之外了。

我敢说，再没有一个伟大的演员能像他这样有自我牺牲的姿态了。

从这么小小的一件事情上，我除了认识到这个戏剧演出的有力创造者自己也能服从他给别人定的纪律，还能得到别的结论吗？他所准备苛求别人的那些牺牲，他不是自己也在准备去做吗？

自然，我绝不是天真到认为这样重要的一位戏剧人物会缺少雄心。不过，雄心像其他一切热情一样，它的力量有时是能进行创造的，有时也是能进行破坏的。在雄心的催迫之下，艺术家可以把自己所能创造的最好的东西创造出来，可是任何人也都知道这种热情也能引人做出什么坏的行为。这要取决于性格上的某些本质……

最后，我从一大串小暗示中集得了一个印象：斯坦尼斯拉夫斯基无论有什么雄心，无论是在做演员方面想要成为一个连斯基（他从幼年就被连斯基吸引了），或者要成为一个罗西或一个波沙尔（他喜欢把他和这两位欧洲悲剧演员的会面讲给别人听，显然是被他们煊赫的日尔曼型打动了），还是在做导演方面要把自己打造成为一个俄国的克罗内克（他事实上引用过许多这个著名的迈宁根剧团的导演在演出中施行专制的导演权威的例子），终究，他有着了不起的趣味和健全的判断力。我与日俱增地相信，这整个事业的前途一定远较成就这前途的雄心更为伟大。

可是忽然有一件完全意想不到的事情发生了。

早晨，我们谈完了，正在喝咖啡，我说："还有一件事是我们必须确立起来的——我们彼此必须当面说老实话！"在一切事情都谈完了之后，我希望他的回答必是"这自然是用不着说的"，或者"我们已经在这方面有了一个很好的开端了"之类的。可是，请想一想，当时我有多么惊讶——斯坦尼斯拉夫斯基把身子往椅背上一仰，用眼睛瞪着我，说：

"这我办不到。"

起先我没能理解他的意思。我赶忙说："啊，不！在我们一切的相互关系上，我都给你这种向我说坦白话的权利。"

"你不明白。我是受不了人家当面跟我说一切坦白话的，我……"

这种诚恳爽直的态度，和它与之前的一切的矛盾，是同样显著的。我于是尽力把当时的情况和缓下去，说："总可能找到一个说老实话而又不伤自尊心的方法啊……"

许多时候以后，相隔有十年了，在我们两个人的合作中，他这种招供也还时时叫我回忆起来。有些时候，那次的招供叫我觉着像个预言似的。然而它又并不准确：时常是有可能与斯坦尼斯拉夫斯基面对面说最难堪的老实话的，而他也能鼓起勇气来接受；有些时候，真的，他会激动起来，觉得被刺伤；更常有些时候，他竟会被一句极其小的老实话所激怒。

斯坦尼斯拉夫斯基的性情是热情而复杂的。他这性情，多少年来在我的面前都丝毫不曾掩饰过。有一段很长的时间，我简直抓不准他心里究竟是怎么一回事，因为他有许多矛盾永久在惊诧着我们。一个纯色的、刻板的定义是永远不适用于斯坦尼斯拉夫斯基的性格的。

热心而又虔诚崇拜斯坦尼斯拉夫斯基的人，在一个很长的时期里都把他比作一个"大孩子"，但这种称呼的意味并不明确，也没有严肃的意义。

我们初次会面时的谈话，太过充满了想争取对方同情并给予对方同情的热烈渴望，所以很少有做冷静的分析的余地。他一定也对我的性格进行过揣测。他甚至承认说，在一年半之间，他早已经时常到我周围的"圈子里跑跑"，想借此遇到我，来谈谈这种剧场的事业了……

十

两只熊是不能安居在一个洞里的！

我们一点也不带法利赛人的虚伪，在彼此相顾并露出信任的微笑时，把这个问题勇敢地提了出来：怎样把我们的权利和责任划分清楚呢？在行政方面可以定出一个界线来。斯坦尼斯拉夫斯基的命运中注定要负起演员方面的许多工作，因此，虽然在和演员有关的权利与责任里也包括不少行政事项，可是大部分的行政负担就落在我的肩上。我们决定，我在合法的"合作关系"中应当充当所谓的经理。

首先要说的是，我们两个人都是各自职责以内的全权导演和教师。我们两个人都习惯于坚持我们共同而唯一的意志，更有甚于此者，我们还要去勉强我们的学生，使他们习惯于服从这个意志。我们相信，除此而外，再没有别的做法。如果斯坦尼斯拉夫斯基在演出上的经验比我多——他已经揭示了导演设计、性格化、群众场面效果的新方法——我只有承认他确是比我优越，可是，在实现一台演出的内在的戏剧动向的时候，我们就不可避免地发现，我们两个人确实有二熊不能同穴的苦处。

然而，斯坦尼斯拉夫斯基已经为这个难题预备了一个解决的方策。他这样建议：

整个的艺术领域应该分成两部分——文学的部分和演出的部分。我们两个人共同负责整个演出，彼此帮忙，互相批评。这种办法在技术上如何实现，留到以后再讨论。无论如何，在艺术的领地内，我们要有平等的权利。可是，如果两个人意见不同而又必须做出最后决定的话，他就对他认为在演出方面难以接受的部分享有否决权，我就在文学方面享有否决权。

这种办法的结果是：他在"形式"的范围内做最后的决定，我的最后决定权则是在"内容"的范围内。

这样的解决办法其实并不聪明，而且就在那次谈话的当天早晨，我们就已经晓得这种计划是不实际的了。事实不久也就证明，在工作的每一个步调上，形式是无法和内容分割的。而且，事实也还证明了：我，因为坚持某种心理上的细节或文学性的心象，反而会有破坏这些细节与心象在演出中的表现——就是说，它们的形式——的危险；而另一方面，他为了坚持他所发现的心爱的形式，也往往会发现自己和我的文学处理是矛盾的。

恰恰就是这一点，日后在我们的相互关系中是最容易爆裂的一点……

然而，在那个值得纪念的早晨，我们就抓住这种人工的方法不放，我们十分恳切地渴望把一切障碍排除。这一座楼阁，我们把它的内外都装饰好了，从前一天下午两点钟起就以气质、美梦和希望的将要实现互相感染着，可是，依然觉得它在无尽地使人发生兴趣，依然觉得它是伟丽而珍贵的。我们两个人都正直而坦白地准备把做出让步这一个牺牲的重责负在自己的肩上，只求不使两个人之间爆裂的火焰熄灭。

十一

有些时候，这一类小事情就都回忆起来了，看起来又是多么无关宏旨啊。

会面以后，我就从莫斯科回到了乡下。那农舍在晨曦前的寂静，在我的回忆里，一辈子都不曾消失。经过几天喧嚣的火车旅程，一绕弯，立刻就是叶卡捷琳诺斯拉夫[①]大草原的寂静，火车

[①] 第聂伯彼得罗夫斯克的旧称。——编注

跑得那么慢,似乎人都可以从车厢里跳下去,采几朵鲜花,然后再跳上来。坐完这段火车,就骑着马"拜别"五十俄里,穿过温暖的南方黑夜,蒙在尘土的迷云之中,未明即起,深夜投宿。一路之上,两边完全是尚未收割的大麦,波动得发出劲健的声响——靠右边走的马,在路上都能践踏到麦子——然而,终于到达村庄和农舍,赶快上床去睡了。

我的太太和我在屋前阳台边散步,从"听差"住的侧房和马厩那边走去,一直走到花园那一头。我已经把我和斯坦尼斯拉夫斯基的会面叙说给她听了,一边走着一边还在回想所谈的那些细节。各种不同的特点、各种观察都被公事化的回忆所扰乱,这些特点和观察都混在对前途的期望中。农舍里和草原上都听不到一点点声音,只有马厩附近的马露天里站在装雀麦的大车前,时时打个响鼻。马厩里是令人窒息的。河边忽然传来一只野鸭被一条鱼的投水声所惊动而发出的鸣叫声。有一条守园子的大狗走到我们身边,舐我们的手。狗也对黎明之前的寂静特别敏感,也似乎怕把这最后一刻的寂静扰破。一条一条的光线这时已经从花园背后露出来了。我们走向井边,绕过新砌的井边附近的水坑,把提桶放下去,汲新鲜的井水。

梦想和计划……计划。

这个剧场究竟有怎样一些显著的力量呢?为什么它能吸引来如《海鸥》中的妮娜一样的乡下女孩子,吸引来中学生、商人的儿子、如王子孙巴托夫一级的贵族子孙?为什么它能使著名的医生抛弃自己的重要职业,使被大公爵们以"你"相称的斯塔霍维奇将军情愿脱下自己的军装来做演员,使年轻的伯爵离开父母的家，使最有天资的作家们不走面前展开的任何路子，而偏偏把他们最深的情感给予剧场与演员呢？十年以后，艺术剧院就变成了股份公司。请想一想，这些新股东都是谁：一个是敖德萨城的公民，一个出色的演员；一个是非凡的女演员，萨拉托夫的农民布托娃；一个是书法教员，那位可爱的阿尔乔姆；一位是留里克贵族世家的奥尔洛夫-达维多夫伯爵，多尔戈鲁考夫王子；一个是耶路撒冷斯卡娅殿下，我们的贵妇拉耶夫斯卡娅；一位受人尊敬的商人，又一位商人；此外还有一位女伯爵巴妮娜、一位沃尔孔斯基王子和契诃夫医生……

生活的音乐、轻松而自由交接的精神、毫无阻间地接近光明的炙热和雄辩的辞令——我心里这一切最高的东西都有了生命，都是一切人类关系（家庭的、朋友的，爱情、更深的人类的爱、无尽头的爱，政治的、英勇的、痛苦的、可笑的）的理想反映。而后台演员的生命也总是战栗的、紧张的，而且，愉快、眼泪和激愤——什么都集合在一起了。

梦想的王国。掌控群众的权力。

这样一个剧场的存在和这样的剧场空气的魔力，有一种吸引力和一种令人不安之感。一股令人抗拒而又无从挣脱的力量就像涌过草原的宽河一般，流过我的整个生命。

一个九岁的小孩子，每天在窗台上的纸制剧场里举办演出：他自己又是演员，又是贴戏报子的人；又是乐师，又是挥着小木棒的乐队指挥。他最爱的职业，就是在夏季跑到一个正在修建的剧场里去搜寻废弃的东西。他最喜爱的是戏单上的油墨气味和后台的瓦斯气味，他和售票房的人做朋友。到了十三岁，他已经是剧作家了，写了一本五幕悲喜剧《兰勃尔》、一本双韵体的四幕喜剧和一本带歌唱的消遣短剧《新娘梳妆》。而且三本戏是在一个夏天里写成的！他第一次动情的对象是一个马戏团里的女驯马师，而第一次真正恋爱的对象是他在十六岁时爱上的一个女演员。后来，他就变成了业余剧人，和后台各方面的关系都弄得很好，他就这样发展了下去。

这一切的根源在什么地方呢？用什么遗传的理论才可以解释呢？我父亲是一个外省的军人，是切尔尼希夫省的一个地主，他在任何时候都没有过任何剧场里的朋友。我母亲来自高加索某一相当僻远的角落，她十四岁就结了婚，对戏剧是什么也不知道的。她十五岁就当了母亲，可是在抚育她的婴儿的同时，她自己也玩洋娃娃。我父亲订了很多刊物，并且有一个很好的图书室，可是他自然没有料到，他的太太竟把第一个孩子给"毒害"了。我那位在学兵队里的哥哥瓦西里写了一些反对当局的诗，受了杖刑。后来，他又不顾父母的强烈反对，竟偷偷离开了军队，跑到彼得堡去。在那里，他在那坎坷的寂寞中发展成为一个杰出的作家，使全世界都晓得了这个陆军中校的寒碜名字。

我们得说，这都是那个图书室的影响——那里面有普希金、莱蒙托夫、马尔林斯基的作品和《现代人》杂志——但是，戏剧的热情是哪里来的呢？父亲的第二个儿子伊万是一位美少年，也离开了陆军学校，去做了演员。这个可怜的人在刚刚迈进辉煌成功的门限的时候，竟得了肺病。我唯一的姊姊也成了演员，成了剧场里最可爱的女人之一。

现在，轮到第四个孩子了。

这第四个孩子对文学、戏剧和音乐的倾向，又是哪里来的呢？根源在什么地方呢？

难道只因为我的母亲到六岁的时候还玩洋娃娃吗？……

契诃夫的名字和他的作品中的形象，在我和斯坦尼斯拉夫斯基的那次谈话里，无论是我或他都没有触到。我提是提到过，这是不用说的，只是我的话丝毫也没有得到反应。在定剧目的时候，斯坦尼斯拉夫斯基显露出很高的口味和爱好古典作品的明显倾向。他对当代作家都漠不关心——他一点也没有把当代作家放进剧场的估量之内。自然，他对契诃夫的小说是很熟悉的，可是作为一个剧作家的契诃夫在他心中所留下的印象，却并不比他所熟悉的其他作家——如什帕任斯基、孙巴托夫、涅维任、格涅季奇——留下的印象更深。他看待契诃夫的戏，至多也不过像一般剧场观众一样感到迷惘。

除此而外，我们用一种自私的，甚至是很深的自私的心情来讨论我们的剧场——就是说，斯坦尼斯拉夫斯基和我两个人的剧场。以后，这个剧场竟变成了契诃夫的剧场，那是完全出乎我们意料的。

至于契诃夫，他在那个时候，在一八九七年的夏天，正在逃避剧场，而且用尽一切可能的方法来脱离开剧场。他想象自己是永远不会再给剧场及剧场的朋友们打麻烦了。他继续写作，继续在他那梅里霍沃的乡下行医，而同时，也几乎忘了那好容易才痊愈了的伤痛："我永远也不再写这些戏了，即或我活到七百岁，也永远不再写戏，永远不再叫这些戏上演了！"

就在那年春天，有一天，他正和苏沃林吃中饭，忽然开始吐血。大家把他送进医疗院,他在那里住了一个半月,有很多天连他的亲妹妹都不能去看他。

"我怎么会这么蠢,竟疏忽了这个——我还是个医生呢!"他这句话说过好多次。

一八九七至一八九八,他一整个冬天都住在尼斯休养。

第七章

一

我们决定用一年的时间做准备。这在一个美国的或者一个意大利的剧场经理看来一定很稀奇：要花费整整一年的工夫去预备剧场的开幕！可是，在我们，就连这个时间也还几乎嫌不够呢。

最使我们操心的困难可以分为四部分：

第一，斯坦尼斯拉夫斯基那一部分工作和我这一部分工作的统一问题，即怎样使他和我能共同鉴定一台演出而不发生矛盾。这是艺术工作中的一个主要部分。

第二，技术的准备问题，即寻求一个适当的剧场机构，安排一切合同手续，创设一切必需的供应和行政部门。

第三，预备树立所谓"集体精神"。

第四，（啊！这是多么大的一场噩梦啊！）一切事情里边所必不可少的——钱、钱、钱！

这，不必说，是任何人都能了解的。钱是紧要过一切的。到现在我的耳朵里还回响着当时那个纯莫斯科口音——他带着坦白的同情与抑制的微笑说："是的，我的好先生，你提议到什么地方去弄这笔钱呢？"

现在，就在我写到这里的时候，钱的问题在苏联早已成了次要的问题。即或是最小的事业，无论小到什么程度，也不管是一个诚诚恳恳地专干实际工作的戏剧团体，也不管是一个从事与艺术总还有一些关系的全然幻想型的实验团体，都能立刻得到政府本身的支持——方式虽然各有不同，可是总会使你能从一开始就站稳。

在当时，斯坦尼斯拉夫斯基和我觉得自己处在连听差们都在怀疑我们的一个境界："这些老爷在银子上是有计划的呢，还是只是借了别人的帽子来戴一戴的呢？"我还记得，有一天，当我们两个人一同走出莫罗佐娃家那一扇伟丽的大门的时候，我们有着同样的感觉。她是一个很大方、很慈善的女人，照她那一类人来说，她可以算是有一种很不平凡的性格。她很漂亮，又开着一家工厂，可是自己保持着一种很朴素的态度，不矜夸她的金钱。她和一位教授来往得很密切，这位教授是俄国最受欢迎的一份报纸的编辑，而她的生活方式也甚至可能是照着这份报纸的贵族但又不矜饰的风格建立的。她的名字到处都见得到：有时候是妇女高等教育的赞助人，有时候是学生团体的赞助人，有时候是图书馆的赞助人。这样我们自然会问：除了她以外，还会有谁能响应我们的剧场梦想呢？恰巧，斯坦尼斯拉夫斯基和我事先都认识她，我敢说她对我们两个人的看法也都很好。

但是一个剧场啊！并且是一个由业余剧人和学生组成的剧场！

当我们仿佛为了我们的理想在受局促之苦，怯懦地向她报告我们的计划的时候，她的眼里露出冰冷的凝视目光，冷得使我们所有的热情都立刻消散了，而我们最得意的思想也就没有说出来。我们觉得，我们愈是猛烈地努力说服她，她就愈不相信我们。我们一直觉得，她对我们的反应就像我们是要劝一个富妇把钱投到水里一般。她用一个冷冷的微笑拒绝了我们。其实，我们并没有向她请求一笔像十万卢布那么不近情理的数目，我们仅仅提议请她做我们剧场的一个股东，只请她出五千卢布这么一个数目。

在这个时候，莫斯科文化圈子里私人经营剧场的风气很盛。有很多次，歌剧的一季演出都是由多财的商人阶级支持的。那位忽然发了财的女演员阿布拉莫娃也成立了一个私人剧场，契诃夫的《林妖》就是在那个剧场里演的。现今艺术剧院寄足的这座房子，当初也是另一个女演员戈列娃的剧场，某种机缘使她阔了起来，并维持了一整季的演出。在这座剧场里，给这位美丽而冰冷的女演员捧场的人赔了二十五万卢布以上。她的剧场在开办的时候修饰得很美丽。她把观众厅重新改造过，用很高的薪水从外省聘来最好的演员，派我的学生博博雷金做艺术导演。博博雷金宣布了一套辉煌耀目的剧目，可是，他一共只在位了二十三天。在某次排演当中，他和一位女演员吵了起来，因为某一出古典戏里有一句"急得我出了汗"，而她拒绝说。她认为这是一句粗俗的下流话。博博雷金一向是火气盛的，一生气就连那秃光了的头顶都通红起来。他反驳她说："什么话粗俗，什么话不粗俗，是要我来决定的，而且这位著名的剧作家当然比你要清楚些！"那位女演员坚持自己的意见，而剧场的女经理戈列娃又站在女演员那一边。于是，博博雷金就辞职了。这桩事业的结局证明了它是一场最荒唐的胡闹。

所有这些尝试都像肥皂泡一样一个个爆裂了。大家的脑子里于是就产生了一个信念，认为神话里"无底洞"①这个名称再没有比用在剧场事业上更恰当的了。多财的、结实的人对这一点看得很清楚，所以避免一切剧场的梦想。我和斯坦尼斯拉夫斯基自觉到这一点，这也使我们极感不安。寻找资本，不但需要拥有超群的理想和对这理想的信心，而且还需要有另外一个特点——可惜，这另外一个特点显然是他也没有，我也缺少的。

斯坦尼斯拉夫斯基个人是有钱的，但是并不富裕。他的资本全放到他的金银线和棉花的"生意"里面去了。他自己当经理，分一份红利，拿一份薪水。这能使他的生活很舒服，可是远不足以使他耽溺于"梦幻"之中。他另外还有一笔私人存款，是留作教育儿女用的，一点也不敢去动用。在我们第一次会面时，他把这些话都十分坦白地告诉了我。为了目前的事业，他准备投资大约一万卢布的样子。除了钱以外，他的太太利林娜——就是后来成功了的那位超群的女演员——当时答应无限期地服务，也不接受任何报酬。

再加上，我们拜访莫罗佐娃的结果使我们狼狈无措。连她都拒绝我们了，还能希望有什么其他的人肯来负责呢？于是，我们另外去试一个办法：我起草了一份报告书呈到市议会，请求发给

---

① Всепожирающий Молох，是"消耗一切的火神"，改译如上。——译注

我们一笔补助费。我们想使这个剧场里什么人都可以进来，我们要使我们的观众主要由小康的知识分子以及学生组成。并且，我们不愿随着惯例，给低廉的票价预备坏位子。不，我们要在最贵的位子邻近设些贱价的座位。那么，比如，前四排要卖给很有钱的人，每座卖四个卢布。这是比别的剧场都贵的，可是，紧接前四排之后，就是一个半卢布或者再便宜一点的座位了。而楼上前排——在别的剧场照例算是最好的位子——我们却只定一个卢布的票价。至于楼上两旁的包厢，我们不收照例的十至十二卢布的定价，只卖六个卢布。

还有，我们计划把放假日的日场献给人民娱乐协会：用同样的演员，演同样的戏码。这种演出要专门给工人们看，所以只收几个戈比。

在我们看来，这样一个剧场一定是合于市政精神的，也必能唤起市政府为居民的一点考虑。

因此，我们的剧场在成立后的一年内，竟得到一个相当窘的绰号，被大家称为"艺术兼容剧院"。

嗐！等到我的报告书放在市议会的会议桌上付诸讨论的时候，艺术剧院已经成立了整整一年以上！这个议案只能在那里完全处于静止状态地等着，等待轮上付议的班，要足足等十八个多月。

我们事业的基本问题——钱的问题——就这样悬在空中。一个月接着一个月地飞逝。雪已经渐渐融化了，四轮马车已经代替了雪橇。冬季的迷醉，各剧场初演之夜与跳舞会或富丽的晚会上的"香烟缭绕与蒸雾迷蒙"（格里鲍耶陀夫所写的一出喜剧里的句子），也都成了过时的景色。一向在冬季末尾流行的去莫斯科郊外大饭店亚尔和斯特列利纳散闷，已经成了令人窒息的时尚。军官学校的学生音乐会，这时也已经成了过去的事。大家开始谈到未来的巡回画派展览会："骗钱的人快来了。"

可，这怎么办呢？我们要不要建立剧场呢？这笔必需的款子我们还找得到吗？严格地讲，我们并没有去找，那又如何找得到呢？我们怀着羞赧，避免谈起这个问题，仿佛彼此实际都怕问起这个问题，又仿佛怕坦白地、直接地面对这个问题似的。

可是，那令人愉快的解决途径却从一个完全意想不到的地方跳了出来。

二

在这整个时期，我们继续着认识人的工作：我去熟识他的剧团团员，他来熟识我的学生。我们并没有把计划透露给这些青年，可是，隐秘终会暴露。我记得，莫斯克温从外省回到莫斯科，在科尔什剧场里演消遣戏的时候，很安详地对我说："我差不多每夜都梦见你们的剧场。"这令人狼狈的消息不久就传进了两个团体。于是两方面起了一种竞赛。那年冬季，斯坦尼斯拉夫斯基上演了他最优秀的演出——霍普特曼的《沉钟》。而我的学生们也完成了一件不可能的事：他们为毕业公演准备了不下六台演出！

斯坦尼斯拉夫斯基发觉霍普特曼是"我们自己的"一个剧作家。

我这里还要加上一句。契诃夫是盛赞霍普特曼的,同时,他一点也不喜欢易卜生。

《沉钟》的彩排立刻揭示出斯坦尼斯拉夫斯基剧团的一切高超的特质,正如揭示出它的基本缺点一样。导演设计上的幻想、独出心裁和机智之丰富,都使人惊愕。那小小俱乐部舞台上的每一寸地方,都被非凡的巧妙手法利用到了:景不像例来那样小而方,这里有高山,有巉崖,有深渊;还有灯光和声音的效果;特别是,用许多停顿来创造出新舞台成就上的酒神祭的整个动作表现。合唱队的声音、残酷的呼号和人声、夜鸟的鸣叫、神秘的影子和斑点、林妖、小妖——这一切都以一种赏心的幻想把舞台充满。我记得很清楚,费多托娃当时是这样对我说的:"我恐怕斯坦尼斯拉夫斯基想都给想绝了。"

这是那次演出给人印象最深的地方。除此之外,装饰上、服装上以及道具上的色调和设计,也都是有名的艺术家所创作的。

最后,每个演员所扮演的角色也都独具创格,有灵魂,没有一点刻板化的成分。

在这种情形之下,《沉钟》的绘画性是稀有地强而有力的,头两幕好得无可再好了。然而,表演进行下去,它的基本缺点也就渐渐露了出来:内心线条不稳,心理动机模糊甚至微弱,而这些又使这出戏在根基上暴露出一个主要的缺陷。这一次演出加强了我们对这一个阶段的斯坦尼斯拉夫斯基的观点;他的处理能力的色板上确实有着巨量的外在颜色,可是他没有按着内在的需要运用它们,只对气质的反复无常和幻梦的偶然爆发做出了反应。他这样足足持续了很多年,有些时候,人物说出的语言和人物的心理，他竟认为不重要，竟忽略到反常的地步。

我记得，甚至在艺术剧院成立了五六年之后，在一次热烈的讨论中，我都还正式向他提出过一次批评。当时常有这一类讨论，看起来好像纷乱嚣扰，实际非常有用。每次讨论都是在一出戏的总排之后进行。一切都准备好了，舞台也已经布置停当，只等当夜上演了。我们就坐在剧场的池座里，一边从这一个位子躲到另一个位子——好让走来走去的招待员们整理座位——一边谈着。那一次我向他提出：

"你是一个杰出的导演，然而只是在悲欢剧或者闹剧，或者充满使人炫目的舞台效果的演出上是一位好导演，在心理的要求上和口头的要求上你并没有注意。你随意践踏了每一台有创造性的演出。有时候你有很丰富的才力，足以使演出融合起来，那么，在这种场合之下，演出的结果就很卓越。可惜，大多数的时间，等到头一两幕一过，如果那位剧作者是一位伟大的诗人或是伟大的作家的话，你一定就要注意了，因为你把他的剧本里最深刻、最具特征的内在动作给忽略了。这就是你的许多演出何以都是由第三幕就开始下降了。"

斯坦尼斯拉夫斯基在他的《我的艺术生活》里，关于这一点也说了不止一次，并且也没有宽恕他自己。这也就可以使人明白，他何以不惮麻烦地预先就把处理内容的责任交给了我，而他自己只负外形的责任。可是，使观众在图画感觉上得到印象是比较容易的，所以从某一方面讲，斯坦尼斯拉夫斯基不是没有理由的。虽然如此，这次的演出获得了一次巨大的成功，观看彩排的观众都感觉很满意。我在半夜一点半钟离开了剧场，那时尚有两长幕没有演。另外还有一个特点也是足以体现他这个人的，那就是：他有一种惊人的坚忍力——这也许是他性格上最占优势的特点——他这种坚忍力有时候发挥成为一种强大的意志，有时候也竟变成一种艺术上的固执的任性。最该由这坚忍力负责的，是他的心象的构成上缺少时间与空间的意识。在舞台上，他能很准确地自觉到每一寸的地位，可是在生活里，他坦白地承认，他想象不出一百尺代表多少，五百尺又代表多少。他也说不出一刻钟或半点钟是什么。比如，有一次排演《威尼斯商人》，我劝他早晨只排两幕就及早停止，不要接着排第三幕了。那是因为，他在幕间教一个演员如何持剑、如何鞠躬，而忘记了时间。

在斯坦尼斯拉夫斯基的剧团里是如此，但，在我的班上，就有一种绝不相同的敏锐的意识存在。那是因为毕业班里有几个特别有天资的学生，特别是因为其中有梅耶荷德。

这位青年后来变成了一个著名的导演，在当时，他一投考就马上被录取到第二班。他在学校工作中发挥了巨大的活动力，特别是在合作的工作的领导上。有一件事情是学校里前所未闻的：在演完了五场详加准备的演出之后，学生们仍然要求我同意由他们几乎独力地去准备我的剧本《最后的愿望》的演出。我现在所记得的，是我把这次的整个演出完全交给了那九个班的学生。一个月的工夫，这出大戏居然就作为毕业公演上演了。这次演出除了其他许多成就之外，还给了克尼碧尔一个向前发展的大机会。而整个这项事业的"领袖"就是梅耶荷德。我还记得另外有一次演出一出法国喜剧——巴叶龙的《恼人世界》。梅耶荷德只带着一个同学，就把那小小的学校舞台装饰满了导演上的美质，而不显一点技巧上的造作。

梅耶荷德在做演员上，也一点不像是一个学生。他表现出相当的经验，能以出乎寻常的速度掌握所演的角色。除此而外，他能处理许多不同的角色——从悲剧角色伊凡雷帝，到带歌唱的消遣剧里的角色。无论什么，他演来都是一样地好、一样地确切。这可并不是把某角色交给他之后，指定了要他创造出哪种特别辉煌的人物。他实在是很聪明的。契诃夫在谈到霍普特曼的《寂寞的生活》时，谈起他来：

"听他讲话是很愉快的，因为我们可以相信，凡是从他嘴里说出来的话，他确实都已经彻底明白了。"

而这种情形在一个演员扮演一个机警的人或者文化人的时候，不是很少见的吗？

而梅耶荷德比任何人都更能感觉出契诃夫的诗人气质来。

要想从这一个小小的学校舞台上给我们弄到物质上的福利，那是一点也不必妄想的。事实上，情形也确是如此。

三

音乐协会和音乐学校都在大公爵夫人费奥多罗芙娜的赞助之下。在莫斯科的文化生活里，凡是私人的组织，总得找到某一类赞助者来支持。费奥多罗芙娜喜好戏剧，我每次上演的戏她总是到场，而且间或还想到日常的课堂里去听讲。她总是保持着一种谦和而几乎是胆小的举止。莫斯科社会对她的态度是很友善的，和对她丈夫的态度截然不同。她的丈夫是那位大公爵亚历山德罗维奇，就是后来的莫斯科总督。

莫斯科总督在俄国生活里一向占着一个很重要的地位。大家认为彼得堡是俄国的脑子，而莫斯科是心脏。从外围上讲，莫斯科更接近外省，接近俄国的深处和土地的深穴。除了军事与行政核心以外，有两大阶级集中在莫斯科：贵族和商人。贵族逐渐变得贫穷了，而商人愈来愈勇敢地把触须扩张出来，愈来愈深地围拢全国生活的整体。这两个阶级在表面上彼此是很有友谊的，而心里实都隐藏着痛恨：贵族方面炫耀着显赫的血统，商人方面又自恃有资本。每一方都用机巧的外交手法，在对方面前尽力矜夸自己胜过对方的地方。

历史上每一个重要的阶段，莫斯科对彼得堡来说几乎都是必需的。在大战以前，沙皇不可避免地来到了莫斯科，好像是来向商人阶级折腰似的。在一次庄重的会议之后，商人们就预订了战争公债。这些制造商的代表很庄严地走到放着名单的桌前，用手画过十字，在名单上找到自己的名字，填上认购的数目，一下子就差不多有三百万卢布的样子。他们之所以肯认购这些数目，是因为他们看得很清楚，如果在战争期间他们的商业合同只赚回百分之百纯利的话，他这种认购法已经就是很吃亏的了。

商人们手里大都有公爵们的借据。我记得很清楚，那个著名的商人赫卢多夫借给过尼古拉大公爵几万卢布，自然他并没有希望再收回来。他这是为了什么特别的事业上的需要而求大公爵保护，我不知道。但是，因为赫卢多夫家是纺织业最有力量的代表，所以这一类关系是绝对重要的。我还记得赫卢多夫自己说过他如何得到了许可,给费奥多罗芙娜皇后[①]送礼——一条壮美而年轻的丹麦猎犬(皇后是非常喜欢狗的)——又叙述了她在去赴一个招待会的时候,四周围了一群小狗,他送的这条大狗忽然向小狗们发起猛烈的突击。当时,他就挺身出去约束这条大狗;赫卢多夫是很有力气的,而且有一次在我们面前掼倒过一头驯虎。可是这条大狗已经把精美的粗丝绳挣断了,那些小狗为了逃避这凶兽,都一齐钻到皇后的裙子底下藏起来。这条大狗向它们跑去,急得赫卢多夫就用四肢在地上爬,去抓这个不听话的畜牲。

贵族妒忌商人,商人又自矜有提高文明与文化的力量。商人太太们从巴黎订购服饰珍品,到法国海边去度夏,同时,出于某种隐秘的心理动机,又要去巴结较高级的贵族。一个人愈有钱,他的奢望就愈大。这种情形,往往在外在表现为奇怪的状态。我记得有一个商人是个年约四十岁的漂亮人物,他除了伦敦就不去别处买办衣服,伦敦有他特约的固定裁缝……谈到某一个贵族时,他这样说:

"喂,他也太骄傲了。自然,他会请我到他家里去参加大跳舞会或者夜宴,可是,那又算得了什么呢?不,你让我来请请你吧,让我给你看看我请客是什么样子的。可是他——就连他那张名片加在一起,又算得了什么呢!"

总督不得不和任何一个人都保持极好的联系。这对于高雅的贵族气派来说,时常是很苦痛的。有一位总督多尔戈鲁科夫公爵,用极大的忍耐力和那些不属于贵族的分子保持必需的经常接

[①] 亚历山大三世之妻。——编注

触。以下是关于他的一段故事。为了使两个敌对的营垒接近，他每天都要约请不下二十个人到他家里吃午饭。他有一个特别副官专门办理这件事。这个副官的职务只是选定预期的客人和指定约请他们的时间。

"明天的请客单上都有谁？"公爵问。

副官把名单拿给他看。公爵看到一个名字，皱了皱眉头："不可以想法子不请他吗？"

"不可能，大人。很久没有请他了，而他又很重要。"

"这我知道。不过他在吃鱼的时候总是喝红葡萄酒，又用刀子切芦笋！"

亚历山大三世派亚历山德罗维奇大公爵来当莫斯科总督的用意，是加强这个职位的势力。这种例子还是第一次。对于这次委任，贵族很感激，他们觉得大公爵一定把贵族看得比商人阶级重一些。商人就对这位大公爵冷淡得多，他们每一谈起大公爵，只要有机会必不肯放过，一定用话含混地讽刺他如何必须屈服于他的青年副官。

总督每年必要举行两次盛大的宴会招待莫斯科各界。那一年冬天，大公爵夫人想在家里举行一场戏剧表演会代替惯例的宴会，邀请上流社会的业余剧人来参加。她特别喜欢斯坦尼斯拉夫斯基导演的《沉钟》，可是没有得到机会去多看。她一定偶然听说了我和斯坦尼斯拉夫斯基愈来愈亲近的事，所以请我们两个人来帮助她上演这出戏。

她嘱咐大公爵的副官斯塔霍维奇上校①跟着我们来布置一切。

斯塔霍维奇家族是一群大地主，他们是托尔斯泰伯爵的邻居兼朋友。其中有一个叫米哈伊尔的是杜马的议员、临时政府的一位部长，他是全家最有天资的人。我们的这一位斯塔霍维奇完全被斯坦尼斯拉夫斯基迷住了，他称后者是一只鹰。后来，到我们的艺术剧院已经得到成功的时候，他就全心全意地加入了我们的剧场。他把军官的职位辞掉，做了艺术剧院最大的股东，再后来成了一个董事，最后竟成了演员。他是一个典型的廷臣，漂亮，是最都雅的人物之一，受教育受得几乎过了头，然而，他却成了所受教育和贵族习性的奴隶。他把自身献给了剧场，不过，依然认为他的贵族出身和他的上流社会关系比剧场高得多。他后来得到一个悲剧的结局：他不接受革命，而又已失掉一切财产，于是，就连活在我们这些剧场朋友中间也都还觉得孤寂——因而，自经死了。

我们两个人没有一个有丝毫的意思想到上流社会里去奔忙业余表演的事，这是用不着说的，可是，想拒绝大公爵夫人又是不可能的。我们以素来小心周到的态度去着手做这件事。然而，斯坦尼斯拉夫斯基在头几次有效的会商之后，因为家里有人传染上了猩红热，就不得不停止了工作，于是只剩下我一个人。大公爵夫人虽然没有自己参与演戏，可是很高兴地亲自来忙着安排演出。

美国人说："无论什么事情，要说它准在什么时候什么地方

---

① 即前文提到的斯塔霍维奇将军，此时还未晋升。——编注

开始，又难在什么时候什么地方结束，那是很难的。"这一次演出得到一次完整的成功，也被证明了是我们未来剧院的第一道曙光。

四

嗣后事情的发展是这样的。

对我们的剧场是否有可能弄到钱的怀疑，愈深切而苦痛地咬着我们，我们心中就愈有一个念头强有力地成熟着：一个学校若是没有剧场，就彻底是一个无用的幻影，是一种时间的浪费；学生们应当到舞台上去成长；学生们只有上了舞台，在观众面前上场、下场，扮演着次要角色，才能得到初步的舞台经验。所以，如果那一年以内我不能成功地建立一个剧场，我就决心脱离我的学校，给我的这种活动立一块墓碑。

我坦白地把我的意向告诉了音乐学校当局。他们重视我，可是，对我的宣言的态度却又极无所谓。他们对学校的态度通常也是无所谓的。在他们看来，音乐协会的价值只在开音乐会，因为他们可以占前几排的位子，可以在全莫斯科人的面前夸耀自己的赞助地位。这样看来，仿佛我和他们的关系不久就要断绝了。然而，结果竟恰恰相反。有一次，大公爵夫人参观学校的时候，有一位董事很偶然地向她说起：一切都很顺利，只有一个小小的不愉快——丹钦科要离开学校。据说，大公爵夫人听了之后，这样回答：

"怎么？没有丹钦科，我可想象不出我们这个学校会变成什么样子!"

这句话,就足以导致学校当局对这整个问题的看法发生了一次激烈的转变。董事当中有一位富商,名叫乌什科夫。他的书室里有一幅伦勃朗的真迹,他的会客室的地板上镶着珍珠母。商人们中间有一个风尚,就是每当有富商出殡的时候都要施舍贫民,为的是叫贫民们给去世的显赫人物祈祷灵魂超升。乌什科夫家的老主人死去的时候,门外乞丐多到什么程度呢?其中竟有许多都挤死了。

乌什科夫本人是一个又朴实、又狡猾、又虚荣的绝妙的混合型人物。在这以前不久,我从他那里得到一个有趣的经验。我在我那小小的学校舞台上没有用普通的装饰法,只用一大块布幔挂在后面。这块布幔逐渐破烂了下来,为了这个,我几次请求当局换掉一块,可是每次都遭拒绝,理由是学校没有钱。然而,有一天,我抓住了一个机会,对乌什科夫说:

"你捐五百个卢布——你觉得好不好?大公爵夫人常常到这里来看我们的,要是她看见满台都破烂不堪,那她会有怎样的想法!"

"很好,"乌什科夫说,"要五百,你说?"(他在愉快的心情下,常常把客气的称呼"您"改为更亲热的"你"。)"你要的五百我给,可是要记住:告诉大公爵夫人,这是我捐的。你同意吗?""我同意。""那么,好啦。可是不要忘记告诉她,乌什科夫捐了五百卢布!"

而现在,他是第一个股东,认股到四千卢布了。那头一次认股之后,他有多少次都请我向人强调他是第一个认股的,我也很愉快地照办了。他很容易地劝诱音乐学校的其他董事也加入了股本——自然都是些小数目，有的两千卢布，有的一千。我和斯坦尼斯拉夫斯基受了这次成功的刺激，于是进行了另一步骤。这个步骤在建立我们的剧场所需要的各步骤之中是最具特征的一个：我们一起去看全莫斯科制造商里边最显要的一个人——莫罗佐夫。

五

博博雷金称莫斯科的几个重要的商人家族为"王朝"，在这些"王朝"里边，莫罗佐夫"王朝"是最突出的。莫罗佐夫就是这一族的总代表。他有着惊人的精力和意志。他形容自己说：

"如果有任何人拦住我的去路，我就毫不眨眼地骑着马从他身上过去。"他这句话一点也不夸张。

他的脚步很谦和而无声，走起路来好像没有脚后跟似的。他的水银似的眼光总能很快地抓住你心里的意思，很快地就把一切情形给勾勒出来。可是，他绝不忙于回答。他的格言是："能够等候的人，必操胜算。"他声音粗暴，很容易大笑。他有一个习惯，常常喜欢用"不是吗？"这么一句口头语把自己的话打断。比如：

"我进了剧场的前廊……不是吗？……一个视察员来会我们……不是吗？……"他的心里永远盘踞着一种数学上的和心理上的算计。

"像一个商人那样机警"这句俗话，用在他身上是再合适也没有的了。

在从前坐落着古代著名的斯拉夫派住宅的地方,他给自己建筑了一座伟丽的巨厦。我前边谈到过的演员萨多夫斯基是享有擅写讽刺诗的盛名的,他给莫罗佐夫这所巨宅写下了几句诗。

这座城堡飘送给人们一堆回想,
我不情愿而又凄然地默念着既往:
从前统御着这里的,是一片俄国赤心,
如今,却是工厂主的机智在为王。

这首讽刺诗使贵族们很高兴,贵族们强烈地妒忌莫罗佐夫"王朝"那每年整整三百万卢布的收入。莫罗佐夫的行动是特别独立的。以下是关于他的传言。

大家都传说莫罗佐夫的"宫殿"装饰得趣味非常高贵,这话传到了大公爵的耳朵里。有一天,一个副官出现在莫罗佐夫面前,问他可不可以允许大公爵来看看这所房子。莫罗佐夫很和蔼地回答说:"请来吧,只要他高兴,无论什么时候来都可以。""明天下午两点钟来,可不可以呢?"莫罗佐夫又问了一句:"他高兴来参观我的房子吗?""是的。""请来吧,那就明天下午两点钟吧。"第二天,大公爵带着副官到了,可是只见总管家出来招待,主人本人不在家。这是一次很微妙的冷落,就等于说:"他说你是想来看看我的房子,你并不是来看我的。那么,房子就随便你看。前前后后都看到了。可是,不要以为我会在家里跪着迎接你。"

他懂得"单纯"的趣味和价值,单纯是比奢丽更值钱的。他明白,如果把资本主义广泛地运用到一个全国的规模,会产生多么大的力量。他以很大的精力工作着,常常几个星期都不见人,住到工厂里去了;那工厂有三万个雇员。他对彼得堡政府各部门的每一页秘密史都知道得很清楚。有一次,他微笑着告诉人说,他曾经有一桩事业非要实现不可。经过很长的时间,一切都还办不通。可是,有一天,有人在他的耳边小声说:"到某某地址去。那里会有一个漂亮的女人出来见你。不要惊讶,只要确确实实地照着她告诉你的话去办。"

他来到了那个指定的地点。果然,一个漂亮的女人出来见他。

"你是来看我那头了不起的牛的吧?"她欢欢喜喜地这样问。

"是的,是的。"他回答,心里很快就会意到这是怎么一回事了。

"他们已经预先告诉过你了吧?只剩下这一头还活着——养得很好,是从霍尔莫戈尔斯克运来的。要是少于五千卢布,我是不卖的。"

莫罗佐夫连一句要求解释的话都没有问,马上就给了她五千个卢布。自然,他是什么牛也没有见到的,可是,一切必须弄通的事情,第二天早晨就已经在有关的部门内都办妥了。

可是,人类是忍受不起同时有两种同等强烈而又相反的热情的。商人不能让自己被任何别的兴趣所迷住,他必须忠心于他的生存和收入的要素——稍一不忠心于此,必然无可避免地引向一个悲剧的矛盾结局。可是,莫罗佐夫却可以同时还掉到另外一种热情里。

掉到迷恋的程度。

这可不是对女人的迷恋。在他的一生里，爱女人并不占任何重要的地位。他所迷恋的是一种人格、一种思想和某一种社会希望。他同时热心地扮演着莫斯科商人的主要代表这个角色，并赋予这个角色一种广泛的社会意义。有两三年的光景，他对我入了迷，以后又对斯坦尼斯拉夫斯基入了迷。在迷恋当中，他能使自己强有力的意志完全屈服在迷人者的手里。当他说话的时候，他的目光似乎在寻求赞许。他的目光闪着冷酷无情，闪着资本威力的自觉心，又闪着想取悦他所迷恋者的虔诚渴望。

我们两个人总是在一家饭店的单间里会面，一谈就谈上好几个钟头，所谈的不但是有关剧场的事，而且还谈文学——关于易卜生。

谁能相信，像莫罗佐夫这样的人竟会毫不自觉光阴的消逝，而在迷惘的心情中走进罗斯莫庄①的革命空气里边呢？他一边这样谈着，一边竟已经吃过两道茶、一份火腿和一瓶德国制的精纯白葡萄酒——而这只是为了维持去饭店的人应有的道德而已。

但是，对他来说，最巨大而绝对的吸引力来自高尔基，再以后，就是革命运动……最初，我对莫罗佐夫的认识是很肤浅的。我们常常在晚会上遇到，或者在绘画展览会和初演时遇到，在某一次这种场合里，有人给我们介绍相识了。有一次要举行一场慈善表演，我的学生们参与演出马伊科夫的《三死者》。我在某处

---

① 指易卜生的戏剧《罗斯莫庄》。——译注

遇到了莫罗佐夫，提议要他从我的手里买两张戏票。他情愿地履行了，可是大笑着说他身上没有带着钱。我回答说："请拿去吧，这十个卢布你可以欠着我。虽然没有现钱，这也能使我觉得特别满意：我，一个文化无产者，居然有一个百万富翁莫罗佐夫做我的债务人！"我们两个人对这个玩笑都觉着很开心。两个月以后，我又在某处遇见了莫罗佐夫，他就对我说："我欠你十个卢布，可是，这一次我身上又没有带着钱。"我回答："请你千万不要惦记着这个！让这种债务关系保持得长久些吧。"就这样，在两年之内，我们彼此会到了好些次，每次必提起这个玩笑。有一次我甚至对他说："不要紧的，不要紧的，总有一天我会跑到你的家里去，向你催讨这笔款子的！"那么，果然，当我和斯坦尼斯拉夫斯基去拜访他的时候，我说："好啦，莫罗佐夫，我现在来催讨我的债款来了——来要那十个卢布。"

莫罗佐夫什么都未加深问，即刻就答应投股子进我们的剧场。他只提出一个条件，就是：在我们的剧场上边，不能有任何高于股东的赞助人。他认股一万卢布。

后来，他把剧场的一切经济责任都负在自己的身上。他起建用作剧场的房子，又帮忙把演员工会的基础立稳。

在艺术剧院的历史上，他的名字占据一个突出的地位。

我们听说他为革命运动也贡献了巨额的款子。一九〇五年，当第一次革命爆发而反动势力接着又抬起头来的时候，他受了某种刺激，就用枪自杀了。这是在尼斯发生的事情。

他的孀妇把他的金属灵柩封好，带回莫斯科来安葬。莫斯科喜欢造谣的人就散布流言，说那只棺材是空的，里面没有莫罗佐夫的尸体。人类是贪爱神秘的，于是这个传说就在莫斯科流行了很多很多年：莫罗佐夫还活着，正藏在俄国一个荒僻的地方。

在这个时期内，新闻记者们当中流行着一种谈话方式：

"来一点哲学。"

或者，竟在另外的某种机会下进而要求：

"再多来一点哲学。"

因此，在如今的叙述中，我也得暂停一下，好加进去"一点点哲学"。

没有钱的时候，你被它压迫得那样苦；钱一找到，我请问，你们当中有谁不了解从整个胸口发出的种种如释重负的愉快的叹息呢？

"啊！……"或者"哦！啊，两只肩上卸去了多么大的重担啊，多么快乐啊！……"

经常锁着的眉头在脸上解开了，苦脸换上了清爽安详的笑容。血管和筋肉也都充满了信心，充满了坚定的力量。以前那么多的懊丧思想，如今也都像微云见了夏天的阳光一样消散净尽。不但对事业及其成功有了信仰，而且，对自身的信仰也与时俱增。一个人到了这个时候，就觉得自己有出乎寻常的天资，无论什么话说起来也都有勇气了。我在这个时候，觉得成功与幸运已经从此永远在身边确定下来了。

那么，要是从哲学的观点来看，这种幸福在一个人的生存上是不是必要的呢？为了一个人的生命能成功地发展，是不是必须去忍受接连不断的、令人压抑的疑惧，种种辱及自尊心的经验，以及许多令人沮丧的、痉挛一般的障碍和许多悲观的瞬息呢？

按照叔本华的理论，幸福是消极的，幸福只是对不幸的暂时逃避。现在，我们正处在这个逃避的位置：我们愉快地呼吸着慰藉，因为，从那十八小时的谈话到剧院升幕，我们已经从这一年半的人生旅途上所遇到的压迫性的障碍、关口、深谷和各式各样的挠阻中逃了出来。难道我们真的必须从一开始就经受这一切的苦痛吗？难道唯有如此，我们才能更重视人生中成功的价值吗？换句话说，为了从契诃夫的戏剧里创造出高超的艺术成就，难道我们不但要因为"精神上的成就非经受苦痛不会产生"而在自身和自己天生的才力上去下若干年的苦工，而且还要在莫罗佐娃的会客室里去忍受耻辱，要为四千个卢布去向乌什科夫屈膝，要去向沃斯特里亚科夫乞讨两千，去向菲尔冈叩求一千吗？用手扪着我们的心，说一句坦白的话，对这些人——就连他们的资本也加在一起——我们实在会有一点敬仰心吗？

似乎我们的社会生活也只能是这个样子了？

可是在二十年以后，看来却可以不是这个样子。

第八章

一

资本就这样找到了。剧场就这样有了。

人生里最伟丽的热力，也许是唯一的热力——托尔斯泰称之为"生命里面蕴藏着的火"——抓住了所有我们未来的演员。

其实说起来，我们所能支配的一切也不过两万八千卢布！不过那个时候，我们的预算也并不算高。预算上有一个显著的特点：我们团体的人员薪水，不按照所演的角色来规定，而根据个人的素质；也不按照一个演员假定要演某某角色应得若干工资来规定，而依照我的一个学生或者斯坦尼斯拉夫斯基的一个业余演员在现下最好的剧场里会得多少钱而定。比如，莫斯克温那时在科尔什剧场一个月有一百卢布的收入，但每年只得六个月的薪水，夏季可能得三百卢布的额外报酬。我们却答应给他一百卢布一个月，全年发十二个月的薪水——可是，他得担任主角。演主角的演员在普通剧场里都是五百个卢布一个月的。可是科尔什对莫斯克温还没有充分的信心，所以不让他演主角；而同时，若是没有我和斯坦尼斯拉夫斯基从旁帮忙，他那时也确还不能在演主角上有最高的成就。等到他一年一年地在技术上发展到不太需要我们的创造性帮助，而我们在排演时所费的力气也逐渐减少的时候，他的薪水也就随着他的进步成比例增加上去。事实上，情形也确是这样。几年以后，他的薪水高到超过任何剧场所能出得起的数目。这，自然，也是与艺术剧院本身的发展和它的预算的逐渐提高同时发生的。

又如，在同样的办法之下，克尼碧尔在演主角的头一年只得九百个卢布，即是说，七十五个卢布一个月。

那时，有多少困难要克服，有多少交涉要进行，我现在简直记不详细了，甚至大体的情形也都从我的记忆里消失了。

我记得，我们研究过什么地方可以作为院址，后来就考虑到隐庐花园旁边一座小而不特别引人注目的建筑物上头……

我还记得在演出阿·托尔斯泰的悲剧《沙皇费奥多尔·伊万诺维奇》之前，我们去领许可证时所遇到的种种困难。幸而，就在那个时候，苏沃林也想为在彼得堡他自己的剧场里演这一本戏请求许可。多亏他的势力，我们才得到成功。

我还记得，正在这个时候，我们这个还没有出生的孩子忽然有了一个竞争者——就像玩具里的弹簧小人一样，忽然从地下冒了出来。而且，这是多么厉害的一个竞争者啊！在皇家剧院系统里！就是说，它在经济上是完全没有任何困难的。实际的情形是这样的。

皇家剧院系统新来了一个经理。他到了莫斯科，偶然接触到"表演力量的生产过剩"问题。于是有人就觉得应当嘲笑他：

"你只坐在办公室里考虑着各种问题。你在为难,不知道拿你的这么些个年轻演员怎么办。而就在这个时刻,却有两个很著名的人物正在莫斯科组织一个年轻的剧团,正在开办一个新剧场!"这几句话的力量像是一针马刺。第二天早晨,这位新经理就发了一封电报给宫廷的一位部长,把我所看中的一座莫斯科最好的剧院租了过去,交给连斯基——你们对他多少是熟识的吧——叫他把他的学生们的戏放在那里演出。

连斯基的心思是和我一样的。他在心里,和我一样孕育着培植戏剧青年和改革剧场的希望。我于是感到一种矛盾的心情:一方面,我应该为连斯基得到这个新任务而高兴;另一方面,我也有理由对这个强有力的敌手怀着恐惧。

无论如何谦虚,我也得说,正是从艺术竞争的观点来看,我才确是没有忧虑的。第一,连斯基本人虽是一个艺术家,而且势派很大,可是他终究不过是旧型剧场的一个太大的囚犯;其次,我很清楚国立剧院的独裁情形,我敢预言,连斯基在组织新事业上既然和旧型机构的精神不同,就必会遭遇不可忍受的艰苦。

可是,究竟,这又有什么关系!罗马格言说:"生活,就是斗争。"

我丝毫没有表示抗议,便把刚刚跟连斯基学习完而加入了我们剧团的两个演员还给了连斯基。这两个人是奥斯图热夫和艾达罗夫。连斯基自己曾经劝他们不要留在莫斯科小剧院,要他们到我们这里来,可是现在呢,我们却又不得不把他这两个最有天才的学生放弃了。

总之,我们很勇敢。我们两个人很精神地、很快活地接着聚在一起讨论我们的计划。

不知道为什么，在许多年以后，当斯坦尼斯拉夫斯基主张有可能从最简单的布景中找到精彩的刺激来感召演员，不一定要有炫目的华丽舞台才能唤起炫目的感觉的时候，我竟回想起在我那小而朴素的花园里吃过的冷甜菜汤和烤子鸡来：

"不在客室，也不在大厅，我们穿过一个小小的庭院，那里没有扶手椅子，只有木凳；那里没有一盆一盆的棕榈，只长着一丛一丛活生生的紫丁香。另一方面，我一生中都没有吃过那样可口的晚饭——那样有味又那样可爱的晚饭……可见一切都是由一个人的心情决定的……"

然而，我们这些高兴、轻快的活动上面横吹过去一阵短暂而不祥的旋风，短得使我几乎都想不起来了。这件事情还是最近出版的苏维埃版契诃夫全集提醒我的。这个版本的附录里印有我给契诃夫的信札的几个片段，信是从契诃夫博物馆里发现的。

我请求契诃夫许允我上演他的《海鸥》，他拒绝了我。

这件事情我完全忘记了。现在，为了回想当时的情景，我把我的信从博物馆里借了出来。契诃夫不但把所有收到的信件都保存着，而且还把它们按着字母顺序编了号、存了档。

这就是我写给他的关于《海鸥》的头一封信。

亲爱的安东·巴甫洛维奇！

你知道我现在已经漂荡在一桩剧场事业之中了。现在，正是我和斯坦尼斯拉夫斯基创办一个完全效忠于艺术的剧场的第一年。为了这个目的，我们租了隐庐剧院。我们心目中要演出的戏，有《沙皇费奥多尔》《威尼斯商人》《裘力斯·凯撒》《汉内莱》和奥斯特洛夫斯基的几部作品，以及美术与文学协会（斯坦尼斯拉夫斯基的剧团）的几个较好的剧目。我已决定，在当代的俄国作家中，只培养最有天才而尚未被人充分了解的。对什帕任斯基和涅维任，我们无能为力。涅米罗维奇和孙巴托夫是已经被人们了解得很够的了。可是，俄国剧场的观众对你是十分漠视的。必须有一个有趣味的文学家能懂得你的戏的演出美，而同时他又须是一个巧妙的导演，才能排得出。我觉得我自己是这样一个人。我已经立下了一个目标，要把《伊凡诺夫》和《海鸥》里稀有的图画展现出来。《海鸥》特别激发着我的热情，而我也准备以事实来证实我的见解：只要用一种巧妙的、不陈腐的而且谨慎的演出法来排，则戏里的每一个人物身上所潜伏着的戏剧性和悲剧性，也必能激发剧场观众的热情。这出戏也许得不到暴风雨一般的掌声，可是一台有内在创造特质的演出只要能脱离开惯例的羁绊，必会被证实是艺术上的一次大胜利——这一点我敢担保。现在只等你的许可了。我还应当告诉你，在学校举行毕业公演的时候，我就已经想上演你的《海鸥》了。我特别动了这个念头的缘故，是我的几个最好的学生也都爱这个剧本。这件事没有实现，是因为孙巴托夫和连斯基说他们要在小剧院里演这出戏。我们大家是在戈利采夫面前谈的这件事。我当时发表我的意见说，小剧院的大演员们只能给人物绘一个粗形，可是不能以一整个新的心象出现在观众面前，也不能把包围着戏中人物的那种空气、氛围和情调创造出来。可是他们坚持不要我上演《海鸥》。还不是一样——《海鸥》在小剧院也没有上演。这一点倒要感谢上帝——我这句话，是凭着我对你的天才的全心全意的崇拜说的。所以，请让我来上演这个戏吧。我对你保证，你在任何剧团里再也找不出像我们这样崇拜你的导演和团员了。

我由于穷，不能给你很好的报酬。但是，相信我，就连这一方面，我也要尽我所有的力量来使你满意。我们的剧场正开始唤起皇家剧院的强烈的恼怒。他们不能理解我们是在向惯例、向刻板化、向天才偶像挑战。然而，我们把一切力量都用来创造一个文艺的剧场这个事实，他们也觉得出来。这就是为什么我如果从你那里得不到支持的话，会那么凄楚了。

给我一个迅速的回答是很要紧的：只要简单的一张小条子，说允许我随便在什么我认为适合的地方演出《海鸥》，就够了。

我现在所记得的，是他拒绝了我这个建议，因为他自认不讳：他很敏感，很觉得不自在。他写信回我说，他既不渴望，也没有充分的力量，去重新经历一遍以往使他那样痛苦的剧场纷乱；他又重复说——这当然不是第一次了——他不是剧作家，生活里还有比写剧本更好的事情；等等。

我于是又给他写了一封信，里面这样说：

如果你拒绝把这出戏交给我，你会使我伤心的。因为，我认为《海鸥》是唯一能迷住作为导演的我的当代剧本,也认为你是唯一一位能对一个拥有模范剧目的剧场发生最大兴趣的当代作家。

如果你愿意,我在排演开始前到你那里去,跟你谈谈《海鸥》的剧本和我的演出计划。在这本戏排演以前,我们要用二十个白天给青年们开讲演会。在这二十天里,我们要介绍《安提戈涅》《威尼斯商人》《达科斯塔》,作家博马舍、奥斯特洛夫斯基和哥尔多尼等等。演出之前要请些教授来宣读简短的讲稿。我想把其中之一天献给你,不过还没有决定请谁来介绍你——也许请戈利采夫,也许请另外一个人。

请立刻答复我。

我的太太和我都问你们全家安好。

我星期六离开莫斯科——或者,至迟星期天。

最后,我又写了一封信:

亲爱的安东·巴甫洛维奇!

我是在草原上接到你的回信的。这就是说,我可以演出《海鸥》了!……为了我能不爽约地去看你。[①] 我本计划七月十五日到莫斯科(因为别的戏要开排,没有我的事),可是为了你的可爱的请求,我要在七月十五以前去看你。因此,

---

[①] 这显然是为了答谢他的许可盛意,我必须跋涉一程,到他的别墅梅里霍沃去。——原注

你可以指望在七月一日至十日之间我会到。更确定的日子，我以后再写信告诉你。我不怕坐两轮车，所以不要费事派马车到火车站来接我了。

我正在熟读《海鸥》。我正在寻找能让一个导演把观众领过去的那些小桥，好把观众从他们所眷恋着的惯例的路上领入另一途径。观众现时还不能——也许永远也不能——屈服于这出戏的情调，所以，必须用一列强有力的火车把他们送过去。我们要尽我们的全力！

再见。

我的太太和我问你们大家都好。

我旅行到梅里霍沃去看他。他虽然在病中，还是和向来一样保持着笑容和好开玩笑的心情。新近他的弟弟有了一个孩子。他们把这个孩子抱出来给我的太太看。

"把他买了去吧，你觉得怎么样？比如说，给两个半卢布，好吧？"

像这样有兴致和幽默本钱的人，竟会写出《第六病室》，竟会在他的短篇小说和戏剧里渗透那样无限的凄楚！这不是很稀奇的吗？

二

在艺术剧院成立三十周年的纪念日（按照新历，是十月二十七日；按照当年流行的旧历，就是十月十四日）[1]，斯坦尼斯拉夫斯基在演说的时候，根据我们三十年来的密切合作，好几次都把我比作他的"太太"。他还说，他领着剧团到美国去了，那么，他的"太太"就留下照料家里的事。所以太太的角色虽重，而从表面看来，不像丈夫的角色那么显而易见。我为回复他这几句话，就在我的演说里提出抗议，使得纪念会的听众为之大笑。我说他是太太，而我是丈夫，又说这很容易证明。我说，十月十四日这一天是第一次演戏的日子，也可以说是艺术剧院受洗的日子，可这不是它诞生的日子。诞生是在演戏的几个月以前，在离斯坦尼斯拉夫斯基的别墅不远的普希金村——在一所特别装上舞台的孤零零的房子里。剧团第一次集合起来，是在那个地方；我们第一次开始跟大家谈话，是在那个地方；我们的婴儿第一次发出哭声，也是在那个地方——在那第一次排演中。所以，剧场的诞生地必须被认为是普希金村，而诞生的日子是六月十四日[2]。头一次排戏全是斯坦尼斯拉夫斯基布置的，我们团体最初那些次集合也是由他领导的。在那个时候，我正住在我自己的别墅里，连普希金村的邻近都不在。谁都知道，孩子的诞生，父亲可以不在场，可是没有母亲不在场的道理。所以，很明显地，艺术剧院的母亲——当然也就是我的太太——除了斯坦尼斯拉夫斯基，还会是别人吗？至于小孩子像母亲多而像父亲少，那更是另外一个

---

[1] 按俄历，莫斯科艺术剧院成立于1898年10月14日（公历10月26日），1928年的这日是公历10月27日。——编注
[2] 按俄历，斯坦尼斯拉夫斯基发表剧院（当时叫艺术大众剧院）开幕讲话是在1898年6月14日，1928年的这个"生日"是公历6月27日。——编注

问题了。

我们做了这样一个规矩：先要他和萨宁在普希金村住一个半月，在这段时间内，我回去结束我的文学职务。结束之后，我再来接着负责他们未完的排演工作，好让斯坦尼斯拉夫斯基到一个地方去休息，以准备度过我们一生当中最难度的这个冬季。

主要的事情是：在我回来以前，他们要尽可能把《沙皇费奥多尔》的若干场戏都准备好。我们那个时候甚至都不曾讨论到《海鸥》。

三

我一向认为八月是莫斯科及其邻区在一年之中的最好的时候。这种"八月的感觉"很难用笔墨表达出来。一到八月，总觉得有什么东西是很轻松无虑的，很温柔地令人愉快的。也许是那爱抚的太阳，也许是那清朗的空气。也许是因为夏天的静止情调还没有完全消失，而冬天的纷乱也还没有十分到来；或者是因为在夏季的淡泊中所储存的希望，现在又充满了新鲜的勇气。这一个月里的天气是伟丽的。看来仿佛是，一到了八月，俄国自然景象中能占据诗人心灵的最深刻的抒情部分就炽热得更灼灼了。

普希金村离斯坦尼斯拉夫斯基的别墅柳比莫夫卡大约有五俄里远。我在他这别墅里住的地方有一个阳台，可以完全由我自由使用，从阳台上边可以望到名叫克利亚济马的湍流小河那边的花园。这座房子和房子四周永远被一片寂静笼罩着。所以，一大清早我一个人坐在房里时，总听得见有一只我不知道名字的小鸟一到那个时间就用它那只有两个小音符的呼唤声，很温和地请人醒来。我那时正在经历着一种梦想真正实现了的丰富生活。在普希金村，每天大半的时间都用在工作上，当然，我们的那些青年也都把灵魂中最好的东西发挥了出来，所以每件事情都充满了刺激。大家过着集体生活：他们自己清理舞台和观众厅，自己煮茶，轮班管理家务。这些杂事并没有使他们的高尚精神降低。就连结婚的事也不久就都弄停当了——头半年之内，好像有一打的样子。

有一次，一个从外省来的悲剧演员达尔斯基在斯坦尼斯拉夫斯基不在的时候向我喊起来，要我使用剧院首脑的职权来禁止斯坦尼斯拉夫斯基叫演员在排演鞠躬到地时做到二十遍——这，在他的心目中，是开一个演员的玩笑。我温和地向他证明了，他自己是一定需要如此的。

在那里，一切都是这样地恳切、这样地可笑，也这样地火热，一切都浸润在青春的精神和信念之中。这种空气，就是在忽然遇到一个惨重的意外的威胁时，也一点没有受到影响。我们正在预备《沙皇费奥多尔》，可是发现没有演员能演费奥多尔这个角色！

这发生在一个晚上，当时他们正在把阿·托尔斯泰的悲剧里已经准备好的那些幕戏演给我看。

莫斯克温后来演这个角色的时候，闪耀着多么大的光辉！维也纳都有人这样写："把著名的名字都忘掉，而只记住一个莫斯克温。"可见剧场艺术能叫我们看到多少惊人的效果！而在初排演这出戏的时候——在我亲眼看见他们之前——就是这同一个莫斯克温，竟使斯坦尼斯拉夫斯基不满意到立刻把他换掉，把这个角色给了别人，随后，又给了第三个人。斯坦尼斯拉夫斯基从普希金村写信给我，提到对演这个角色的演员的失望，随后又寄来了一封信：哈！"费奥多尔"已经找到了！

可是——啊，可怕！——对这个幸运的演员，我一点也不赞成。我还记得，在一次排演之后，斯坦尼斯拉夫斯基和我如何在深夜搭了火车旅行，他又如何甚至不肯和我争辩，也不袒护这位不可能的演员，而只在不断地重复一句话："那么，我们怎么办呢？我们怎么办呢？……"

于是我还是坚持要我所偏爱的莫斯克温来演。斯坦尼斯拉夫斯基显然忽略了他的品格，因而不能了解他。这出戏仍然继续在那小小的剧场里排演，而我，就带着莫斯克温在另外一个地方单独排练：因为没有地方，就在那园子的门房里忙起来；守门人在那开着的窗子外面，坐在一个小凳子上听着我们，什么也不懂，可是尽管微笑。

我们拿《沙皇费奥多尔》作为剧院的开幕演出。这正如玩纸牌的老手们所说的："你手里若是有可以赢牌的王后，就要先出爱司。"这一句话确是不错。首先，大家对一个禁演了三十年的剧本感到极大的兴趣；其次，观众对本国的历史剧很热衷；再次，正如斯坦尼斯拉夫斯基所喜欢说的，"使布尔乔亚惊愕"是比较容易的事。这出戏的服装是在斯坦尼斯拉夫斯基的太太（即女演员利林娜）的负责之下做的，用的全是出色的刺绣，像是博物院里的古董。色彩鲜艳的群众场面和大胆的舞台调度也都能吓傻观众。总而言之，用这样一个剧本开幕，本来是冒着一点危险的，所以要在各方面尽量寻求成功的最大机会。此外，主要的角色也都选择了出色的演员，这更是《沙皇费奥多尔》在我们的剧目里占有一个受崇拜地位的理由了。

我们的剧目一宣布就发生了很大的效力。剧目包括：索福克勒斯的《安提戈涅》、莎士比亚的《威尼斯商人》、阿·托尔斯泰的《沙皇费奥多尔》、易卜生的《海达·高布乐》、皮谢姆斯基的《独裁者》、霍普特曼的《沉钟》和《汉内莱》、契诃夫的《海鸥》。你们只要请想一想这每一出戏在历史上的声誉，就可以知道这套剧目是如何动人了。这简直像是一整支巡洋舰和无畏舰的舰队，装着重炮——榴弹炮和迫击炮。契诃夫的《海鸥》在这些戏剧当中，看来就像一只不上五千吨的船装了某种一百厘米口径的武器。可是……

在莫斯科的戏剧批评家里面，埃夫罗斯和我的关系最好。他从来可以说是在戏剧新闻记者当中占第一位的。他兼有批评家的两项出色的特长：对表演的内在抒情成分，他有伟大的直觉力；同时，他又懂得如何称赞——这种热情的鼓励比理智的批判难得多。我公布了第一批剧目之后，问他说："你觉得这些戏里最有价值的是哪一个？"他丝毫没有迟疑地立刻回答说："自然是《海鸥》！"

这样说来，吾道不孤了！我为我的不孤独感到愉快。

可是，我还需要用这个信念去感染斯坦尼斯拉夫斯基。

按照我们当初的协定，否决一个剧本的上演资格的权力是操在斯坦尼斯拉夫斯基手里的。《海鸥》的导演设计是要他去准备的。可是，他读完了这本戏之后，一点也不明白这出戏如何能使观众发生兴趣：在他看来，戏里的人物只是半人类，热情也不是现实的，语言也许太简单，形象不能供给演员任何好材料。

我面前的这位导演，能从装饰、服装、各种样子的道具以及各种人物中创造出灿烂迷人的效果。他在选择色彩上有卓绝的趣味，是一种到过许多博物馆又常和艺术家们来往的趣味。可是，他把他这天资的全部力量只发挥在新鲜而独创的惊人的外形之创造上——不用说，这些外形确是超过一切地不平凡。

然而，我的问题是要唤醒他对深度、现实世界的抒情本质发生兴趣。要他把他的思想从作为许多题材的无穷源泉的幻想和历史上边分化一些，转到充满了我们最平常的日常生活情绪的日常现实上边，我觉得这是必要的。

经过在门房里单独排练之后，莫斯克温竟能给那个角色制造出一种狂热的效果，能使每个人都感动得落泪。于是，我们在《沙皇费奥多尔》上的问题得到了解决。这个问题一解决，我们就规定：把这一个戏以后的排演交由斯坦尼斯拉夫斯基的左右手萨宁去负责——他在欧美舞台上的努力和工作成绩是任何人都深知的。这样可以让斯坦尼斯拉夫斯基离开一下，好去休息，并且好去准备《海鸥》的导演设计。我在这个时候开始帮助演员们工作。

每在预备一台新的演出之前，斯坦尼斯拉夫斯基必然会来问我："现在，请你把你认为在做导演工作时应当特别留意的事情尽量告诉我。"这里，我忘记叙述一件事了。有那么很快乐的一天，他和我手里都没有戏排，又没有外在的事情来分我们的心，我们就谈起契诃夫，从早晨一直谈到夜深。说得再确切一点，是我在说，他在听，同时他在做笔记。我踱来踱去，一会儿坐下，一会儿又站起来，再踱——我在寻思最能说服他的句子。要是我从他的口气里发现他没有注意我的某些话时，我就用姿态、重音和重复来强调这些话，而他也用一种开放的、信赖的心态在那里细听。

斯坦尼斯拉夫斯基一向是住在莫斯科的。因为他是一个莫斯科商人，所以对商人阶级的生活有无尽的印象。后来，他虽然开始和艺术界接近，但范围也限于莫斯科。他又通晓俄国和欧洲大陆的古典戏目，也认识最好的演员。他一到外国旅行，就在那里研究剧场艺术、参观博物馆，而且站在导演的立场上努力吸收一切对他的导演工作有用的东西。然而，对于广大群众，对于俄国外省的知识阶层和半知识阶层，对于足以用在契诃夫剧本演出里的俄国生活里的千百万阶层，他就一点也不晓得了。对于这些阶层的烦乱、眼泪、妒忌、怀恨、争吵和一切组成外省生活的事情，他也同样是生疏的。他也不晓得"需要"对生活有多大的意义，一个人能赚得糊口之资有多么重要。

最主要的是：他的心目中，从来没有意识到笼罩着契诃夫式的日常生活的那种作家的抒情的巨大力量。

只有生活在某一角落——就是说，只有生活在最广的知识分子圈子中，生活在梦想着较好生活的人群中，生活在被这无趣味的生命所吮吸的人们中间，生活在生活之惰性中，生活在既不能挣脱生活之粗劣与单调，又不能不使他们的灵魂在最舒适、最单纯的角落忍受不正义的压迫的人们中间，人们才能爱契诃夫，才能认为契诃夫是属于他们自己的，才能觉得契诃夫和他们密切得令人难以置信。他之和这些人密切,不是作为一个抽象的诗人,而是作为走在我们当中的自己人,好像他并不比我们高一寸:他所爱的正是我们所爱的,他和我们一起微笑、一起大笑;他不是永远比我们深,而是比我们眼光更锐利;他又拥有一种伟大的天才,能把我们的罪过和梦想揭示给我们。

第九章

一

我得承认，我这一本书的这一部分花费了我不少的时间。有多少次我甚至不想继续写下去！可是，我又怕我的读者——特别是剧场里的行家观众，或者甚而是演员——要忽然问我：你的方法的真正要点究竟是什么呢？你的艺术要点是什么呢？现在你已经排演了《海鸥》，你处理这出戏的方法显然绝不会像曾经使它失败了的剧场那样。好了，那么，区别在什么地方呢？在前几章里，你已经研究了新旧剧场组织上的不同：在旧型剧场里，他们马上登上舞台，一口气就把全剧排完。而你在一开头是要在桌旁坐一段很长的时间来讨论剧本，到最后可以开排的时候，你还要一段一段地排。很显然，关键不仅仅在这里。很显然，除此以外，在你导演工作的本质上一定还有些什么。确切地说，究竟是些什么呢？

这个问题的答案是很复杂的。单单用一章来讲也不够，要写出一整本书才行。在这里，我们只用一个很紧凑的形式——就像导演艺术的一个提纲一样——来把它说一说。我想，这样做也还可能吧？另外还有一件事是要预先说明的：这三十多年以来，我们的方法已经经过多少次修正和改变了，所以我们很容易把现在的各种特长看成以往的特长。假使可能把我们以往所做的用照片的形式表明，和现在的比一比，那我们一定就可以看出其间有极大的差别了。最后，我不得不提到我自己，而这样做总是使人觉得难为情……

真的，这实在是一件难事。

二

就在《海鸥》排演的同时，我们剧场的那一座小破房子里的空气经历了一次突然的变化。在那出戏开排以前，每天从清早到晚上，我们所有的力量都集中在反映十六世纪的俄国（《沙皇费奥多尔·伊万诺维奇》）、反映十八世纪据有产业的地主们（《独裁者》）、反映几百年前的威尼斯城（《威尼斯商人》）和反映两千年前的希腊（《安提戈涅》）上。我们得用各式各样的服装来表现悦目的、有色彩的各时代，表现各式各样的图画与感觉——这一切都和我们相距得很远，一点也没有和我们自己的时代相同的地方。斯坦尼斯拉夫斯基带着与他合作的导演们，用他那种辉煌而惊人的舞台场面，用他所探索的动作、服装和道具来激起人们的兴趣。他的这些动作、服装和道具永远没有历史的准确性，所产生的效果也很少是一般老观众所熟悉的。如果历史上帽子是高的，他在演出里必定把那些帽子弄得过分地高；如果袖子是长的，他就必然使袖子长得非时时不停地用手卷起来不可；如果封建主田舍的门是小的，他就叫那个门小得使演员非弯下腰过不去。他从一个什么地方看到说，贵族拜见沙皇的时候要向地面鞠躬三次。好了，在我们的排演里，贵族就下跪了，把前额碰到地板上，站起来，再跪下去，如此不下二十次——大概你们还记得吧，为了这个，演员达尔斯基曾经大声向我责问过。一切，都得像斯坦尼斯拉夫斯基所喜欢说的那样——"新奇"。

从这种颜色、心象、呼喊等悦目的堆砌，转而必须去面对契诃夫的愁苦的日常现实。服装里没有一点奢侈的东西，没有强烈的化装，群众场面完全不存在，又没有外在色调的层叠——总而言之，没有使演员可以用来掩护自己，好不把自己的个性赤裸裸地揭露出来的东西。至于其他，如沉默、凝缩和一个仿佛无人的世界的情调，那就更不必说了。

在布置其他一切之前，我得首先考虑如何把混合的演员组织起来。《海鸥》里的十个角色，有四个由我的学生扮演，三个由斯坦尼斯拉夫斯基剧团的业余剧人扮演，另外三个派给我们两个团体以外的人。斯坦尼斯拉夫斯基的太太——就是那位女演员利林娜——稀有地适合契诃夫剧本的调子。剧团里另外一个重要的分子卢日斯基满心信赖地追随着我，很快就能把他所要演的角色操纵熟练了。支持着我的主要力量是我的几个学生：克尼碧尔、罗克萨诺娃和梅耶荷德。演员们中间出现了一个一开始就像只白乌鸦的维什涅夫斯基。他是一个从外省来的演员，带着旧型剧场的一切标志。可是，他那么热情地争取着，非要加入我们的剧场不可，又那么盲目地信仰我和斯坦尼斯拉夫斯基，连一个条件较优的合同都不要求，就服从而又热切地工作起来。这几乎是任何"他种"演员所做不到的。而且，如果你进一步观察就可以知道，他比任何人都早地就相信契诃夫。戏的排演由于斯坦尼斯拉夫斯基不在而停滞，因为他是扮演戏里边作家那个角色的人。后来我们只好没有他也开排了，排过了头十次，又接着排了十次。

三

我现在每一回忆起三十年前和学生们、演员们排练的情形，就发现那个时候我所用的方法的要点和现在并没有两样。当然，我现在的经验比从前多得不可测量了，因此，我的方法自然也变得精深得多、敏锐得多了。某些"技巧"是进步了，可是，基本的东西还是照旧：演员的直觉，和从这直觉中产生的感染力。这是什么意思呢？这一点如何可以简单地解释清楚呢？

有一次，我和安德列耶夫进行了一场简短而重要的谈话。当我排他的剧本时，我把他的最敏锐的意向完全揭示给了演员，他毫不掩饰地诚恳地表示满意。"这真是正确得令人吃惊。就是我自己也不会弄得更好了！"他这样叫了起来。有一天，他拿眼睛瞪了我好久，忽然间，用极恳切的语调问我："你有这样一种天赋，既能觉察一个人，又能分析他的行为，而你自己怎么竟不再写戏了呢？"

我大约是回答了这样的几句话：

"这，可能是因为我的直觉的天赋超过了我的文学表现能力，所以不给我自己的剧本产生的机会。也可能是因为只有我——请原谅我的高调——能透视你对世界的态度和你对人生的观点，正如我能透视契诃夫、陀思妥耶夫斯基和托尔斯泰一样。是你——是你这个作家——在你的剧本词句的背后向我耳语着你的人生知识。而我呢，就用这仅有的第六感觉认识了什么地方是真实的，什么地方是虚伪的。自然，更可能我会和你争吵起来，而证实我所感觉到的是对的。可是，如果没有作为作家的你在提示，就很难指望我能停留在如今我正在这样精彩分析着的活生生的现象面前了。可是，要一个人自己创作剧本，那就非得自己掌握人生不可了。"

许多年以后，在我们准备由陀思妥耶夫斯基的小说改编的剧本的时候，我们从心理学会请了几位教授来看排演，他们一致说我们不必再向他们学习什么了，反而有多少地方他们是要向我们学学的。

读者们，请饶恕我吧，饶恕我这么自夸，可是在戏剧艺术的问题上把这件事情提出来，是有巨大的意义的，那就是：说明真正的直觉的重要！没有直觉，一切都会是虚伪的，对于作家的意向和风格来说，一切都会成为一种残害。但是，要分析它，势必遇到困难。因为，直觉所唤起的心象不容易成为"定象"，而必须严格地操控其源泉的选择。所以，一直到今天，负责剧场事业的大人物们都在怕它，都躲避它。他们时常干脆把它赶出剧场去，好像它是个传染病似的。他们以为没有它问题就简单得多，特别是那些有"天才的主意"的导演，认为这个直觉正是诗人海涅用来称呼人类头脑里一切废物的那个名词。

这种准确的直觉观念，到今天，在剧场里还没有找到一个科学的定式。因此，排演中只存留着它的另一面：只用意向、心象和意味上各种最微细的差别来感染演员，有时候用解释的方法，有时候用做给演员看的简单方法。

在很久很久以后，我才把这里面的基本原则定义为——"内心体验律"。§但这太复杂了，在目前这一章里是无法讨论的。§

导演作为指导者——就是说，要有导演的统一意志——这是我们的剧院和旧型剧院的最重要的区别。这是年轻的艺术剧院在许多年中都受到最激烈攻击的点。在排演的时候，斯坦尼斯拉夫斯基和我都是尽一切可能把导演的权力掌握在自己手里的。

一个导演是具有三个面貌的人物：

第一，导演是一个解释者，他教给演员如何演，所以，也可以称之为演员导演或教师导演。

第二，导演是一面镜子，要反映演员个性上的各种本质。

第三，导演是整个演出的组织者。

观众只晓得第三者，因为导演的面貌只有第三种是可以叫观众看到的。这可以在一切外在的东西上看出来，如在导演的计划上、在设计上、在声音上、在灯光上、在群众场面的和谐上。至于作为解释者的导演和作为镜子的导演，却是叫人看不见的。这两种已经沉没到演员的身子里了。我总是喜欢说我心爱的一个观点，那就是：导演必须死在演员的"创造力"里。无论导演教给演员多少，或者教得多么丰富，其结果总是导演把整个角色最细微的地方都演了，给演员留下的只有模仿和把导演所教的整个东西变质到自己的身上。总而言之，无论导演的工作多么深刻而丰富地启发了演员的创造力，都是绝对不能使人看出一点痕迹来的。等到演员自己都忘了从导演这里收到过什么，而已经把它们化在一切受导演指示的生命中的时候，这样的导演自会得到他的报偿的。

"一颗麦粒除非落在土里死去，永远只是一粒种子；可是，它若是死了，却带来很多的果实。"

《圣经》上的这一句话，可以全部而又非常深刻地适用于导演与演员的联合创作。假使，演员仅仅把导演给他指示的东西很好地记住，既没有深入了解这些指示，又没有把它们变成自己情感里面的实在的东西，而只是想着去表演，那么，导演的这种指示依旧是一种散光，并没有和形象汇聚起来。种子依旧是种子，它并没有腐烂掉。这种情况常常会使人产生一种想法：导演的指示是一件有害的事情。但从另一方面来说，如果导演的指示"掉进"（我这样说吧）演员的心灵之中，种子落到肥沃的土壤里去，那么，它就会在那里激起意想不到的，因而也非常可贵的反应，会在演员的情绪和想象里引起新的、他所独有的形象。这些形象就进入了他的表演，而种子本身——导演指示的本身——也就死而复活了。

要做到这一点，导演就必须具备做演员的潜在能力，这难道还需要说吗？从本质上讲，导演本身必须是一个修养高深的、多才多能的演员。如果比我们更早的一些导演——如亚布洛奇金、阿格拉莫夫——也像我似的没有继续做演员的话，那么，很明显地，是我们的外形表现力的缺乏和我们对自己的极高要求妨碍了我们，而不是因为我们缺乏演员的实质。

导演是一面镜子。导演最重要的才能是觉察演员的个性；在工作过程中不间断地注意剧作家和导演的意向是如何反映在演员身上的，观察哪一点对他适合，哪一点对他不适合；注意演员的想象力和愿望会把他带到什么方向去，还懂得他在什么限度内能坚持完成某种任务。同时，导演还必须掌握演员的意志，并加以引导，而不是叫演员感到被强迫；应该善于有爱心地、友善地，而不是侮辱性地提出暗示："你怎么这样做呢？原来你想这样做吗？"这是为了叫演员亲眼看到自己，就像在照镜子一样。

作为组织者的导演，要把演出的一切因素都掌握在自己的领域中，而使演员的创造性占居第一重要的地位，使演员和装置一同浸入一个和谐的整体里。在这样的组织工作上，导演是极权的。而当他必须重视演员的个性时，他又是演员的仆人。不但如此，他还得使自己适应舞台装置者的个性特点，还得经常估计剧场管理上的要求。那么，在最后的总结中，他才会成为演出的真正支配者。在这里，他的特别重要的一个品质，就是善于把零碎的东西，整个戏的每景、每幕……"贴补起来"。

§ 于是，新旧剧场的最重要的区别就可以从这里看出来了。我们的剧场里只有一个意志在统治，演出里只渗透着一种精神。而在旧型剧场里，一直到今天，还笼罩着充满分歧的各种方向不同的力量。如果一个导演能够意识到组成演出的一切因素的真正内在本质，又能把剧作者和演员融合在一起，那，他就算是成功了。如果他没有意识到这些构成因素的本质，自己陷在里面弄不清楚，以致把整个戏剧破裂成若干离心的独立因素，那么，即或里面有一些精彩的片段，可是总的看来整个戏剧本身不调和，那就是失败。§

四

后来，当斯坦尼斯拉夫斯基把他导演的注意力从外向内移转了之后，他就和他的左右臂苏列尔日茨基忙于为演员的创造性本质寻求一个确切的定义去了。而所谓的斯坦尼斯拉夫斯基"体系"，也在这个时候才有了概略。在这个体系里边，出现了他现在著名的名词"贯串动作"。这恰恰解答了我早先提出的问题：演员的气质应该向哪里引导呢？那么，我们所说的进入一出戏或一个角色的深在本质中，现在也可以用"种子"两个字来解说了，特别是某一场戏的种子、某一片段的种子。

一个角色的性格必须在排演中经过许多次半学究性的讨论，才能够形成。在目前，我和我的演员们在排演的工作里有着几个具体的原则："空气"，意思是，某一场戏必须完成在某一种空气中；规定人物的"生理上的自我感觉"，如快活的、烦恼的、生病的、恍惚的、懒惰的、冷的、热的，等等；"性格化造型"，如一个官吏、一个女演员、一个交际花、一个女电报员、一个音乐家，等等；此外，还有整个演出的"风格"，如英雄式的、荷马式的、历史剧的、喜剧的、闹剧的、抒情的，等等。

但是，排演工作中最重要的领域，正是契诃夫第一个偶然发现的。你们还记得我提到过的在彼得堡排演《海鸥》的情形吗？在那里排演这出戏的时候，契诃夫说过："演员们表演得过多了。如果他们演得再像现实生活一点就好了。"这句话，正说到我们的剧场的演员和旧型剧场的演员之间的最重大的不同点上。旧型剧场的演员，或者只表演情感，如爱、妒、恨、乐，等等；或者只表演字句,在剧本上重要的句子下边都划上线,然后把这些划了线的句子强调地读出来;或者只表演一段可笑的或有戏剧性的剧情;或者只表演一种心情或生理上的自我感觉。总而言之,旧型演员一登上舞台,在每一个刹那都必然要表演一点东西,都必然要代表一点东西。然而,我们对演员的要求正是不要他表演任何东西——断然不要表演任何东西:也不要表演感觉,也不要表演心情,也不要表演剧情,也不要表演字句,也不要表演风格,也不要表演心象。所有这些,都应当由演员的个性中自动地发出来。要使演员能自发,就必须先把他的个性从刻板化的形式束缚中解放出来,必须先从他的整个"神经组织"(就是斯佩兰斯基教授近来所说的"营养神经")里把个性唤起来。

在我们看来,演员的想象力、遗传性以及在精神错乱的一刹那所表现出来的超出意识的一切,都产生于他自己的个性。所以,排演时最重要的事情,就是如何把演员个性中的各种特点启发出来。那时候我们只是感觉到,而现在我们知道了他们这个唯一重要的刹那就是:必须在熟读角色的台词和生活在角色里的时候,把作家的字句完全变成演员的话;即是说,如果我可以重复前边所论到的对导演的意见——剧作者也必须消失在演员的个性里。

§ 因为当你看过一出戏以后,你最终必须不但忘了导演,也还得忘了剧作家,你必须整个受到演员的支配。演员可以使你满意,也可以使你痛苦。戏里是演员在说话,不是导演在说话,也不是剧作家在说话。只是,剧作家和导演死而复生在演员身上了,恰如演员从孩提一直到演出前夕的整个人生所经历的无数观察与印象都死而复生在舞台上的自己身上一样。虽然一生中以往的事情都好像早已死亡了一样，可是，一处于舞台表演的压力下，一切就都会复活起来了。§

在所有最初的那些年代里，斯坦尼斯拉夫斯基在演员创造的一切因素中非常注意所谓"性格化造型"，即显示在外部的性格特征。这就使我们的演员和旧型剧院的演员有着最鲜明的区别，并且使我们的演员更接近纯朴和更有生气。这种性格化造型的探索要花费许多时间。而我记得，在排演《聪明误》的第三幕的时候，我们特别要使排演看起来达到这个地步，以至博博雷金跟我轻声地说：

"别人看见我们，真以为这是疯人院呢。"

在契诃夫的戏剧里，这样做是有帮助的，可是，要非常小心：一方面不要使舞台上显得庸俗了，另一方面又不要减弱了契诃夫式的抒情。

五

在我们的排演里，另外还更有一种力量、一种巨大而有结合性的力量，那就是热情：献身于事业的热情，献身于工作本身的热情；一点虚荣心也没有，每个人都拥有同一个强大的信念。我忽然想起我们的演员当中曾经有一个人，他不愿意屈服于共同的热情，而只用他自己的办法去处理所分派到的角色，他甚至毫不掩饰地对戏剧家契诃夫所用的新方法表示出讽刺的态度。虽然他自己的方法也能适于派给他的角色，可是，我没有十分迟疑就换了别人。我在契诃夫博物馆里所找到的我的来信中有以下一封：

亲爱的安东·巴甫洛维奇！

今天进行了两次《海鸥》的读词排演。如果你能不现形影地来到场里看一看，够多么好啊！你知道为什么吗？……你一定会马上开始写一个新剧本的！

你要是在场的话，一定可以亲眼见证，这里有怎样一种与日俱增而又吸引人的兴趣，有怎样一种深刻的默想，有怎样多的解释和专心致志的研究。你会觉得，至少今天这一天，就已经可以使你陷入自赞的境界中了。

今天我赞扬你的天才，赞扬你的灵魂的细致和敏感，赞扬得都几乎过了分。

你的剧本的排演正在润饰的过程中。我们正在试验《海鸥》演起来所应有的那些音调，或者说得更准确一点，那些半音程。我们正在讨论，用什么方法把你的剧本搬上舞台，才能使它像抓住了我们一样地抓住观众……

严肃地对你说，如果我们的剧场能立稳的话，那么，你既然送给过我们《海鸥》《万尼亚舅舅》和《伊凡诺夫》这样的礼物，就必须再给我们写一个戏。

我从来没有像今天这样赞美过你的戏，这是因为今天必须探讨到你的剧本的最深处。

六

过了两三个星期，斯坦尼斯拉夫斯基才把导演设计从村子里寄送给我们。这是按幕设计的，很大胆，和观众所习见的任何一种都不同，比那些都要活生生得多。基本上讲，斯坦尼斯拉夫斯基并没有感觉到契诃夫式的抒情。可是，契诃夫所想象出的情景，却促使他运用了真实生活中最适合的片段。他很精到地把握住了那种乡下田舍里长日恹恹的情调，把握住了人物之间的半歇斯底里式的激动、来临与别离的各种图画、秋天的黄昏，而且巧妙地把每幕的过程中都填满了适于剧中人物所特有的琐碎细节。

在导演斯坦尼斯拉夫斯基所创造的环境中，最重要的一个因素恰恰是这些琐碎细节的运用。这些细节不但占据观众的注意力，帮忙赋予演出一个真实的情调，而且，更要紧的是对演员也极有用处。在旧型剧场里，演员最大的不幸也许是他觉得自己整个人全然处在现时间与现空间之外，事实也确是这样。斯坦尼斯拉夫斯基的导演特点，就是对契诃夫的要求所做的初步回应，不过，这里边还缺少作家的神味的馨香。斯坦尼斯拉夫斯基对这些细节的运用常常表现为一种第一流的自然主义、左拉主义，至少有巴黎安托万剧院①或者柏林莱因哈特剧院②的精神。可是，这些东西在俄国还是第一次在舞台上出现，比如：火柴和黑暗中香烟的红火头，阿尔卡基娜口袋里的香粉、索林穿的格子花纹呢衣、一把梳子、大型的纽扣、洗手、大口吞水，等等。此外还有无限

---

① 指安德烈·安托万创立的自由剧院。——译注
② 指马克斯·莱因哈特主持的德意志剧院。——编注

这样的例子。演员必须训练到把这些东西记住，又必须使他们的语言达到听来简单易懂的效果。后来大约在七八年之内，斯坦尼斯拉夫斯基对这些东西起了一个反动之意，与这些完全是矛盾的。不过，到了现在，他就又建议大量地运用这些细节了，甚至不惜采用日常生活中的颜色。他像一切革新者一样走向了极端。所幸，他所运用的东西都要经过我的职权，因而在我的地位，我正可以把似乎有问题的或者肤浅的东西替他剔除出去。

一年以后，在他导演的《万尼亚舅舅》里，他要演员蒙起头来躲避蚊子，把火炉后边蟋蟀的唧唧声特别强调起来。因为这些，戏剧批评界都极力指责艺术剧院。就连契诃夫也都一半开玩笑一半当真地说："我要在写下一个剧本的时候规定一个戒条：戏剧故事发生的地点必须既没有蚊子，又没有蟋蟀，也没有任何叫得足以妨碍人类谈话的虫子。"然而，直到目前，这些东西还是有很大很大用处的。

我们另外还有一项重要的舞台改革，就是对停顿的使用。这一点又是和契诃夫戏剧的本质相近的，在他所写的任何剧本里，每一页都有两三个停顿。

"停顿"在艺术剧院的艺术成就上占着一个重要的位置。愈接近生活，愈可以免除旧型剧场所特有的那种滑溜无阻的"文学性的"流畅。我们在《海鸥》的导演设计上摸索着我们自己的方法：我们要用属于生活本身的那种最深沉的停顿，来表现一种刚刚所经历的纷扰的结束，来表现一次正在来临的情绪的爆发，或者，来暗示一种具有紧张力量的静默。

停顿不是说一个东西停止了生命，而是说正在经历一种有动力的紧张状态，有时候可以用足以强调情调的声音来表明，如工厂或汽船的汽笛声、一只小鸟的颤啭、一只猫头鹰的哀鸣、一辆轻便马车的经过，或者从远处传来的音乐声。随着岁月的流转，在艺术剧院里，停顿一天比一天用得多，多到成了艺术剧院所独有的一个特点了，多到有时候竟都令人烦厌甚至恼怒了。然而，在当时，大家却觉得这是新鲜的，是能惑人心目的。停顿的制造并不容易，必须经过坚忍而麻烦的研究：不但要做外在的研究，而且要做心理的研究。这种研究的目的，在于寻求如何使剧中各个人物的经验之间彼此和谐，而这些经验又如何与整个演出和谐。

契诃夫认为他的人物是和自然、天气及外在世界不可分割的，这，我已经强调过多少次了。

七

最后，帮助导演进行创造的第三个因素是一位艺术家：他不仅仅是一个装饰者，而且必须是一个地道的艺术家。我们在《海鸥》里所预期的布景的"奇伟"，是由西莫夫主要负责的。他是俄国绘画的写实派，就是所谓"巡回画派"（包括列宾、列维坦、瓦斯涅左夫、苏里科夫、波列诺夫等人）的嫡系。他是活跃的、热烈的，永远在微笑，他否认"不可能"这句话。在这位辉煌的"俄国人"的心目里，任何事情都是可能的，他很强烈地受了古俄国人和现代俄国人的两种性格的感染。

在《海鸥》的某一场演出里发生了一个意外。观众席里坐着一位母亲，带着一个五岁的小孩子。小孩子非要高声发表看戏的意见不可。虽然他扰了别人，可是大家看他那样有趣，也就原谅了他。他把舞台上的花园端详了很久，然后转脸向他的母亲说："妈妈！让我们走到那边的花园里去散散步吧！"

然而，还有更重要的一件事。我们给舞台上建立了一个新的灯光制度：和国立剧院所用的那种单调的照明截然不同，我们更能和时间配合起来，更能和真实发生接触。在这一方面，开头的时候我们做得太过分了。真的，有些时候，我们为求表现真实的时间，弄到舞台上黑得不但看不见演员们的脸，而且连他们的身子也都看不清楚了……

所有这些，现在都已经是老玩意了，可是，在当时却是非常新奇的东西。

第十章

一

秋天到了。普希金村的草舍冷得已经不能再住，我们用来排演的棚子里也没有生火，于是我们把排演移到莫斯科，在狩猎俱乐部里进行。若干年前，斯坦尼斯拉夫斯基的剧团就在这个俱乐部里演过戏。这个时候，《沙皇费奥多尔·伊万诺维奇》经过讨论的阶段，早已经开始在台上排演了，这些次排演都是由萨宁在最困难的环境下领导的。观众厅正在重新油漆，脚光正在重新装设，观众席的椅子也都移开了，可是，至少后台还算干净、有秩序。

契诃夫就在这个九月里到了莫斯科。他是安详而不喜欢说话的。当一个人知道自己被某些人喜欢，又被某些人爱戴，甚至更被另外某些人崇拜为偶像的时候，一定会有一种微笑着的平静心情："我很了解你，我并不讨厌你，我们待在一起是挺不错的。"他小心翼翼地咳嗽着。

我把《海鸥》的片段排给他看，不用布景，不用服装，只用简单的方法。演员们会见他的情形我不记得了。可是，这里有一段克尼碧尔的回忆：

> 直到今天，我还什么都没有忘，连最小的细节也都还记得。像我们这些被丹钦科培养起来的人，是习以为常地怀着崇拜的心情说出契诃夫的名字的。当我们会到这位心爱的作家的时候，在我和这个新剧场的演员们的心里，那种极度缭乱的情形是很难用言语形容出来的。
>
> 那天晚上，当我第一次读到丹钦科的条子，说明天——九月九日——安东·巴甫洛维奇·契诃夫要到场来看《海鸥》的排演的时候，我完全被颤动的兴奋心情所占据，那是我永远不会忘记的……
>
> ……我们都被他的人格，他的单纯，他那种不会"教"、不会"指示"的稀有的敏感魔力所迷住。我们在他面前不知道如何说话了，也不知道说什么好了……他望着我们的时候，有时微笑着，有时忽然又摆出一副极严肃的神气，有时又显得很局促，可是总是把夹鼻眼镜取下来，用手捏着他的小下髯……他在回答某些问题时，似乎不知所措，不知怎样回答……

就在那些日子里，我带着他到一个正规剧场里去看全体演员穿了服装、全部布景搭了起来的《沙皇费奥多尔》的彩排。他坐在那所谓的导演包厢里，穿着一件浅色的外衣。剧场是冰冷的，也没有电气照明。我们用了一些我不知道从哪里来的蜡烛、蜡烛头和煤油灯。在夏天，这个剧场总是演喜剧——我得附带说明，这个剧场大部分时间是靠附设的茶室来维持的。我的书室所占的那间屋子渗透着葡萄酒的味道，我们不知道怎样才可以消灭这味道。虽然如此，这次彩排仍然给了契诃夫一个精彩的印象。他马上称赞这台演出的高雅文化气息。但是，就他在可能的范围内所表现出来的热衷来看，他对克尼碧尔是特别热衷的。

二

当时，演出都有一般人所称的"主办"，那么，我们的剧场在什么"主办"之下开幕呢？观众对我们这个剧场表示出什么态度呢？

一个人之于另外一个人，就等于一头狼。

自然，关于我们的剧场的传言，早就流行在社会上了，可是报纸上却有的保持沉默，有的只发表了一些短短的文章，有一篇竟这样结论：

"这一切，难道不都是那个富商兼业余剧人斯坦尼斯拉夫斯基和迷了心窍的文学家丹钦科——两个天真的成人——的幻梦吗？"大多数的报纸都沉默。这里必须叙述一件事：俄国报纸在某一点上是绝对像法国报纸的，即它的戏剧栏的稿子可以用钱来买"发表"。我当时立刻对报纸批评家们采取了一种态度——我认为自己这种态度是对的——我一点也不去巴结他们。甚至我也不效仿私人剧场给批评家们保留固定的座位，我只送给每个编辑一张第一场演出的戏票。总而言之，是不能希望从新闻这个角落里得到支持的。在编辑部圣地里,他们的态度不是坦白的敌对,便是明显的嘲笑。一般说来,我并没有怀恨在心,就是到了现在,斯坦尼斯拉夫斯基在他的书里所提到的、我在《艺术剧院史》里也读到的那个小册子的内容,我也还想不起来呢。

他们是什么人,把他们赶到什么地方去,这一片叫嚣究竟有什么用呢?

回答是:

我们莫斯科的士绅,正在埋葬墨尔波墨涅①的尸体。

§艺术的定律,对于我,丝毫不足重轻,
我发明了自己的原则来替代它们,
我是与传统斗不倦的敌人;
任由演员遭受灾祸,舞台沉沦——
没有东西可以拘束我,我只一意孤行,
我是一个十足的"士绅"。

在这个时候,孙巴托夫有一出戏风行一时,名叫《士绅》,主角是一个愚蠢的商人。小册子里的典故就是由这里来的。§
你们以为这是个人的敌人吗?一点也不是。写这本小册子

---

① 墨尔波墨涅,希腊神话里的女神,司悲剧艺术。——译注

的，是一个作为律师的大评论家，是我们这里一些优秀报纸的合伙人。

这种冷嘲热骂的情绪显然劲头十足，因为正如《艺术剧院史》里所说的一样§，这个抨击文件印行的数量很大，而且散播得很广§。

另外还有一些戏剧爱好者，他们的态度可以这样描述："好啊，好啊！咱们看着吧！如果你们打胜了仗，那很好哇；不然的话，还是请自动滚开吧！"

也有些旧型剧场的朋友一想到有一个新剧场不久就要开幕，并且要和著名的莫斯科小剧院竞赛，就先已恼怒了。

不论是这种人，不论是那种人，也不论是第三种人，当然，他们都曾经预言我们的短命。"你们已经和你们的钱告别了。"他们对作为我们股东的音乐学校的董事们这样说。董事们大多数都虚伪地回答说："不过，我没有搭上多少。我只给了两千，而这个数目也还是出于客气。"所以，我们只能在青年当中等待朋友了。

甚至赞美我们以往活动的人，在准备支持我们的同时，也都小心提防起来。

三

我们决然地确定十月十四日（旧历）为我们的开幕日。这个日期是由一个吉卜赛妇人所选定的。我从来不耽溺于迷信，也不信"上天的定数"。可是，再没有什么地方比剧场里的迷信力量统治得更强的了。剧场的各种环境和整个活动都是这么组成的，使人不得不屈服于迷信。要把我们经验里的那些无数的例子都一一计算出来，简直超出我的能力。比如，有一位作曲家布拉兰贝格——也是《俄国公报》的编辑之一——他在自己的音乐活动里拼了死命，可是依然不走红运。他写过歌剧《勃艮第的玛丽》的曲子，这出戏在莫斯科大剧院演了三场就移到别处去演了，因为每演一场必要发生一次不幸的事故。第一次是大幕脱落了，第二次是提词人死了，第三次是另外发生了一点什么事情。

格涅季奇是我前边提过的，有一次，他写了一篇独幕剧，名叫《恶劣的天气》。这出戏一点也不坏，可是，在彼得堡开演的时候，还没有等到大幕拉开，演主角的斯沃博金就死在景片的后边了。这一出戏也就再没有人要了。后来，我想在我的学校里演出它，可是，在排戏的时候，主要女演员的兄弟又遭了惨死。许多年以后，我偶然问我们的一个女演员穆拉托娃（她那时正担任艺术剧院的学校的工作）："你现在打算排什么戏呢？"她回答说："我刚刚把格涅季奇的《恶劣的天气》的台词分别发给学生们。你知道，这是一出很好的戏。"我不自主地喊出声来，不过立刻又大笑了。自然，我没有解释我为什么叫起来。可是，这一回，这出戏又没有继续排下去，因为，事实是穆拉托娃本人死了。

在我们演出梅特林克的《无形的来客》的时候，从一开始，一切就不顺利，那出戏也没有成功。每演一场，总有一点事情发生：或者大幕不肯闭拢，或者防火幕崩脱，或者替补女主角的演员病得很危险。演员们于是就哀求我放弃这出戏。

我生了一个念头，想演出《浮士德》，想让斯坦尼斯拉夫斯基演魔鬼那个角色。斯坦尼斯拉夫斯基微微笑了一笑，耸了耸肩，说："可是我告诉你，我以前有很多次要演魔鬼来着，然而我每试一次，家里就必然发生一件不幸的事。"

一个著名的女演员得了一个"凶煞"的名声，所有剧场里的人就都躲避着她。

我们的演员里，在这一方面特别敏感的是维什涅夫斯基。在我们那位显赫的女演员萨维茨卡娅的死信传到的时候，我听见他在剧场前廊上说："你们看，是不是！我对你们说什么来着？丹钦科把驾着一匹白马的马车赶进了她家的院子里。我告诉过你们，一定会发生些什么事的！"

我们剧场的地主休金是一位心地单纯的商人，他连老鼠都不肯伤害，怕会遭到报应。他带了一个吉卜赛女人到我这里来，要她给我预言一下剧场应该在哪一天开幕才好。为了回应我的玩笑口气，他拍拍我的肩说："相信我，不要只管'热情'，这里面是有不可知数的。"那个吉卜赛女人给了我一张单子，上边列着她所称的有"决定性"的日子，意思就是危险和冒险的日子。于是她说："在你开创一桩大生意的时候，你要记住这个：要选择一个'不确切的日子'，正像那张单子上所开的一样。"她这话的意思是要我晓得，既不应该是星期六，又不该是星期日，也不该是星期一。"你要选一个中间的数字。"即是说，不是五号，不是十号，不是十五号。所以休金帮着我给开幕日选了一个礼拜三，十月十四日。而也真奇怪，多少年以后，我们才发现：原来，莫斯科小剧院在七十四年以前的开幕日也是十月十四日，星期三。

四

如此，十月十四日（公历二十七日），这个"艺术兼容剧院"就开幕了。《沙皇费奥多尔》得到大大的成功。说句笑话，这出被禁演了三十年的俄国悲剧，对于常看戏的观众依然是一出新戏。戏连续演了下去：莫斯克温昨天还被人漠视，而现在已经享有了"大名望"。崇拜我们的人胜利了，一向敌对的、对我们嗤之以鼻的声音都被压下去了。实际上呢，在各种角落里，他们还在扬言："你觉得那花园的布景如何？花园正沿着脚光把视线全遮住了！那不是足以毁害演员的吗？嘿，我们几乎看不见台上的人了！"又有些人说："台上暗成什么样子了！……卫士戴的是什么帽子啊！……古俄国贵族穿的袖子有多么长啊！……这难道不掩住了演员的创造力吗？""这都是模仿迈宁根剧团的，此外什么也没有了！""尽是些考古上的细节，在各博物馆里下过多少搜索的功夫！"

另一方面，和这些鸣不平者并立的，恰又是一些对设计和服装的"生动"热衷的人，并且还有些人对这些考古的细节表示狂热。主要的原因是，这出戏很能引人兴奋，尤其是最后一幕，更是深刻动人。

在报纸上，我们也得到了成功。然而批评家们还在约束着自己，这就等于说："让我们再等一等，看看以后的戏怎么样再说。"

"艺术兼容剧院"开幕了，可是艺术剧院还没有诞生。这个新的名字似乎已经风传全城，可是这个新的名字还没有被人叫出来。有不多的一些人，他们过于急切地想望着它，以至认为它已经被人叫响了。还有一种情况，正如同德国人所说的"愿望为思想之母"。§但是，究竟有没有一种特别的、由真正叫响了的新名字所引起的复活的钟声呢？究竟有没有对广阔的、远大的前程的推测呢？这是没有的，所有的似乎是旧事物的某种校正品。华丽的外表的刷新并没有把剧场的根深蒂固的实质炸毁。成绩是有的，戏也赚了不少的钱，但是，并没有新剧场已经产生了的感觉。它后来是在毫不浮华、极其朴素的环境中诞生的。§事实上是这样，演出只存在于表演的当时，观众的兴奋在当夜了结。演出只愉悦了人们的耳目，可是这种愉悦正如走马看花一样，很快就溜走了。这出戏满座，这一点确是一个成功，可是，这台演出还缺少一种使人觉得一个新剧场确已诞生的感觉。这个新剧场是在以后，在一个毫无壮观的仪式又远更为简朴的情景之下才诞生的。

而我们的黑暗的日子很快就降临了！多么快呀！我们几乎没有得到充分享受初次成功的时间。除了《沙皇费奥多尔》以外，没有一台演出能吸引观众。我既是经理兼大管家，就有很多得去料理的自己责任内的事情；我们的行政组织规模很小，一共只有三四个人。必须实行严格的节约，又必须料理很多正式场合、私人会晤以及内部事务。斯坦尼斯拉夫斯基就带着助手们在舞台上挣扎，我记得他那时都暂时不去照顾他的工厂了。他的肩上担负着一台《威尼斯商人》的新的演出和他的剧团的几出名剧的重演，而且他还得充当演员……为了这一切工作，所有股东投入的款项——两万八千卢布——一下子连影子都不见了。大家只能靠票款收入来维持生活,并且渐渐地背上了新的债务。在一个很长的时期内,我无法享受创造性工作的愉快,无法享受这"贼也偷不走、虫子也蛀不坏的"精神世界的愉快。

《威尼斯商人》遭遇了彻底的失败。

演出里有不少十分美丽的片段,确足以证实我们自称为"艺术"剧院的勇气。演出里确有不少美丽而独创的地方。如果是在一个业余的圈子里演给有限的一群具有艺术敏感性的人看,观众的兴趣一定大得多。可是,正如托尔斯泰在一本什么书里所说的:"艺术的精妙和它的演出效果永远是正相反的。"

斯坦尼斯拉夫斯基在这出戏里做了一个使人吃惊的自然主义的实验,他叫夏洛克说话的腔调里带着犹太口音。一般行家观众都拒绝接受这个:什么,莎士比亚的戏里的一个角色竟然——带着口音!喜爱新奇的人反而很能欣赏,可是,大多数人认为,从这出悲剧的深刻观念上讲,这是一种亵渎神圣之举。

我们呢,自然以"观众什么都不懂"这个念头来安慰自己。

你们要知道,世界上再没有一个地方像我们这里,对艺术与观众之间的关系持有这样一种具体化的看法。比如,在美国人看来,这个问题就很简单。成功——就等于一切。"你,先生,你得了好机会,却不善于运用这个机会,你马上就错过火车了。再见吧!祝你好运气!"但是,你当初怀抱着些什么志向,那些志向现在为什么没有完全实现——这,就没有一个人感兴趣了。再见吧!

然而,很容易在我们当中遇到一些诗人、艺术家、作家和编剧家,他们在得不到成功的时候,不但不替那个处境惋惜,反而时常引以为骄傲。这不是因为他（和他的家庭）把他自己看得这么高，而是因为对艺术最敏感的欣赏者们在每种地步上都会说："观众什么也不懂！""你知道怎样欣赏天才吗？""天才没有得到成功，是因为它是新的、独创的，而群众只爱庸俗的。""观众还没有被教养得够上这个程度。"因此，也就产生了许多流行的谚语，诸如："什么是光荣？光荣只是一声空响。""朋友，你只管判断吧，可是你那判断力也不会比靴筒子高。"……

不错，观众确是在死咬住他们心爱的平凡与陈腐不肯放，就像鱼咬住了钓钩上的鱼虫一样；不错，观众是容易受到被艺术家的严格的纯艺术观念所禁止的许多效果的影响；不错，有很多东西确是很久很久都没有被观众所接受。然而，纵然有这一切事实，我也永远不会忘记我在前几章里提到过的那位批评家弗廖罗夫的话："永远不要指责观众。"是的，观众确是一次又一次地不能赏识某些明珠的价值，然而，他们之所以不能热情起来，是被戏剧讨人厌的结尾、戏剧中间不成功的瞬息以及听起来讨人厌的道德说教浇冷了。所以，演出失败的罪过，你不要从观众身上去找，你得从演员、从剧作家、从导演的身上去找。必是他们中间有一个在创造一个角色时，没有意识到任何共鸣，没有注意到剧场里边的观众的心情。我一向认为，说演戏失败是由于观众不能了解，这是欺骗自己的事。坦率地说，在我的职业生涯中，无论是作为剧作家或者作为导演，我失败过不止一次，可是，无论我如何谦逊，我也必须说，我不记得曾经有一次有权利把我自己的失败归咎到观众身上去。

五

无论这件事情是怎样发生的吧，反正我们在剧目里失掉了一只最高音的喇叭总是事实。我们于是不得不期望霍普特曼那出半写实半幻想情调的、动人的剧本《汉内莱》能成功了：斯坦尼斯拉夫斯基在几年以前就已经演出过它，现在又把它用另外一整个新设计来重排。就在这个时候，我们遭遇到艺术剧院历史上最痛苦的一段变故。这件事情值得详细说一说。

《汉内莱》的第一种翻译本是被禁止在舞台上演出的。那个时候同时存在着两种审查制，所以，有的剧本可以印行，但是不准上演。这本戏剧被禁演的主要理由，是戏中那个可怜的少女汉内莱，梦见救了她的那个乡下教员竟变成了耶稣的样子。不久，又有了第二种译本，比较适合俄国舞台，审查当局也批准演出。我们用的就是这第二种译本。那么，我们在审查方面是不用担心的了。可是，忽然间，在最后总排的前一晚，我从警察局长特列波夫那里接到一个命令，叫我把这出戏从我们的剧目中除掉。这是怎么一回事？我打听明白，原来这出戏被禁止，是因为莫斯科总主教弗拉基米尔提出了抗议。我们也没有把这件事情的首尾摸清，就设法去找一个和总主教会见的机会，约好了之后，就匆匆忙忙地跑到他那里去拜见他。他那里，地板和墙壁都干净得一尘不染。我从窗口瞥见，外面的那些小路上来往着僧院里的人物。此外，到处还有香料和丝柏的芬馥味道，任何东西上都印记着森严的简单。立刻就出来见我们的，是一个高高的、干冷的、带着苦修神色的、令人生敬的人物。他手里拿着一本小书——第一种翻译本的《汉内莱》。我们立刻就懂了症结所在。他很柔和地可是也很严厉地说着如何不可能叫耶稣在舞台上出现，如何不可能叫某一类句子被读出来——一边说着，一边从手里拿着的那一本书里引证句子。有好几次，我用尽了方法想打断他的话头，好向他指明他目前误会的根源，即是说，我们所要演出的不是这一个译本。他手里这一个译本——到后来我才打听出来——原来是一个在报馆里做事的告发者成心送给他的。我们想让他了解，事实上，我们所用的是得到上演许可的本子，而且这个本子我们就带在身边。可是总主教不许人插嘴，甚至开始发怒。最后，好容易我们才得到一个机会来向他解释这个误会。最使我们难堪的，是他不但没有明了我们的意思，脾气反而发得更大了。

"这个版本上明明印着审查许可的，你们怎么能又说它是被禁的呢？"

我回答说："总主教阁下，这里有两种不同的审查——一种是管印行的，另一种是管剧场演出的。你这个版本是只许可出版的，而我们这个另外的版本是许可在舞台上演出的。

他打断我的话说："这里清清楚楚写着'许可'两个字，你说这是什么意思？那，怎么会许可，如果……"到这里，他又把方才指责《汉内莱》的话重复了一遍。

我们愈费了力气向他解释他那最简单的误会，他的脾气发得就愈凶。这就明白了，他把我们看成了投机者，看成了罪恶圈子里的人物。他站了起来，暗示我们，他的召见完毕了。

斯坦尼斯拉夫斯基和我心里受到非常大的震动，离开了总主教的面前。使我们震动的不全是我们的失败，更多的是我们想到：一个民间组织的剧场和宗教的最高代表之间，有多么深的一道鸿沟！这道鸿沟深得使人与人之间不能了解。我们方才在总主教面前发表意见的时候，担着一切小心，怕说错了话，现在走出来了，只有我们自己了，嘴皮子上竟禁不住不断地说着一个"混"字。

好啦，这，我们可怎么办呢？

斯塔霍维奇替我们跟大公爵安排了一个会见。大公爵一听我们的话，马上什么都明白了。不过，他不但对我们一点也没有鼓励，而且不断神经质地搓着他的手掌，仿佛要把过盛腾沸的不快感觉很艰难地镇压下去似的。"我尽力而为吧，可是我预先警告你们：这恐怕是很难的。"

我们诧异地问：

"这有什么难呢，大人？只要向总主教把误会的真相解释清楚就得了。"

"我尽力而为吧。"大公爵只简短地回答了这么一句，就又陷入沉默了。神秘的沉默。

而，他没有办法：也许真没有办法，也许是他不愿意触怒总主教。这件事情于是搁浅了。《汉内莱》就因为这小小的一点误会，竟被从我们的剧目里摘除了，所有我们下在这出戏上边的苦功夫也都付之流水了。

六

另外还有一个奇特的变故，是很久以后才发生的。我觉得没有较适当的机会说，所以也在这里附带叙述一下。除了现行的出版和演出两道审查以外，另外还有一道教堂的审查。艺术剧院打主意要演王尔德的《莎乐美》和拜伦的《该隐》。剧本审查以及演出审查的许可都已经得到了，可是他们警告我们，说这两个剧本情形特殊，是绝对必须得到教堂审查处的许可的。这件事于是就呈请到了最高宗教机关——神圣宗教会议。那里就把两个剧本都给禁止了。我用尽了所能用的一切方法。这个时候，我们在人事上已经得到一次大的成功，在彼得堡已经有了些重要的关系。我们努力的结果，是终于得到这次反对这两个剧本演出的主角人物——格鲁吉亚督主教——的召见。他也像总主教一样，用一种带怒气的调子说："你们提议要做的是怎么一回事？要在舞台上举行牺牲祭礼吗？这祭礼是向谁祭的？向上帝吗？如果是为了祭上帝，你们提议把谁送上舞台呢？亚当吗？只有亚当是算在神圣之列的！还有亚伯。你们不知道亚伯在群圣的秩序上是比亚当高两级的吗？"

如此，就不准我们演《该隐》，也不准演《莎乐美》了。

还有一件意外的事，在精神上和总主教那件是一样的。

我们演出了安德列耶夫的《诅咒》。戏中的主要人物里有一个老犹太人莱泽尔（由维什涅夫斯基扮演），是个理想的忠厚好人；此外还有魔鬼撒旦（由卡恰洛夫扮演），伪装成一个陌生人，来嘲讽莱泽尔的忠厚。这出戏得到巨大的成功。我们在请求审查许可上并没有遭遇到烦恼。不过，有一天，我接到彼得堡审查总部部长贝尔加德拍来的一封电报，要我在《诅咒》的下一场演出里给他留一个座位。贝尔加德在一个审查当局所可能的范围之内对我们一向是很袒护的。

他到了。他眼盯着舞台。那晚是第三十几场。幕间休息的时候,他坐在我的办公室里,用一种怀疑而审慎的态度问我:

"请告诉我……维什涅夫斯基把化装改过了吗?"

我不明白他问这句话的意思。

"我的意思是,他在以前那些场里,化装是不是和今天晚上不同?"

我耸了耸肩。他这个念头是从哪里来的呢?

所幸,我的书桌上放着一堆演出的照片——有的是场面的,有的是演员的。

看吧!这些照片都是彩排的时候拍的,从那以后就没有改过。

"这就奇怪了!"贝尔加德一边研究着照片,一边说,"我告诉你是怎么一回事吧。几天以前,波别多诺斯采夫要我来看看这出戏,他强烈非难我说:莫斯科是怎么一回事?希林斯基-希赫马多夫刚刚从莫斯科回来,人都气坏了。他说,艺术剧院把耶稣呈现在舞台上!!是维什涅夫斯基在《诅咒》那出戏里扮演的。这就是我亲自跑到莫斯科来调查的缘故。"

希赫马多夫在贵族里是一个重要的人物,和内廷的圈子很亲近。

我没有别的办法,只有哈哈大笑这些以耳代目的传言人。贝尔加德坐在剧场里看完了一整出戏,走到后台去找维什涅夫斯基和卡恰洛夫谈话,谈过之后,他表示十分满意。他离开莫斯科的时候还向我们表示他感到欣慰,不过也有恨恨的感觉,说他回去要揭露希赫马多夫的造谣,并且要向波别多诺斯采夫报复当初所屈受的非难。

可是,三天以后,我们接到一道禁令,以后不许再演《诅咒》。

我的一切努力和去彼得堡的奔走,都归于无效。因此,只有不再演《诅咒》之一途了。

七

在这个时候,我们想使我们的剧场成为民众的剧场的原意走歪了路子。我前边说过,我们怎样和人民娱乐协会讲妥,答应给工人看日场演出。我知道还有第四种审查制度——是为平民演出而设的!可是,我觉得我们这种日场演出既然有教育部的赞助,是不会遭到反对的。然而,看看吧!有一天,我被传到警察局长特列波夫的面前。他就是后来在一月九日(公历二十二日)彼得堡工人游行到皇宫向沙皇尼古拉二世请愿,结果演变成现今历史上著名的可耻的屠杀事件那天高喊"不要节省子弹!",因而生涯辉煌的那一个著名的特列波夫。

"你当然知道,对平民演出还有一道特别的审查吧?"特列波夫问我。"知道,但是,这不是正式的平民演出,因为既不是在工厂里演,又不是在乡村里演,而是在都市的正中心。"我抗议道。"虽是这么说,"他回答我,"人民娱乐协会把剧场的这一半让给一个工厂,把另一半让给另一个工厂,这是事实。这简直就等于说,地点虽然不在工厂里边,而主体依然是工厂的工人。自然,你明白,我可以送你到法院去受审判的。不过,如果你从此停止这一类演出,我是可以宽恕你的。"

有人做了一个绝好的比拟:"群众的启蒙教育和沙皇的关系,恰如太阳和白雪:当太阳光线微弱的时候,白雪就闪着金刚石和红宝石的光辉;可是,太阳的光线一强烈,白雪就融化了。"

因此,我就怀着勉强压抑下去的愤慨回到家里,患起几乎令我窒息的咳嗽。到这个时候,我才明白,我们要和独裁着我们的命运的人去斗争,力量是多么微弱啊。我们不知道,我自己也不知道,用什么样的制动器才可以止住我们的这一辆剧场战车,使它不往下坡路上飞奔。售票处的订票数目继续减少着,我怎样再设法去借债呢——连我也不知道了。在契诃夫的四幕喜剧《海鸥》第一晚演出的前夕,我们剧场的局势就是这样的。事实上,我们的剧场,确是临于完全崩溃之境了。

第十一章

一

不但是参与《海鸥》的人们中间,就是整个剧场的空气中,也都充满了兴奋和骚动。这里有一种暴风雨正在迫近的感觉。年轻的剧场的整个存在,全靠着这一出戏了。在排演里,没有足以令人相信能成功的现象。要是照着以往的情形,不在戏里担任角色的演员们和剧场的友好们坐在观众席的昏暗中,等到某一场或某一幕演完,他们就忽然从座位上站起来,走到导演的桌子前表达一番热意。这些举动常常能鼓舞导演和演员,空气也就更加有刺激性了。可是,这一次,这一类情形竟连一点都没有——坐在观众席的昏黑里的人们默然听着,又默然走了。这里,只有一种非常紧张的状态,似乎没有一个人能大胆进行下一个预测。而且,契诃夫的妹妹玛丽亚·巴甫洛芙娜的到场,使得一般人的神经不安更加强烈了。契诃夫这个时候住在雅尔塔,他妹妹知道他是在紧张的心情下等待着这次演出。她又说,她哥哥会因为对我屈服而诅咒自己。她自己也感到极大的烦扰,因此,她的神经不安感染了全剧场的每一个人。她认识那些演员，努力从演员们身上找些鼓励，可是，没有得到一点安慰。她屡次恳求我不要再排下去，并提醒我当初的诺言——我当初说过，除非证实《海鸥》确有成功的把握，是不让它演出的。

在开演的前一天，虽然事实上彩排是很令人满意的，斯坦尼斯拉夫斯基却向我提出了一个等于是正式的要求：上演有展期的必要，戏有再排一排的必要。我回答说，在我看来，这出戏预备得够充分的了，我觉得展期也是没有什么用的。如果这出戏真的会失败的话，那么，现在从有形的方面讲，是一点可以挽救的办法也没有的了。

"那么，请把我的名字从戏单上除掉！"他说。

戏单上印的导演名字是我们两个人的。

我记不清是我把他说服了，还是我拒绝听从他的话，不过我没有取消他的署名。在《海鸥》初演的前夜，台上正在演着我记不起名字的一出戏，我走过景片后边的时候，正在那里踱来踱去的维什涅夫斯基走近我身边两次——看那样子他还想再多走过来几次。他每走近我时，就用舞台上的"气音"对我说：

"明天就要有一个大成功了！"

第二次走近的时候，他在胸前挥舞着拳头，说："丹钦科，相信我，明天这台上一定有一个巨大的成功！准的，巨大的成功！"

这是我所听到的唯一一个坚定的、鼓励的声音。这段短短的往事一直和许多不能忘记的大事一起，永远存在我的心中。

二

现在是十二月十七日（公历三十日）。剧场没有满座：契诃夫剧本的初演，竟没有上满了座。

一起首，第一幕的导演设计是很大胆的。照着剧作家的规定，台上应当有一条直路，被一座闭着幕的小舞台所横断——就是特里波列夫所写的戏等一会儿就要在上边演的那个舞台。等到小舞台的幕一拉开，我们的装置只有小舞台后边的月亮、湖水看得见。自然，在任何剧场里，演戏中戏的时候，一定要把台上观众的椅子设在台左或台右；而我们呢，把一条长椅子横放在台口，和脚光平行，而且放得离提示箱很近。椅子左边是一株残树，我们就叫玛莎坐在这残干上边。此外，左边还有一张凳子。台上的观众都坐在沿着脚光的长椅子上，个个背对着台下的观众。因为小舞台的幕还没有拉开（月亮在幕后），所以舞台上还是黑暗的。好了，舞台上这样的昏暗和椅子这样的放法，就足够被我们的敌人拿来当笑话寻开心了。而那些毫无成见的人，心里只是想来看一看表演的人，却领略了生活本身的简单的味道。等一会儿，月亮把一切都照明了。填满了舞台的那些装饰，表现着多么生动的一种夏季黄昏的情调。人影慢慢地动着，丝毫没有矫揉造作。一切都是简单的、慢慢的，因为舞台上所经历的整个生活都是简单的、柔韧的。说话的抑扬顿挫也是简单的，停顿的地方非但一点也不空虚，而且充满了这种生活的气息，充满了这个黄昏的气息。这些停顿表达出无言的感觉，是对人物的暗示，是生活里半音程的表现。舞台空气逐渐深刻，逐渐把全台融成了一个和谐的整体，变成了生活的音乐。多少不同的特点都是老观众们的耳朵所不习惯的，比如：玛莎闻鼻烟穿着黑色的衣服（"我给我的生活挂孝啊"）走来走去；每个人物都有一个主导旋律，每个人物的语言都完全是简单、清楚而又美丽的。这一切都慢慢地吸引了观众的注意，使观众不得不细听，因而，在不知不觉之间，观众就整个降服于他们面前的演出的魔力了。观众失掉了一切剧场的感觉，就好像这种简单、这个黄昏、这种半音程和这威服一切的情调的力量在观众身上施了一道符咒，而从演员喉咙里冲出来的隐痛的音符也把他们迷住了一样。舞台上有喜爱戏剧的文艺家们所梦恋的东西；他们现在从舞台上这些人物的简单的相互接触中看到的人生，是"真实"，不是做出来的戏。

契诃夫同情象征主义者，而特里波列夫无疑地受了这股当时相当流行的文学潮流的影响。

这出戏里最冒险的东西是妮娜的那一段独白。月亮照耀之下，一个悲哀的形体坐在石头上。从舞台上传来了什么呢？

"人，狮子，鹰和鹧鸪，长着犄角的鹿，鹅，蜘蛛，居住在水中的无言的鱼，海盘车，和一切肉眼所看不见的生灵——总之，一切生命，一切，一切，都在完成它们凄惨的变化历程之后绝迹了……到现在，大地已经有千万年不再负荷着任何一个活的东西了，可怜的月亮徒然点着它的明灯。草地上，清晨不再扬起鹭鸶的长鸣，菩提树里再也听不见小金虫的低吟了。只有寒冷、空虚、凄凉。……我孤独啊。每隔一百年，我才张嘴说话一次，可是，我的声音在空漠中凄凉地回响着，没有人听……而你们呢，惨白的火光啊，也不听听我的声音……"

这段独白在彼得堡演出的头一场里，曾经引起过观众的大笑，可是，在我们的演出里，就令人觉得这是一个渗透着诗人的抒情情调的东西，毫无疑义是恰当的、美丽的。这段独白只有在我们的演出里，才在深刻、紧张的静默中回响出来，抓住了人们的注意力。台下，这个时候，连一点微笑的影子都没有，也没有丝毫不舒服的暗示。然后，就是母子之间的痛苦的爆裂。接着，一场戏连着一场戏，这些人物愈与观众亲近，则他们的恼怒、半吞半吐、沉默等等，愈变得搅动人心，而观众灵魂深处被搅起的自身的不幸与惨痛也就愈有力量。到了幕尾，玛莎抑制着她的眼泪，对杜尔恩医生说，"帮助我，不然我会做出糊涂事来的，我会毁灭我的生命"，说完，就在长椅子旁边一下扑倒在地上，哭着。这个时候，一片镇遏了一切而又在颤动着的波浪卷扫了整个观众席。

幕落下了，剧场里发生了十年才能遇到一次的事情。幕一闭，一片沉静，无论台上台下，全是极端的静寂，好像所有的人都屏住了呼吸，好像没有一个人能十分了解这是怎么一回事。这是一场幻景吗？是一个梦吗？是一首曲调熟悉的悲歌吗？这是从哪里来的？从每个人的什么回忆中来的？台下的这种情调保持了很长的时间，长得令台上的人认为第一幕必是失败了，竟失败得连夹杂在观众里的朋友们也一个都不敢鼓掌了。令人神经错乱的沮丧心情抓住了演员，使演员差不多到了歇斯底里的程度。

可是，后来，观众席里忽然发生了一件事情：就像一个水闸爆开了一般，又像是一颗炸弹炸裂了似的——忽然间，一阵振聩耳鼓的轰轰烈烈的掌声从所有观众中间发出来，不分朋友与敌人。

我一向禁止大幕很快而且时常地因观众鼓掌而拉开，像"音乐咖啡馆"似的——为的是事后好夸耀每晚有若干次谢幕。因为这个，我们的大幕不马上就拉起，而等观众鼓掌到很长的时间才拉开。所以，这样的拉幕若是有两三次，就是一次极大成功的征候了。而这次，这样的拉幕却不下六次。然后，掌声忽然停止了，好像观众恐怕把他们刚刚的伟丽的经验给冲散了似的。

整出戏一直都保持着这种情形。人生用这样坦白而单纯的情调揭开，使观众觉得身临其境，并且几乎觉得在场很窘，不如藏在门后窃听或者从窗孔窥视好些。你们是知道的，这出戏里没有任何英雄色彩，没有暴风雨似的剧情，也没有可以启发同情而又足以供演员发挥天才的死灰般的点滴。这戏里没有别的，只有扰乱神经的幻觉和因接触无情的现实而破碎了的细致感觉。

第三幕得到惊人的成功，在妮娜和特里波列夫两人的结尾一场和伟丽的收场之后，全剧在幕尾得到了胜利。

没有戏演而坐在观众中间的演员们和剧场的友人们，在第一幕一演完就涌进了后台。他们兴奋得几乎等不及全戏演完再来庆贺胜利了。在第三幕之后，台上一般人的心情就完全和过复活节的情绪是一样的：演员们彼此拥抱，欢喜得掉下泪来，找不到一句话可以表达他们那种无限的愉快。演出完毕之后，胜利是确定了，不再使人产生任何疑问了。我上了舞台，向观众提议给剧作家拍一封电报，台下响应的喝彩竟延长到令人难于置信的时间。令人注意的事情是，戏中有某几个角色演得并不出色，也竟都没有影响到我们的胜利。

新剧场从此才诞生。

三

以下的电文是当夜拍出的。

> 契诃夫。雅尔塔。
>
> 我们刚演过《海鸥》。巨大成功。剧自第一幕起,即抓住每一观众,随着就是一串的胜利。无尽的谢幕。我在第三幕闭幕时,对观众宣布剧作家不在场,引得观众要求给你拍一封电报。我们快乐得发狂。我们全体热情地拥抱你。余详函。
>
> 涅米罗维奇-丹钦科、斯坦尼斯拉夫斯基、梅耶荷德、维什涅夫斯基、卢日斯基、阿尔乔姆、季霍米罗夫、费辛、克尼碧尔、罗克萨诺娃、利林娜、拉耶夫斯卡娅、尼古拉耶娃与叶卡捷琳娜·涅米罗维奇-丹钦科。

第二天又接着发出的一封电报:

> 所有的报纸都令人惊诧地一致称赞《海鸥》是次辉煌、鼎沸而惊人的成功。批评文字都很热情。《海鸥》的成功超过了我们剧场所演的《沙皇费奥多尔·伊万诺维奇》。我比从前演出我自己的剧本时都要快乐得多。

涅-丹钦科

　　契诃夫这时也许已经买到或者刚要买一块地皮，预备起建一座房子，并且正在和一个年轻的建筑师商洽一个建筑计划。他对克里米亚那个地方并没有特殊的好感，只是认为对自己的身体有好处才住在南部，因为过去一冬住在尼斯使他很不适意。

　　向他报告剧本演出成功的第一封电报使他吃了一惊。他不相信，以为那只是朋友们为了表示一点友谊，把实情夸大了。可是，在同一天之内，他接到各方面拍来的庆贺电报纷如雪片，措辞又都那么肯定，他的怀疑这才马上消散了。

　　有一封信还保存在契诃夫博物馆里。

亲爱的安东·巴甫洛维奇！

　　从我发去的两封电报里，你已经可以知道《海鸥》成功的大致情形了。为了把头一晚的情景描写给你，我必须再详细地告诉你，在第三幕演完之后，后台笼罩着一种令人陶醉的空气。无论什么人都可以立刻说出，这空气恰似过复活节一样。演员们都彼此接吻，彼此拥抱。所有人的情绪都因真理与坚苦努力之得到无上胜利，而大大振奋起来。请只想一想这种愉快的理由：演员们都酷爱你这一本戏，每排演一次，他们就从里边多发现一点艺术的明珠。同时，他们又在提心吊胆，只怕观众是那样没有文艺口味，修养低得那样可怜，又被贱价的舞台效果毁坏过，怕不能再接受较高雅的艺术的简单性——只怕这样的观众不能欣赏《海鸥》的美。我们把全部灵魂都贡献给了这一出戏，我们就用这一张牌来孤注一掷。我们的导演——就是斯坦尼斯拉夫斯基和我——用尽所有我们的能力与努力，设法加浓这一出戏里的惊人的情调。我们进行过三次彩排，我们把舞台上每一个角落都研究到，把每一个电灯泡也都检验到。我为了安排装置和道具，在剧场里住了有两个星期之久。我又到各古玩铺里去巡行，为的是寻找能够满足所需要的色调的对象。可是，我为什么要注意这些个小事呢？我是在谈一个连一颗钉子都不忽略的剧场啊……头一晚，我就仿佛在陪审法庭上提起"抗辩"似的，极力要使观众都善于重视舞台上的真实的美。可是，我是忠实于我自己的，并没有预备过一样期望得到伪造的成功的东西。从第一次彩排起，团体里就流行着一种保证可以成功的精神。然而，我的梦想可从来没有走到那么远。无论如何，我所预期的，至多只是一次引起严肃注意的成功而已。后来在演出的时候，竟出乎意外……我简直不能把我的印象全部传达给你……当场的情形，没有一个字、没有一个声音从我的印象中消失。不但一般情调送达到了观众那里，不但这出戏里很难用红线强调出来的意义传达给了观众，而且，就连每一种思想和使你之所以为你这般又是艺术家又是思想家的一切、一切一切——总而言之吧，每一个心理活动——一切都传达给了观众，而且抓住了观众。我以前担心，怕只有几个人能了解这出戏，那种恐惧到现在也完全消失了。全场的观众里，没能够在戏里把握到一点东西的人恐怕连一打都不到。而我呢，以为这次普通的成功也只是在第三幕之后，由几次友好的谢幕来表现表现而已。哪里知道，事实却是这样：第一幕演完以后，观众要求了不下六次的谢幕（对于这种请求，我们还不是立刻就回应的）。全场都被蛊惑了，都兴奋了。

而在第三幕闭幕以后，观众一个也没有离开剧场，只站在那里呼喊，呼喊都变成了无休止的鼎沸腾欢。有人叫着，要请剧作家出场。我通知观众，说你不在。于是，就有人喊着："给他拍一封电报！"……

你可以看出来我有多么忙。这封信是在星期五早晨开头的，一直到星期一，我都没有能抽出一小时的时间来把它写完。你告诉我说："到雅尔塔来。"二十三号，我会逃到切尔尼希夫斯卡娅大街那里去，好好地睡一觉！

可是，要接着说下去。我就这样问观众："你们委托我拍一封电报吗？"这句话才一说出，马上就是一阵大声鼓掌和高呼"是的！""是的！"第四幕之后，欢呼又起来了。你大约已经读到报纸上的记载了。关于这一方面，态度最好的是登在德文版《莫斯科时报》上的批评——我今天就连同《邮报》里的一篇十分有理解力的文章《一个神经错乱者的日记》一齐寄给你。《俄国公报》自然是左右为难的。可怜的伊格纳托夫，只要有一出戏碰巧能比一般演出的成绩稍微高一点点，他就总是很窘的。

我们演员的成绩……是照着这个顺序的：克尼碧尔是一个使人惊愕的理想的阿尔卡基娜。她把角色神化到这样一个程度，使你不能把剧中女演员的都雅或其迷人的细微的东西，如吝啬、嫉妒等等，从演员本人身上撕开。第三幕和特里波列夫与特里林同台的两场，特别是前一场，有一个惊人的成功。这一幕的结尾，离家一场演得非凡，没有一个人是肤浅的。克尼碧尔以下，就要算是利林娜了，她演玛莎。真是一个稀有的心象！很性格化，很显著地生动。她演来是一次大大的成功。以下是卢日斯基，演索林。他演来像一个大艺术家。以下是梅耶荷德。他是温柔的、动人的，而显然又是一个颓废者。以下是斯坦尼斯拉夫斯基。他用了一个符合预期效果的、软而无意志的调子。他把第三幕的那些独白说得又精彩又稀奇。第三幕他有点诱惑性。罗克萨诺娃演得不怎么好。斯坦尼斯拉夫斯基勉强她演一个小傻子的角色，使她很狼狈。我发过脾气，要她回到以前那样的抒情调子上去。于是这个可怜的女人把一切都弄混乱了。维什涅夫斯基还没有十分化在那个心肠柔软、机灵，善于观察且一切都要凭经验的角色里面。然而，杜尔恩医生这个角色（按着阿·托尔斯泰的风格演的）却很超群地结束了这一出戏。其余的演员也都保持着一个和谐的整体。整个情调是经过调节的，有很高雅的文艺气派。

  观众在看戏的时候，那种心无二用的注意力是我很少亲眼看见过的。为了这出戏，莫斯科全城都鼎沸了。小剧院里的人准备把我们撕得粉碎呢。

  这一出戏一定能演得很久。你如果来看一看，一定会欣赏第一幕——照我看来，特别还有第四幕。

  很难说得清楚，必须来看一看。

我无限地快活。

我拥抱你。

                              你的弗·涅-丹钦科

把《万尼亚舅舅》给我们演,怎么样?

第十二章

一

这一章的题目,可以称为"契诃夫的背德",或者"契诃夫如何辜负我们"。

《海鸥》的固有价值的恢复,既然是这样地惊人心魄,那么,有一个问题自然就会产生:使演出胜利的力量究竟是哪一方面比较大——是艺术剧院的创造力呢,还是仅仅是剧作家契诃夫写作的成功呢?

对于演出胜利的问题,作家因为站在剧作者的立场上,总是不肯把自己满意的感觉充分表现出来的,成功愈大、愈无疑,剧作者方面的任何表示就愈是谦逊。他把热烈的表达让给那些喜欢热烈言辞的人。他这种态度既不是客气,也不是狼狈,而是另外一种极不相同的感觉。一般说来,契诃夫是一个不多说话的人,人家每一称赞他的作品,特别是提到他自己也认为值得称赞的作品,他就把任何满意的确实感觉很严密地深深锁在心里。我时常看见,朋友们把恭维他的作品的话在他的面前堆得很高的时候，他总是这个样子。我自己其实也是如此。有一次，我和他谈话——那次谈话，我记得够多么清楚啊！我对他说，他不但没有把握住他的小说和戏剧的艺术上的特征，而且社会性的特征也没有把握住。他把我全部的话都细心听完，一声也不响，连一个字也没有从嘴里吐出来。我时常甚至以为他真的没有明白我的话，可是，只好假定我的话对他是没有什么新见解的。因此，他在雅尔塔只有极少的几个相识，而在这几个相识者中间，他只喜欢和一个河边书铺的老板偶然谈谈话。我可以想象出，在那样几乎等于孤独的生活里，他听到了《海鸥》成功以后的快活是什么样子。

从此以后，我们的通信很频繁，信里充满了最亲切的情感，"就像花朵一样的亲切的情感"。艺术剧院和契诃夫的关联也愈来愈亲密了，好像两道小河汇流在一起一样。经济方面，显然地，一点也不使他发生兴趣。这一点是很可令人注意的。契诃夫时常说，"写戏吧，写消遣短剧，这种戏是可以赚到大笔收入的"；有时又说，"一个人应当写戏，因为剧作家协会可以照例给一笔赞助金的"。事实上，他这种话是指消遣短剧而言。对严肃的剧本，他的态度就极其审慎、极其小心提防：即或有愈来愈多得报酬的机会，假如里面含有失败的可能，他也会决然拒绝的。在我们演出《海鸥》之后，女演员亚沃尔斯卡娅跟着就请契诃夫允许她在彼得堡她的剧院里也演这本戏。契诃夫回答她说，这出戏的演出权是属于艺术剧院的。其实，我们只有在莫斯科的独演权。他这种回答，听来本就不像是一次坚决的拒绝，于是他立刻写信给我，要我千万不要让亚沃尔斯卡娅演出《海鸥》。在我们自己后来演过《万尼亚舅舅》之后，亚历山德里斯基剧院也请他许可演出《万尼亚舅舅》。于是，他又从雅尔塔寄来一封信，恳求我们在任何情形之下都不要让出演出权。诸如此类的事很多，不过，这都是以后的事了。可是，在我们《海鸥》的演出刚刚成功后，情形却大大地不同……

契诃夫对艺术剧院的情谊在无间地增长。我还记得那些日子他寄来的信中的一些词句，如："我准备在你们剧院里充当一个看门的人""我嫉妒那些住在你们剧院墙下的老鼠"。第二年他回答我一封充满烦恼的信时说：

> 从你的句子里，可以听出一个颤颤的调子。啊，不要放弃！艺术剧院——必成为将来有人要写的一部当代俄国戏剧史里最佳的一页。这个剧场是你的骄傲，这是我所唯一喜爱的剧场，虽然我一次还没有亲眼见到过它。

春天，他到了莫斯科，那时剧院已经放假了。这个时候，凡是崇拜契诃夫的人都与参加过《海鸥》的演员们接触，以求发展关系。

正在契诃夫这样徜徉于成功之中的时候，我们的剧院正面临着能否继续存在的严重问题。那一个冬季结算下来，赔了本钱，那么，我们怎么办呢？纵然有《沙皇费奥多尔·伊万诺维奇》和《海鸥》这样的大的成功，而灰心的时期仍然又来到了我们的面前。此外，我们还演出过易卜生的《海达·高布乐》。这是没有成功的一件事，然而也不是平凡而无重要性的演出！我们的四周起了一片喧嚣声,这种声音里面充满了多少意义!舞台上不曾看到过的两个字——"情调"——竟在人们中间流传着,从这个人的嘴上传到那个人的唇上。我早已在给契诃夫的信里提到过,这你们大概会记得的。很明显地,在这一点上,我们已经达到了目的。这个词所要揭示的艺术观念已经完全印到观众的脑子里去了。而且,更有甚于此者,观众的嘴里在交流着"新形式""新形式的剧场"这一类的话。可是,这荣誉已经属于斯坦尼斯拉夫斯基了。

§ 在各编辑部里,在个别的艺术文章里,在会客室里,到处都有人喜欢谈论艺术与音乐,这个时候,他们在谈话当中也开始引用"自然主义""现实主义"这一类名称了。§

和这个同时,导演在剧场里的重要性的问题,也被大家讨论到了极端严肃的程度。§ 在我们以前,导演这个角色是很渺小的,行政上的处理多过一切别的任务。地位高的导演可以数出来的只有三四个,此外再也就找不出一个了。随着艺术剧院的出现,§ 导演也成了首要的角色。大家就开始了无尽的讨论,讨论剧作者、演员和导演的权力问题……

在这些嗡嗡得像是耳边的蚊子一般的喧嚣里,流行着一个比敌人还坏的词——"时髦"。所有我们的成功仅仅被人家解释为一个时髦的追求:"你就等一等吧,也等不了多久,这一阵子的麻醉,转眼就散的!哼,时髦!"

我们又没有钱了。也不全是钱的问题。是钱的数目不够争取到胜利,所以,才必须加强钱的力量。如果我们不能"走",就先要去"跑",那不是等于全无目的吗?

把我们的艺术所表现的东西加深、加固、弄得很准确，这是必需的。把我们成功的力量加大，使我们自己能在自己的岗位上站稳，这也是必需的。所以我们的心目中早已计算好了，在下一年冬季，要演阿·托尔斯泰的另一悲剧《伊凡雷帝之死》、契诃夫的另一剧本《万尼亚舅舅》、霍普特曼的另一剧本《寂寞的生活》，然后再演易卜生的《人民公敌》，以及一些直到如今还被人瞧不起的珍品。

必须给我们那些有天赋的青年一个机会，好教他们成长。

而另一面呢，我们的股东们的行为令人不解。你一遇到他们，他们每个人的嘴里都说着恭维的话，可是，他们的行动却像是在光滑的地板上打滑一样：你只要刚刚一提（或者还没有提呢），"可是，老朋友，我们怎样继续存在呢？"好了，他已经不在你面前了——简直就无影无踪了！这一回，正如一年以前在阿列克谢耶芙娜的家里一样，我们的话又冻结在唇上，无法吐出来了。好像这个样子还不够似的，又有谣言传到我的耳朵里，说我们的股东当中有一个人，用挑衅的口气高声诋毁我们的剧院："这个剧院确实没有什么意思。除了反常的东西，就找不到别的了。我可以称之为一袋子的戏法！简而言之吧，他们尽力在维持时髦。只凭这种幻术，他们自然是不能希望赚到钱的。"

但是，"命运是由命运之神注定好了的"是一句足以安慰我们的老话。

这个时候，莫罗佐夫已经被我们的剧场强烈地吸引了。我不必隐讳，我就利用这一点，尽量把他的意志引领到它应当走去的方向。我们举行股东会议，在会议上，我提出报告：第一，我们演出的艺术成就；第二，未来的计划；第三，悲惨的数字——负债四万五千卢布。

莫罗佐夫建议各股东通过这份报告，还清债务，然后每个人再把原股增加一倍。莫罗佐夫在他们中间是一个最大的工厂主，因此，他们都不大敢在他的面前露出吝啬相来。

附带说一句，这种办法，透出了莫罗佐夫非常特性化的商人本色——请想一想，奥西波夫的三千卢布，甚而其余股东的一万至一万五千卢布，在莫罗佐夫的眼里又算得了什么呢？其实不然，关键是，这种经营必须组成一个公司。他让每个人至少买一千卢布的股票，而他自己——请看，却要买二十万。这是为了使同心合力的经营意识得以存在。在这种情形之下，我们的事情就得到一个胜利的结局。

接着，忽然又来了一个消息，说契诃夫不能把《万尼亚舅舅》给我们了，因为他早已经答应连斯基和尤任，把这本戏送给莫斯科小剧院了；又说，他如果把剧本从他们那里取回来，会觉得很难为情，他不愿意和他们争吵。

什么！就不想一想《海鸥》是在我们的剧院才成功的吗！就不想一想在我们演出成功以前，小剧院肯演他的一出戏吗！把我们全体和他本人的自尊心都牺牲给个人的人际关系吗！牺牲给连斯基吗！把连斯基看得比一切人都重要吗！——而连斯基从前是认为契诃夫完全不必再给舞台写作的……

这个消息既然这样使我发昏，我也就甚至不去向契诃夫抗议了，我这些感叹一句也没有写给他。我晓得这一股恶风的根源在哪里。你们是知道的，尤任是我最早的唯一的朋友，而连斯基和我也很亲近。然而，这两个人都把小剧院看得比友谊还重，正如拉丁语格言所说的，"真理高于友谊"。此外，他们还在嫉妒斯坦尼斯拉夫斯基和我，他们和他们的导演孔德拉季耶夫都想要证明，小剧院的巨大艺术力量所能给予契诃夫的成功绝不亚于我们上演《海鸥》的伟大。

那么，怎么办呢？在目前，我们只好没有《万尼亚舅舅》也还得继续下去，特别是——实际情况迫得我不能不承认——既然契诃夫十分肯定地答应给我们写一个新剧本。

这一回，又是"命运是由命运之神注定好了的"。小剧院必须把《万尼亚舅舅》送交所谓的戏剧与文艺委员会去审查，得到许可才能演出。出其不意地，剧本是被委员会许可了，只是有一个附带条件，要契诃夫把第三幕重写一遍！这是一个荒谬的要求。不用说，契诃夫是不会理这个的，于是，他就把《万尼亚舅舅》又给了我们。

而这出戏的演出就一举奠定了"契诃夫剧院"的基础。

二

后代的人们，请不要尽管往我们生活当中的这一类事情里边钻研得太深。像我们这样的人，在一生的光阴里做的事情实在很少。后代的人们只需知道一个中常的人在他一生当中都做了些什么有益的事情，并把他们所传留下来的这些有益的事情给保持住就够了。不过，所传留下来的这些事情都是纤弱的、不太深刻的。围绕在一个作家的遗产周围的是作家的个性，如嫉妒、报复、自满、翻覆以及若干有价值的东西，然而，这些也都会像灯笼的光亮在大海上的迷雾里一样消失的。只要遗产本身是巨大的、有价值的，这个遗产就不会被任何数量的、不合情理的，甚或是有价值的瑕疵所玷辱。不论再出现多少新的故事谈到天才普希金的放荡、王尔德的反伦常的热情，或是果戈理失了理性的宗教信仰，也不会使普希金、王尔德和果戈理的遗产失掉任何东西。相反地，借着这些，后代人想象中的这些人物反而更有人性，更接近我们。这一点也是在接受遗产时所必须认识到的。人们必须记住：当初，造出粗盆瓦罐传给我们的不是神仙。我们所要的是现实的乐观主义，而不是偶像崇拜。

我可以用全部的诚意说，我从来没有在契诃夫的身上发现过任何足以给他那种高贵的趣味和对真理的怀恋蒙上黑影的东西。不错，有时候也闪过一些因职业上的嫉妒而发出来的不公平的嘲笑，这种嘲笑倘若运用得再适当一点，就足以针对那些才气渺小的人了。不过，就连这种嘲笑也都是极少见的。在我们看来，事实上，他的行动和这样的情形恰恰相反：在实际生活里，契诃夫对自己监视得很严，他对自身的严格要求就和他对他的文艺作品一样。当我们听到他说文艺创作必须具有天才、智慧和高贵的时候，就可以了解他本人的表现有多么超群了。可是，他对待我们呢——哎，就只有天才和高贵，而没有智慧；或者只有智慧和高贵，而没有天才；或者，有智慧和天才，却又没有高贵了。

他实践到生活里的也是这样。可是，有时候他像是穿了一件冷静的甲胄。他的态度就等于说：

"不要以为这个可以使我欢喜到疏忽的程度。"

"我深深地重视这个,可是这不能影响我,不能使我的灵魂中有任何的变动。"这就好像他永远在害怕自己会失掉一点点独立性似的。或者,这是一种保留的态度、一种自私的独善其身吗?

"在这么小的一件事情上,不要给我太大的感觉。"

这是害怕夸张吗?

很长的时间里,他都是这个样子和艺术剧院保持着关系。然而这个剧院已经和他的生命融化在一起了。艺术剧院,连同它的一切兴趣和计划、一切特殊的环境,都化进了这个作家契诃夫的生命本体当中去了。无论给他写传记的人如何避免谈到这一点,也无论契诃夫自己有时候会怎样把这一点尽力冲淡,而事实确是如此。艺术剧院给他的生命填满了愉快,没有艺术剧院,他就缺少这些愉快,而这些愉快又正是他所需要的。他从青年时代起就爱好戏剧,其爱好的程度几乎一点也不亚于对文学,而他对戏剧的热望也许比对文学更多。可是,一般的剧场浇冷了他对戏剧的灼热。现在,竟出现了一个剧院,这个剧院献终身于至高的目的,完全摆脱了枯燥无味的陈套,给他那作为剧作家的人格贡献了至高的愉快。契诃夫和这个剧院的演员们亲近的结果,是把一向浪费了他日常生活的光阴的那些讨厌而又不必需的人,全都摒绝了。

和这个同时,在后台,在戏剧的真正中心,契诃夫的世界观——如果我们可以这样说的话——愈来愈坚固,愈来愈确立了。后来,在五年以后,在这块领域上,又另外显出了一块隆起的部分——可以说,浮雕一般——那就是高尔基的世界观的膨胀血脉。

这个契诃夫的世界观，把参与演出他的剧本的一群人掌握得特别牢固。舞台上产生了一种心灵上的共感，这种共感以其最深巨的力量把这一群人紧紧联系在一起。作者偷偷进入了演员心理上的每个最小的角落，停留在那里，甚至等到演员下了舞台还在统治着演员。因而这一群人结合得更紧密了，在这结合的整体上，每一个组成单位都以契诃夫的人生意识相互感染着：共同辨明了哪些是应当笑的，哪些是应当哭的。演员们坐在后台绿色的小沙发上静静地等着上场……契诃夫的戏剧都是安静的，其中只有一点点浮泡。当台上在响着吉他的安详的半音程的时候，后台的寂静竟使一只小心翼翼地溜过去的老鼠都会被人察觉出来……演员们交换印象、交换计划，继续在契诃夫的力量下发觉自我……从这一群人的身上，那种感染力量逐渐扩大，一直扩大到每一个角落。

这在我们剧场的整个艺术上产生了强而有力的影响。起头，这个影响是积极的、深刻的；后来，里面就有了消极的因素。当任何艺术开始闪避人生并停止活动时，总是这个样子。

三

等到契诃夫和克尼碧尔结了婚，他和艺术剧院的接近，自然就更亲近了一层。他们这件事，据我看来，酝酿得很迅速，开始于《沙皇费奥多尔》借那座没有生火的剧场彩排的时候。她当时立刻就引起了他的注意。只是他一向克制着自己。当契诃夫第一次到莫斯科的时候（这是在一八九九年的春天），他仅仅看了她几眼，就使得她崇拜他为偶像，随着时间的流逝，中间自然就有更多的发展。克尼碧尔是一个优秀的青年女演员，可是，如果想和她结一段暂时的缘分那就不可能，这是我们看得很清楚的。她是一个所谓"清白家庭"的女孩子，她的母亲从前做过歌唱家，那时差不多是全莫斯科最好的一位声乐教员。她有一个弟兄是工程师，另外一个是律师。她的家里，一切都很简单朴实，一点也没有小资产阶级的气味，可是也没有一点讨厌的、矫揉造作的、浪漫的气味。契诃夫和克尼碧尔相识之后，这位女演员就和契诃夫的妹妹与日俱增地亲近起来。后来她和他两个人在高加索的某处相会，又一同到雅尔塔去旅行，又从雅尔塔到了巴赫奇萨赖。这位女演员和这位诗人之间的友谊发展了下去，这种友谊的特点是节制的感情与美丽的单纯。

我坐在家里，想着你。旅途经过巴赫奇萨赖，我想着你，把我们一道旅行的情景都回忆了一遍。可爱而非凡的女演员、卓越的妇人，如果你能知道你的来信会怎样地使我愉快就好了。我向你深深鞠躬，深深地，深得使我的前额触到我的井底，而我这个井已经掘到整整五十尺深了。（契诃夫那时正在建筑他的房子。）

……雅尔塔的天气很好——这在什么地方也找不到——可是，过去的这两天只在下雨。天气很坏，必须穿套鞋。墙壁潮湿得爬满了蜈蚣，而花园里到处都是青蛙和小鳄鱼……好啦，让我紧握着你的手，吻一吻。好好保重，要高兴、快活。工作吧，舞蹈吧，尽量开心，尽量唱吧。同时，如果可能的话，不要忘记这个可怜的作家——这个热情赞美你的人。

这个时候，《万尼亚舅舅》正在莫斯科进行着排演。这位女演员和这位作家通着信。他给她这样写道：

艺术，特别是舞台艺术，想在这块领域里一点也不竭蹶地一直行走，是不可能的。你的面前，有不少的成功的日子在等着你，同时，也有甚至整个一季演出都不成功的日子，将来你也许会遭遇到大的疑惧和大的醒悟。你得准备应付这一切，你必须等候它的来临，而又必须毫不斜视地坚持走向前去，狂热地把一切都镇服在你的意志之下。

知识分子所特有的洗练的精神活动，必须用洗练的方法表现出来，即或在外形上也得如此。哎，人类中广大的多数都神经错乱地忍受着经常的苦痛，少数的人偶然经历一次尖锐的痛苦，可是，为什么无论是在大街上或是在家庭里，你到哪里去都不会发现疯狂蹦跳、捏紧自己喉咙的人呢？所以，必须像他们在生活里所表现的那样把痛苦表现出来，即是说，表现的方法不是用脚、不是用手，而是用一个轻轻的眼神；不是用指手画脚的方法，而是用文静的方法。你会问我：那么舞台条件呢？舞台上没有任何准许不真实存在的条件。

在《万尼亚舅舅》第一晚演过之后，他写给她说：

电报在二十七日晚上就都开始到了，那时候我已经上了床。这些电报都是在电话里念给我听的。每来一次电报，我就得起来一次，赤着脚，穿过黑暗，跑到电话机那边去。后来，我睡着了，忽然间又被铃声吵醒。我的声望不能使我安眠，这还是第一次。第二天，我就预防着，把晨衣和拖鞋都放在床边，可是电报又不来了。电报里只讲到谢幕和演出的辉煌的成功，而我从电报里却感觉到一种微秒的、很不可捉摸的感觉，从这种感觉，我就推论出你们大家的感觉——你们都不敢向我保证一切都进行得格外地顺利。

差不多所有契诃夫的剧本都有同样的经历：每次演出，只在观众中最少数的阶层里和眼光最远、最深的特别敏感的人们中间，才能得到立刻的巨大成功。安德列耶夫有一次写道：

我不耻于承认，我爱这个剧场的现状，而尤其爱的是——它的未来。

有一位律师——乌鲁索夫王子——是法律界一位非常重要的人物，他看《海鸥》至少有十二次，如果我没有记错的话。很多人都习于用这种态度说："通常你看完了戏，离开剧场，总是要到饭店去吃点东西，听听音乐，谈谈闲天。可是，看完了《万尼亚舅舅》，你就情愿隐退到一个僻静的角落里去想，想了又想，一直想到流了眼泪。"然而，无论是《万尼亚舅舅》《三姊妹》，还是《樱桃园》，都不是立刻就被观众接受的。这几出戏，每一出都是在下一季再演的时候才获得真正的成功,都是在很久以后才能叫到满座。《万尼亚舅舅》演完了之后,和任何初演以后的惯例一样,我们都赶到了一家饭店,在那里等待早晨的报纸。事实上,我们确是感觉一切都进行得不是格外地顺利。

要艺术家去经历过低的估价,那对他真是一项残酷难忍的考验。契诃夫在信里这样写:

不,我的女演员,你们艺术剧院的演员们没有一个对平凡而普通的成功能满意的。你们所需要的是巨响,是枪的放射、火药的爆炸。总而言之,你们全被经常谈到成功和满座不满座的成功的话所毁、所振聩,你们被炫目的东西所毒害,可是,再过两三年,你们就什么别的都不懂得了。所以,小心!

契诃夫和克尼碧尔这样的关系持续到了夏天。到了一九〇〇年的夏天,他给她的信里就已经这样写了:

我亲爱的奥莉娅、我的愉快:我问候你。今天我收到你一封信,这是你走了以后的头一封。我读了又读,然后,又再读一次。现在我就正在给你写信,我的女演员……

§ 一九〇〇年的夏天,被证明是一个决定性的夏天。七月里,这位女演员又到这位作家那里去看他,而到了下个月她离开他那里的时候,她已经是他的未婚妻了。从此以后,他和我们剧院的亲近，就不停地增长。我们的剧院感染了他，使他渴望写一个新剧本。他在愉快的心情下计划着，他的心目中有一出怡人的喜剧。在他给克尼碧尔的信里，他时常叙述对这个工作的意见，提得愈来愈多、愈来愈详细。§

四

契诃夫每在坐下来提笔写戏以前，先要花费很长的一段时间去准备材料。他面前有一本厚厚的笔记簿，凡是经过什么地方或者在读什么书的时候，忽然得到了独立的句子，只要是对他的人物性格合适的，他就都把它们记在这里边。等到簿子里集聚的细节够了充分的数目，他就认为可以在这些句子上边构造人物了；再等到他把每一幕特有的情调找到，他才开始按着顺序一幕一幕地写下去。戏中的人物这个时候已经在他的心中完全确定了，（他在一封信里说）即使这出戏往下写到底，这些人物也都保持不变。他不相信一出戏是可以用许多事件硬凑起来的，所以在这一点上，他小心地避免。剧中的故事往下逐渐发展，恰如现实生活在这个时代发展的情形一样，慢得有些教人生厌，也教人看不出一点逻辑的痕迹。人类的活动常是受偶然事件的影响，他们一点也不去自行建立自己的生活。比如，他要写的这个剧本。第一幕的材料是这样的：一个过生日的宴会，春天，愉快，啼叫着的鸟，光明的太阳。第二幕：琐碎的平凡事件渐渐掌握了势力，压在敏感而有高贵倾向的人的身上。第三幕：邻居家大火，全街都烧起来，平凡的琐事的势力滋长得更结实了，人类在自己的经历中开始有一点挣扎了。第四幕：秋天，一切希望的崩溃，平凡琐事的胜利。人类就像棋子一样，被看不见的玩家握在手中。荒谬的与同情的、高贵的与无价值的、聪明的与愚蠢的，一切全都交织在一起，成了一种特别的戏剧共鸣的形式，变成了人类声音与外在声音的交响：有时可以听见小提琴声，有时可以听见一个妇人带着竖琴沿街歌唱，又有些时候可以听见风吹进烟囱的声音，又有别处传来的火警声。

从他的信里摘下的几段：

我什么时候能到莫斯科，连我自己也有一点说不定，因为——你能想象出吗？——我正在写一出戏。嗯，不确实是一出戏，只是写一种瓜葛：里面有许多人物，可能我会因为弄不清楚而丢掉它的。

我正在写一本戏，但是，如果写出来自己觉得不满意，我就把它丢在一边，藏到下一年，或者无限期地藏起，直到有继续修改的念头时再重新拿出。这里依旧不下雨。园子里盖起一座谷仓。我爱你。

忘记说了，所有我写的戏里，只有《伊凡诺夫》是刚一写完就被科尔什剧场立刻搬上舞台的。其他的戏都停了一段很长的时间，陪着我等待丹钦科，为了这个缘故，我有不少的时间可以做各种修订。

至于我正在动手的这一本戏，早晚我会把它写完的——也许在九月，也许在十月，或者甚至在十一月。不过，我是否决定使它在这一个冬季演出，那连我自己也都不知道，我的亲爱的小妇人。

雅尔塔还是不下雨。可怜的树木，特别是那边小山上和这一带的树木，它们一整个夏天都没有得到一滴雨水，已经都枯黄了。人类有的也是这样，在一生之中得不到一滴幸福。这当然是原该如此的吧。

他在十月中旬到了莫斯科。这一次来的契诃夫，在我的回忆里留下一个很深的痕迹。他这次很精神、很高兴，变得年轻多了。在一种特别好的心情下，他坐下来把他的新剧本誊清一个抄本。你们知道吗，一个作家，他的工作中最好的而又唯一快乐的一部分，就是抄他最后确定的稿子，换句话说，就是所谓"分娩的阵痛"已经过去的时候。克尼碧尔作为一个女演员，早已经得到巨大的成功了，不久，她又成为最惹人注意的妇女之一。这就是说，契诃夫的男性自尊心得到了满足。

就是在这个时期，他完成了《三姊妹》的定稿。我们在剧场里，当着他的面来讨论这个剧本。他带着局促不安的神情，几次重复对我们说："我写了一篇消遣戏。"不久以后，关于《樱桃园》，他也是说这样的话，也说他写的是一篇消遣戏。我们实在不明白为什么他要这样称呼他的剧本，而在原稿上的题目下，他又明明写着那是一篇严肃剧。这样一来，十五年至二十年以后，一些不负责的戏剧界人士，就借用这种词句来欺骗人了。

听他诵读过剧本以后，演员们有的请求他加以解释，他照着一向的习惯，用很少能解释出什么的话来回答："阿尔卡基娜在这一场是穿着拖鞋出场的"，或者，"这里他仅仅是吹口哨"。这，反远不如他在信上所讲的准确："长久在心上拖着伤痛的人，常是只吹口哨的，不然就时常掉进沉思之中。"

在他还没有离开莫斯科的时候，《三姊妹》已经开排。他特别坚持，戏剧里要有日常生活的真实的准确性。比如：因为戏里要有些炮兵出现，所以在排演的时候，就必须请他相识的一个炮兵中校到场；他还坚持，后台的大火的声音必须极端地逼真；诸如此类。

十二月，他到尼斯去了。同月月底，我也到那里去，会到了他。他和往常一样，掩饰着心神的不安。在那里，他把这个剧本的一些修正交给了我，我带着回到莫斯科。可是，他写信给克尼碧尔说：

> 我觉得我的灵魂上生了一层锈。如果这出戏失败，我就要到蒙特卡洛去赌，直到把我最后一分钱都输干净为止。

但是，无论他如何用笑话来掩饰自己内心的不安，在第一晚演出的前一两天，他就毫无明显理由地离开了尼斯——这个行动已经把他的真实感觉揭露了——跑到阿尔及尔，又转到意大利。在意大利，就时而比萨，时而佛罗伦萨，时而罗马；从这个城移到那个城，飘忽得极快。简而言之，这正足以证实我们的猜想：他到处逃窜，是为了避免得到初演结果的报告。这意思是，他又披上了那一件冷静的甲胄。然而，这毕竟是他在《海鸥》以后重返剧场的第一个戏。不但信件投递不到他手上，就连电报也一封都找不到他。

将近二月末的样子,他回到了雅尔塔。到了那里,他才晓得《三姊妹》的详情。

一封信里有这样一段:

> 看来像是失败了,不过,对我还不总是一样?……我就要摒弃剧场了,永远不再给它写戏。在德国、瑞典,甚至在西班牙,都可以写戏。只有在俄国,可千万不要写戏。俄国的戏剧家是不受人尊敬的,是要被长靴子踢的。他的成功与失败,人家是永远记着的。

《三姊妹》因为优美的整体效果和斯坦尼斯拉夫斯基的精美的导演设计,成为艺术剧院最佳的演出。这一出戏里缺少《海鸥》里的抒情成分,戏里缺少自发性的地方也都用惊人的技巧给弥补上了。除此以外,他还做了一件常常被最机灵的戏剧批评家非难的事:他这一本戏,确实是为某些指定的演员而写的。他以一个不凡的戏剧心理学家(如果可以这么说的话)的姿态,巧妙地把我们剧团的艺术特点完全抓住了。于是,他从他的文艺行囊内选出了如此最近于那些人的艺术本质的心象,赋予这个剧本。其实,这样做对戏剧整体的帮助力量也不小。

在这次初演以后不久,我们的剧院就去彼得堡做了一次旅行,这个时候,契诃夫仍然保持着他那偶尔一发的诙谐口吻:

> 我收到了从莫斯科寄来的一封无名信,说你在那里和某一个人恋爱,而且已经陷到里边去了。是的,我自己也曾

疑心，你这犹太女人、你这吝啬鬼。你已经显然是不爱我了，因为我不是一个节俭的人，因为我要你为了发一两封电报而破产。然而，有什么法子呢？我依然爱你，这是出于老习惯，是没有法子可以改的……我从外国给你带来了些很好的香水。你必须在复活节前周①到我这里来取。你必得动身，我亲爱的、我所爱的人。如果你不来，那你可就深深伤我的心了，你就会把我的生命毒害了。我现在已经开始在等你了，我一天一天地数着日子，一点钟一点钟地数着时辰。你和别人恋爱、背叛我，那都没有什么要紧。你听见我的话了没有，小狗？可是，你必须知道我爱你。给我写信。没有你，我可就什么全惨了。如果丹钦科派你在复活节前周里排戏，那么，去告诉他，他可恶，他像一头猪。

这一段是我从一九二四年出版的契诃夫写给他太太的书信全集里摘取下来的。我很强烈地劝你们去读读那一本书。他的孀妇决定把她和契诃夫全部的最亲密的通信印行，恰和我以前讲过的意见相符，即是说：一个伟大人物的每一件小事都对我们有用，同时，也绝不会使他留给后代的巨大遗产损失一笔一画。说实话，这一本书几乎不能避免地引起很多的讨论。毫无疑义地，假如契诃夫生前早知道他给他的太太的信件，连其中最亲密的话都会被印行，他一定连信都少写百分之九十，更不必说写得那样亲密了。如，他称她为，"我亲爱的抹香鲸""榨取我灵魂的女人"；

---

① 四旬斋的最后一星期。——译注

更时常用的是,"我的小狗""亲亲""小婴儿""小女戏子""小克尼碧尔""我的小傻瓜""我的愉快""小蟑螂",等等。①

五

他们结婚是在夏天,完全没有举行公开的仪式。我们是在第二天接到了一封电报,说他们已经去蜜月旅行的时候才知道的(只有我一个人知道这个秘密)。正是在这个时候,莫罗佐夫帮我们把团体改组为一个公司,不再要音乐学校那些董事了,股东里包括演员们自己。契诃夫也变成了股东之一,因此,他和剧场更亲密了。

我想象,所有这一整个时期才是他第二度青春最快乐的日子。不过,这一结婚,后来的日子,他可就更苦了:爱愈深,悲哀也愈甚;他们不得不受分离的痛苦,他被羁留在南部,比以前更为不幸。在他们共同的伤心上,又加了她的良心不安的苦楚。她总觉得自己好像没有忠于做妻子的神圣责任似的:她怎么敢把他如此宝贵的朝夕相守给剥夺了呢?她怎么可以只为了自己的舞台生涯,而把他抛弃在绝望而不幸的寂寞之中呢?这种生活是否抵得过这些损失呢?

现在,在这个冬季,她坐在后台等着上场,我可以看出她的脸色来。她坐在一边,避免和任何人说话。无论在任何一个刹

---

① 这种可笑的称呼,丹钦科还提出了不少,差不多即或不是完全没有意义,也都是独创的,所以绝对不能翻译。——译注

那，她都可以掉下眼泪来。而在这三教九流的所谓"社会"里面，就有好饶舌的、嫉妒的、好管闲事的和对契诃夫的天才疯狂崇拜的女人们，再加上像这类女人的那些男人，都在制造一种对克尼碧尔充满了指责的空气。

信：

> 你，亲爱的，你信里还是写给我说，你的良心在苛责你，因为你留在莫斯科，而没有到雅尔塔来陪我。然而，有什么办法呢，亲爱的？请理智地想一想：如果你一冬都在雅尔塔陪着我，你的一生就都毁了。要是那样，就要轮到我来受良心的疚痛了，而我那疚痛一点也不会比你现在所受的轻。其实，我早就知道我娶的是一个女演员。即是说，当我娶你的时候，我已经看得很清楚，每个冬季你都得在莫斯科过的。这一点也不使我觉得可气，我一点也不认为你漠视我。相反地，在我看来，一切事情的发展都很令人满意，也都是照着必然的情形发展的。所以，亲爱的，不要使我因为你的良心在痛苦而感到不安。一到三月，我们又可以聚到一起了，那个时候，我们就不会再感到现在的寂寞了。平静一下你自己吧，我的亲爱的，不要为任何事情苦恼。等待着，希望着。希望着，除此以外，不要再去想任何事情。

他们所享受的幸福是一阵一阵的：一会儿她要到雅尔塔去住五天，一会儿我又得在冬季煞尾之前把她在每出戏里的角色都派给别人，好让她离开一下去看看他。

这意思就是，这就是我的命运。我爱你，将来还继续爱你，即或你用手杖打我，我也还是爱你。

这里除了雪和雾以外，就没有新的东西了。什么都和往常一样。

雨水从屋顶滴下来，已经有了春之喧嚷，可是，你从窗子往外一望，那景象又还是冬天。到我的梦里来吧，我的亲爱的。

他这时几乎不写任何小说了；在两年以内只写了两篇，我想。他在用一种深刻的热诚下的内心修养的功夫，而同时也在用一种稀有的艺术观念来避免过于理智的危险。在《三姊妹》里，他就有这样显著而有预言性的独白：

"冰山上的大块积雪向着我们崩溃下来的时代到了，一场强有力的、扫清一切的暴风雨，已经降临了；它正来着，它已经逼近了，不久，它就要把我们社会里的懒惰、冷漠、厌恶工作和腐臭了的烦闷，一齐都给扫光的。我要去工作，再过二十五年或者三十年，每个人就都要非工作不可了。每一个人！"

他在这个时候得到一个惊人的成功。这个成功给他增加了一种新的魔力，读他作品的人愈来愈多了，而且，只要读者一专心致志地读他的作品，就会爱上他。他即或再停止写作十年，他的声望也依然会往上增长。他以全副心思在写一出戏。这出戏的孕育期远在上一年，就是我到柳比莫夫卡别墅去拜访斯坦尼斯拉夫斯基，和他进行第一次谈话的时候。契诃夫在那时已经想到了《樱桃园》。除此之外，他用很多的时间去进行他心爱的消遣——钓鱼。

六

没有一个剧本，没有一部小说，写得像他的《樱桃园》这样慢了。这出戏的题材，在他自己看来，确是一篇消遣剧：

> 我要写一篇消遣戏，只是天气冷。屋子里冷得我不得不踱来踱去，好暖和一点。

最初，他没有想写四幕，只有三幕。同时，他也觉得我们没有适合剧中主角的女演员。

> 如果我写出有一点像戏剧的东西的话，那就是消遣戏。
> 我尽力一天写四行，而就连这四行，写来都觉得有不可忍受的困难。
> 天气可怕，一阵阵狂吼的风雪吹着，把树都吹弯了。我十分平安，我写着。也许写得很慢，然而总算在写着。
> 我还是不觉得暖和。我试着在卧房里写，可是一点也没有用处：我的背被火炉烘得很热，而我的前胸和两臂依然是冷的。在这种充军式的生活里，我觉得好像自己的性格已经都毁了，因此，我的一切也都毁了。
> 啊，我的亲爱的，我很诚恳地说，如果我能放弃这种作家的生活，那会给我多么大的快乐啊。

可是，他非写不可，因为我们在莫斯科坚持着，不惜任何代价，非要他的戏不可。

雅尔塔——一个优美迷人的小镇子，你们在法国或意大利的海边都找不到这样宝石般的地方。只是离莫斯科太远，离和他灵魂接近的一切人都太远，离他一向那样习惯了的大都会的喧嚣和兴趣都太远。他永远高兴着，使自己觉得住在那里很得其所。他一向不是一个书斋里的人物，一向需要周围有朋友。住在雅尔塔的人们中间也有一两个例外，是相当可爱的人物，可是，他觉得他们没有意思，他们到他那里也只等于俗话所说的"嚼嚼舌头"而已。

他在寄给我的一封信里说：

> 这里沉闷得真是可怕。我在白天借着工作还能把自己忘掉一下，可是，一到晚上，失望就来了。在你们已经演完第二幕的时候，我已经上了床，而早晨醒来一看，天还黑着。你自己请揣想一下：天还黑着，风在吼着，雨点打在窗子上。

是的，你们也设身处地地揣想一下：当他想象到莫斯科正在灯光辉煌的时候，当他心爱的剧场正演到第二幕——也许就是他的《樱桃园》演到第二幕——的时候，当戏演得使外省来的普罗佐洛夫都说，"这个时候要是到泰斯托夫酒馆去坐坐可够多么快乐，"的时候，当观众以大都会最柔软的慈悲心肠来哀伤那些被迫在悲凄沉闷的僻林中受苦的人物的时候，那位引你下泪的剧作家自己也正一模一样地，像一个遭遇禁闭者一般，远在乡下，经历着无望的生活。当作者提到的那些人物都去睡觉的时候，他自己却已经起来了，而那时——风在吼着，雨点打在窗上，而天还黑着。

　　我写这一章的时候正住在雅尔塔，事实确是这样。我刚刚从现在已经变成契诃夫博物馆的那座房子里出来。感谢契诃夫的妹妹：凭着她英勇的努力，这所房子才得以在内战的破坏中保存下来。也是她——玛丽亚·巴甫洛芙娜——亲自把房子里的一切安排得有模范的秩序。从苏联各地来的千百个旅行者——那些新生活的创造者——每天都把这座房子挤得满满的，以贪婪的兴趣把每一个角落都看到，把每一幅肖像都看遍。房子完全是白色的，顶子也是白的，是一所很好看的房子。在诗人死后的三十年内，花园里的树木已经繁茂得惊人了，契诃夫亲手栽种的那些树木也长得十分巨大了。他的书室里的东西一点也没有动。假如不是书桌上罩着一个玻璃架子，我自己很容易以为契诃夫坐在那里谈话只是一瞬息以前的事。连桌上的日历也还翻在他最后的日子上，一张也没有再多撕掉。那里，有我熟悉的壁炉，炉顶石台上边挂着他的朋友——那位著名的列维坦——画的风景……就在这座壁炉上，每日放着他接盛唾液的小纸筒，他每次用完一个就往火里一投。一扇巨大的窗子面向花园，从这扇窗子，你可以望见远远的海。契诃夫死后，他的妹妹在窗前种了一株柏树。现在，这株柏树长得又高、又优雅、又结实，成了一棵美丽的树。这棵树立在那里，似乎在保护着对曾坐在窗前怀思的主人的回忆。

　　有人说过：死是更接近永生的……

七

最后,在十月十二日的信里,他说:

> 好了,我和你的忍耐终于得到胜利了。戏写完了,整个写完了,明天晚上,或者至迟十四日早晨,就会寄到莫斯科交给你的。如果有必须改正的地方,我都认为没有什么关系。这出戏最坏的一点,是它不是一口气写下来的,而是在一段很长很长的时间内断断续续写成的,所以,它一定会给人一种拖长的感觉。好吧,我们看吧。

后来,他又把这一篇最后的杰作、这一首最精彩的诗歌略略更动了一点。《樱桃园》的心象是现实的、简单的、明朗的,同时,又熔铸成十分深刻的结晶的精髓,所以,这些心象都像是象征一样了。整篇戏都是这样简单、这样通体真实、这样纯净而不肤浅,抒情的本质发展得使我认为简直是一首象征诗了。

八

他与他的太太和医生们做过一番激烈的斗争:他欺骗着自己,又托词自己就是一个医生,坚决地说他可以到莫斯科去,又说南方的雨和雪对肺结核不利,说莫斯科严酷的浓雾并没有关系。他写给他的太太说:

我亲爱的女演员、太太们当中最严的一个太太：我答应你，只吃扁豆，不吃别的；在丹钦科和维什涅夫斯基进门时，我恭恭敬敬地站起来。只要你允许我到莫斯科去。实在地，住在雅尔塔简直令人厌恶，我必须逃出雅尔塔的水，逃出雅尔塔伟丽的空气。你们这些文化人现在可应该明白了，我住在雅尔塔，永远觉得比住在莫斯科要坏到无可比拟的程度。你们应该知道雨点打在屋顶上有多么凄凉啊！应该知道我多么渴望看一看我的太太啊。我真的有一个太太吗？那么，她在什么地方呢？

十二月初（旧历），他到了莫斯科，那时，我们的排演正是热闹的时候。他极想在排演里做一个领导人物，每次试排他都到场，在最浓的剧场空气中去看自己的东西。最初，他从这上边还能得到很大的快乐，可是，不久，排了四五次以后，他就觉得那并不怎么使一个作家感兴趣了：演员们在舞台上的每一步骤都能激怒他，结果是，他只会妨碍导演与演员。于是他就不再来了。

另一方面，他回到了家庭，所以觉得很快乐。他的太太既能常在身边，来往的人们又都是他所欢喜的人物，都是能给他带点东西来而不是取点东西走的人物。他整个时间都被周围这些人占着。

他又对他的戏心神不安了，他又在怀疑它是否能成功了。

"你一次出三千个卢布，把我的戏买了去吧。"他向我建议，一点也不是开玩笑。

"我给你每季一万个卢布，"我回答说，"而这一万还仅仅是艺术剧院的一季，不包括别处的。"他拒绝这个建议，像往日一样，只在摇他的头。

《樱桃园》成了艺术剧院最光辉、最有特色的象征。

第一场是在契诃夫的命名日演出的。这是十分意外的，没有任何预兆和预感。契诃夫没有到剧场来，只是要我们用电话把消息传递给他。可是，莫斯科有一个预感，这恐怕是最后一次看到这位心爱的作家了。城里的人们知道他的肺病已经是有加无已地严重了。莫斯科全文艺界、全戏剧界，还有社会各组织的代表们都集聚在剧场里，向心爱的作家致敬。我们打电话给契诃夫，要他来。最初劝不动他，可是，后来我们有些人到他家里去，和他恳谈，才说服他活动了意思。献给他的赞词，都是极其动人又极其恳切的。我在代表剧场讲话的时候，对他说：

"我们的剧场必须感谢你的天才、你的温柔心肠和你的纯洁灵魂，我们受你的恩惠的程度之深，竟可以使你简直就说：'这是我的剧院，是契诃夫剧院。'"

九

二月中旬，他回到雅尔塔那边的家里去了。一整个夏天，他的信都不像上两冬那样懒得写了，纵然他不十分满意《樱桃园》里边的几个演员，他的信也都是很愉快的、高兴的。好像有一座大山从他的肩上滚了下去，又好像他忽然觉得有了活下去的权利似的，哪怕是像一个最简单的居民那样，没有任何文艺与戏剧责任地活着。据我看来，作为一个作家的契诃夫最怕的是沉闷和重复。现在他欢喜了，因为无论剧场或者任何编辑部，都不能搅扰他的安静了。

十

到夏天，俄国向日本宣战了。这个时候，我们正在彼得堡演《樱桃园》。无论是在演员的崇拜者们当中和演员最接近的那薄薄的一阶层观众里，无论是在只包括知识分子和军官而绝没有下层的一般"社会"所举行的招待剧场人物的筵席上，几乎没有一个人怀疑我们会不能像惩罚小狗似的膺惩这些无礼的日本人。战时的戏剧空气是激动的。剧场永远是满座的。战争的消耗性的、强烈的刺激再混上剧场的情绪，把人们激得离民族生活的基本方式更远了。士兵们在开往战场的时候说"到他妈的世界尽头的那么一个地方去"的那种心情，送士兵们出发的农民们的那种呢喃，完全没有一个人去理会。没有一个人想到我们有作战失败的可能。只有比较敏感的人看到了最近的未来，预言说这种都市的纸醉金迷，这种对国家大事的肤浅的漠不关心，以及后方村子里、草原上这种似乎并没有打仗的现象，其结果就快要产生了。只有比较敏感的人，耳朵里才听得见已经飞在空中的变故：不久，什么都出现了，一个总督被暗杀，某处发生罢工风潮；不久，再想以这样漠不关心的态度到无用的地方去，到饭店里和晚会上去，或者怀着梦寐一样安静的心情到农田和乡间林园里去，也都不可能了。

冰山上的大块积雪向着我们崩溃下来……一场强有力的、扫清一切的暴风雨，已经降临了。

§ 我们在契诃夫死后所经历的一切——如果他还活着的话，他会如何忍受得了呢？他的天才，对一九一七年以后的惊人事件又会怎样反应呢？§

十一

六月三日（公历十六日）他和他的太太到国外去了，而在七月三日（公历十六日），我在别墅这里接到他的太太从巴登韦勒用德文拍来的电报：

巴登韦勒，十五日八时十二分。安东·巴甫洛维奇因心脏衰弱症病故。奥莉加·契诃娃。

在这以前，她曾经给我写信寄到别墅：

六月十二日（公历二十五日）。安东·巴甫洛维奇在路上还感到非常好，开始睡觉了，而且也很能吃东西。但是他的神色看起来是可怕的。柏林当地的著名人物埃瓦尔德教授曾经来看他，但是这个人的一举一动是这样地像一个骗子，以至在他走开时，我真是很想写给他一封不愉快的信。

或者是，他认为安东的病已经这样地没有希望，甚至已经不值得治疗了,但是他当时很可以把这一点说得委婉一些的……

你们知道,我在夜里是多么害怕呀!就是在安东不睡觉的时候,就是在他这样痛苦地咳嗽着,而脸上现出这样极其痛苦的表情的时候!这里要他总是躺在太阳底下的长圈椅上,好好地补充营养,早上用冷水轻轻地擦身。每天试三回体温。此外,就什么都没有了。急而短促的喘息是可怕的。他几乎不能动。我念德国报纸给他听,就是说,我把它翻成俄国话。我们有两份俄文报纸。他也拿拿纸牌,并且躺一会会儿。

六月十九日(公历七月二日)。安东·巴甫洛维奇样子上虽然恢复了,而且也晒黑了,但是他的心里却觉得不好。体温一直在上升,今天从早上就是三十八度一。夜里也很痛苦。喘不上气来,睡不着,多半是体温上升的缘故。可是他还不承认这一点。咳嗽得很厉害,而且就是在夜里。他的心情如何,你是可以想象到的。他的饮食情形倒非常好,是一点一点吃的,可是做的菜已经叫他吃腻了。今天是他头一天没有食欲。好几天没有用水给他擦身了,他以为这并没有使他的体温降低。

我们差不多每天都在一点钟出去兜个圈子,安东是喜欢这样做的。他整天都驯顺地、耐心地、温和地坐着,什么抱怨话也不讲。我是多么想用尽我的一切力量啊,哪怕只是使他对那痛苦的日子稍稍地感到轻快一些呢。

六月二十七日(公历七月十日)。安东·巴甫洛维奇不好。衰弱得可怕，咳嗽，体温很高。我真不知道怎么办了。我想直接到雅尔塔去。他幻想住在科莫湖上。然后从的里雅斯特经海道绕过君士坦丁堡[①]到敖德萨去。他在这里已经腻烦得不堪了。体重也减了，整天躺着。他精神上感到非常沉重。他的身体发生了剧烈的变化。

后来，她告诉我说，他那一天觉得很不好，她就去请了一位医生来。然后，"他发着相当大的高声，用德国话对医生说：'我要死了。'于是，他拿起高脚玻璃杯，带着奇怪的微笑说：'我好久没有喝香槟酒了。'他安安静静地把香槟酒喝得一滴也不剩，然后，往左边一翻身，不久，就永久沉默了。"

巴登韦勒镇本来在一个十字街心给契诃夫立了一块纪念碑，但在一九一四年俄德战争爆发的时候，德国的爱国分子把那尊石像给除掉了。

十二

虽然夏天像死一样地寂静，可是莫斯科的火车站的月台上，站满了来自四方的过休假日的旅客。等到火车进了站，他的孀妇全身戴着重孝，从车上走下来会我，我和她在深沉的无语之中，怀着敬意走向载着灵柩的货车。而⋯⋯

一个契诃夫的幽默——自然是最后一次——从他那另外的世

[①] 伊斯坦布尔的旧称。——编注

界闪了出来：

那辆指定装载内容的货车的车皮上，大大地写着孤零零的一个词——牡蛎。

十三

我们在莫斯科本来有一个共同的朋友，就是奥博隆斯基医生。最近，契诃夫太太让我去看了尚未印行的一封诙谐信，是契诃夫从彼得堡写给这位医生的：

> 尼古拉·尼古拉耶维奇，我的亲爱的大人，阁下！我常去米柳亭雅座①，在那里吃牡蛎。我没有什么积极的事情可做，只想吃点什么好、喝点什么好，而我所惋惜的是，没有可以因为我有罪过而把我吞吃了的牡蛎。

---

① 一个殖民地商店里的精美的小餐厅。——原注

第三部分 高尔基的剧作在艺术剧院中

第十三章

一

《海鸥》和《万尼亚舅舅》演出以后，事实已经证明得很清楚，在所有作家里边，契诃夫是最接近我们剧场梦想的一个，因此，要他再为我们写一个新剧本，也是必不可免的事。可是，契诃夫说，他必得见到艺术剧院，必得亲眼见到这个剧院的艺术里能使他的剧本成功的都是些什么，才能写剧本。而医生又拒绝他跋涉到莫斯科来，他只好羁留在南方。于是我们决定到雅尔塔去，把整个剧院都带去——这就是说，全班人马，带着布景、道具、服装和舞台技工。为了增加经济上的力量，我们计划在中途停留在塞瓦斯托波尔，举行几场旅行公演。这种空前的豪举——把一切财产都带着去旅行——只有德国的财力富裕的迈宁根剧团才能做到。在俄国，这一类事情就连想都不能去想。可是第一我们胆子大，我们既然看清楚面前有一个有特殊意义的目标，无论什么也都难于阻止我们了；第二，我们的经济企图很小，牺牲一点金钱来走这一趟，在我们原本就是一个理想。

这个年轻剧团的热情原本就是很高的。我在本书的前几章里详述过的那种对剧场的诞生与存在所感到的愉快，像一条红线似的灌注在每一个演员的生命里——使他感到紧迫、苦痛，然而，又觉得有打不破的愉快——这种愉快涌出成为全体的交流。大家那种弟兄般的团体生活，那种个人体验与舞台经验的合作，那种对成功的自豪，那种对未来所具有的热烈信仰，那种对敬爱的领袖们竞相表现出的情感与自我服从——一切都是狂热的。没有一件事情是困难的，什么困难都可以克服。不断增加着的敌人的嗤笑，只能使剧团的斗争精神更加强烈。就连个人遇到侮辱和羞耻的时候，流的眼泪虽然很灼热、很伤心，可是，很快就能把忧愁给融解了。何况，这里又是春天，有温和的太阳，有海水，有迷人的白茫茫的城镇——塞瓦斯托波尔和雅尔塔——又能会到剧团全体怀着真正敬爱之情的这位作家。一路旅行，就等于一次春假。时间又恰好是复活节。

我比其余的人早离开莫斯科一步，为的是去检查那边的剧场。我拍了一封电报给契诃夫，告诉他，我要从塞瓦斯托波尔坐小汽船到雅尔塔去，在复活节前周的星期三可以到达。

汽船在下午一点钟离开了塞瓦斯托波尔。本应该在六点钟就到雅尔塔的。可是，海上起了一片非常浓厚的大雾。在我们驶近了雅尔塔的时候，甲板上的旅客们在三步开外就都看不见彼此了。汽船慢得几乎看不出是在移动，很久很久都不能进港。浓雾警报在哀号着，雅尔塔教堂的钟声不停地在响着，汽船沿着防浪堤前进，就总也找不到港口的进口。等我到了旅馆，天色已经十分昏黑，大约有九点钟的样子了。

契诃夫最近才把房子建好。那座房子是全白色的，在山顶上栖着，鸟瞰全城，那装饰了的前脸正面正对着海水。就是这同一座房子，在契诃夫死后，变成了所有旅行者的朝拜之地。可是，在目前，城里却很少有人晓得它。我们坐着一辆漂亮的本地的双马篷子车，赶车的人说房子在山顶的某处。我们就把车子赶过去找。这个近东小镇上的狭小而弯曲的上坡街道是很荒凉的。雾差不多已经散了，可是连一个人影也看不到。遇不到一个人，无从去问一问究竟哪一所房子是契诃夫的住宅——是这一座呢，还是再往上边去的那一座呢？我走上坡去，扒在一道篱笆墙上往里边看，希望能在那扇点着灯的窗子里，望见那个熟识的面孔。正在这个时候，有一个人沿着下坡路一直向我们走来。我们于是等着，等他走近我们。他立刻便非常注意地望着我。

他的身材比平常人偏高，瘦而结实，长着一只惹人注目的鸭鼻子，薄薄的红须，说话的声音悦耳而低沉，发"o"的时候微微有一点伏尔加河一带的口音；穿着一双很长的高统靴、一件水手上衣。那个时候，高尔基的肖像还没有出现过，所以我不认识他的容貌。

他以一种友好的态度，把契诃夫的别墅在什么地方解释给我们听，说得很详确。当我们继续往上走，而他已迈着大步子走下山坡去的时候，他的影子的残余还在我的灵魂中逡巡着，这个影子紧紧地缠着我。

契诃夫自己出来开门，他第一句话就是：

"高尔基刚刚离开这里。他等了你很久。他想认识你。"

早已经有很多谈到高尔基的传言了，说伏尔加河畔有一个流浪人，拥有巨大的写作天才。而我和这位日后在俄国文化史上占有一个重要地位的人物初次会面的情形，就是这样——在一个近东的小镇的荒芜的小巷里，在深晚的半迷雾中。

你们还记得普希金的《上尉的女儿》里面，普加乔夫第一次出现的情形吗？

二

在整个剧团的腾欢心情上，还有一件东西在重压着。我们认为前途必属于我们的这个信念，对固守成规的人们还一点也没有发生影响。

现在演员们得到了一个重要的任务：要鼓励高尔基写一本戏，要以我们的新剧场的梦想去感染他。

我们带到克里米亚去的一共有四出戏：契诃夫的《海鸥》和《万尼亚舅舅》、霍普特曼的《寂寞的生活》和易卜生的《海达·高布乐》。霍普特曼很接近最有文化修养的俄国人的灵魂，这就难怪契诃夫对他的作品那样有好感了。《寂寞的生活》给高尔基的印象是巨大、有力的。只是《海达·高布乐》使观众冷冷的，纵然里面的角色被美丽的安德列耶娃扮演得很精彩，而斯坦尼斯拉夫斯基把天才乐务博格也诠释得很动人。不过，自然，我们的兴趣中心是契诃夫的戏，而契诃夫的戏确也激起了人们对真正的新的戏剧的兴奋。

这个年轻剧团的演出和它的精神吸引了高尔基。

我们在雅尔塔举行了八场公演，而我们留在那里一共不过十天。演出的结果和给人们的印象都是很显著的。我们晚上演出，白天去散步、骑马，和契诃夫、高尔基会面。这几天内，契诃夫家的大门终日开敞着。全团的人天天都被约在他的家里吃饭、喝茶。如果饭桌上看不见高尔基的话，那并不是说他没有来——他一定是坐在阳台栏杆的旁边，被围在另外一组演员当中了。他穿着浅色的俄国衬衫，扎着皮腰带，满头厚而坚硬的头发突出着。他坐在那里，聚精会神地听着，迷人地微笑着，熟练地选用着生动、勇敢而又富有特性的词句。

这是一个拥有伟大天才的人，这种人是几十年才能出现一个的。这是火焰的一道光辉。他出自俄国的最下层，有特殊的命运，到处全是关于他的传说故事。他在贫穷的、凄惨的儿童时代几乎一个字不识，后来，在青年时代又到处逃窜，再后来又成了一个流浪人，差不多步行遍了半个俄国的土地。然后，他忽然被文学所诱惑，遇到一位稀有的作家柯罗连科。他得到大大的成功，紧接着发表了两三篇作品，写得又精到又完整，但是，就又停住不写了。为了补偿这一点，他嗣后在一生之中，一直到六十五岁，都使自己保持着人民之子的明朗、纯洁与严肃的魔力。借着柯罗连科的帮助，或者毋宁说是听从柯罗连科的建议，高尔基开始学习写作，而竟成了一个作家。

也许事实完全不是这样，不过，外边都是这样盛传的。

那个时候，他已经发表了三本小说集子——《马尔华》《切尔卡什》和《沦落的人们》——都引起了骚动。它们的内容与形式都抓住了人们的想象。里边所写的人物都是人所少见的一个世界里的一群，他们好像是从草原上闷热的灰尘中，或者从浸满了煤烟的院落里扒出头来在看着我们,他们对陌生人的注视里抑制着藐视与自负,一心要置明日的敌人于死地。这些人物都以蔑视的态度向我们夸示着他们的筋肉力量,而更令人赞羡的,是他们能用自由而勇敢的果断力来解决我们的一切"讨厌的问题",来嘲笑我们的尊贵气派。这些人物的鲜明与酷爱生活的光芒,和作者本人那种自信的、挑战的与勇敢的气质比起来,其感染力几乎一点也不弱。此外,还有他的艺术本身:锤炼的句子,灼热而生动的语言,新而精确的对比,诗意的简单与轻快的风格。这是一种新浪漫主义、唤起生活之愉快的新钟声。

观察一下契诃夫与高尔基之间的关系,是很有意思的。两个这样不同的人物!一个对落日怀着甜丝丝的想望,在这个日常生活的世界微叹着自由的幻梦,绘出颜色与线条的柔和与纤细;另一个也致力于对昏暗的"今日"的描写,但所用的是战争的呼喊,是紧张的筋肉,是对"明日"而不是对"也许两三百年以后"的勇敢而愉快的信心。我们这些青年演员已经得到机会,使他们对契诃夫的爱好经受考验了。他们现在就又强烈地被高尔基所吸引。这个观察的结果是很显著的。高尔基对契诃夫的爱好被证明不亚于我们这些人。他对契诃夫的这种情感一直怀抱到底。到今天,我们当然已经看明白了高尔基的一生及其全部的活动了。他的一生之中,虽然充满了对"抒情主义"的反抗,可是,我们知道他对契诃夫的态度从头至尾都没有变过:契诃夫是全俄国抒情派里最伟大的一个,可是高尔基对他的情感仍然像青年时代在雅尔塔那样。

在艺术剧院里,有一段故事是常被人述说的。这件事发生在我们这一次克里米亚旅行的下一个冬天。高尔基得到政府的许可，到莫斯科来了。有一次，他到我们的剧院来看一个契诃夫剧本的演出。观众听说了这个消息，就疯狂地想要看看他。到了幕间休息的时候，高尔基坐在我的办公室里，门外整个走廊上都挤满了人。他们坚持着，非要请他出来见见不可，结果，他只好不情愿也得屈服了。可是，跟着就是一件多么大煞风景的事啊！观众所看见的，不是往常出现于他们欢呼之中的那些微笑着的英雄的面孔，而是盛怒的一副容貌。欢呼声于是就在这番狼狈的情景之中消散了。群众静了下来，他开口说话。他把头微微往旁边一斜，一只手指比画着，用劝导的口吻率直地说：“好啦，你们为什么要见我？我既不是一个溺死的人，又不是一个芭蕾舞女演员。再者呢，如果你们觉得见一见我是一场精彩的把戏，那你们这种有闲的好奇心简直使我讨厌。”

无论如何，高尔基是厌恶这种闲散的好奇心的。我记得另外还有一件事，发生在一个火车站里，在哪一个火车站我却记不得了。我们正坐在一个火车站的饭厅里等着火车，这里有一大群人，我们远远地躲开他们坐着。这一大群人是一群商人，他们围着一张桌子，吃着喝着，正在开心。忽然，他们瞧见了高尔基。他们的领袖是一个结实的汉子，养得肥肥的，微微有些醉意了。他手里拿着一瓶香槟酒和一个玻璃杯，走到高尔基的面前，向他献了一番炫人耳目的、欢迎之情溢于言表的祝词。

"高尔基先生！让我先喝一杯，来祝你康健！再让我敬你一杯，来表示我们的敬意！天才的高尔基先生！"阿列克谢·马克西莫维奇一动也不动地瞪着那个人。他的脸上连一根筋都没有

动。忽然间,他说:

"你要看看你自己,这是一副多么醉醺醺的丑相!"他说得很率直、很清楚。

那个商人被弄得很沮丧:

"请便吧,先生。"说完,他就满脸通红地偷偷溜开了,嘴里一边呢喃着:"一个人要是骄傲成了这个样子,嗐,自然……"

三

他答应了给我们写一个剧本。我们就通起信来。高尔基写信,总是用一大张对开的信纸,用非常匀整的字迹按着行路写下去,连一个污点都没有。信尾,署着令人认得清楚的签名:阿·佩什科夫。他正在流逐之中。政府只许他住在下诺夫哥罗德,后来,他的住处也只限定在那里所辖的一个小镇——阿尔扎马斯。因为他长期患着胸肺部的疾病,有一年夏天,政府特别准许他到克里米亚去住——自然,是依然处于严格的监视之下的。有一次,他得到了许可,到莫斯科停留了一段短短的时间。

我到下诺夫哥罗德的阿尔扎马斯去看过他。他已经结婚。他有一个六岁的男孩子,这个孩子要什么,大人就答应什么。非得等到他淘气得特别厉害的时候,他父亲才把他放在一个衣橱的顶上来罚他。

"无论如何,现在我总比你高了,阿列克谢。"这个孩子在上边谈起哲学来。他称呼他的父亲"阿列克谢"。

很多人到下诺夫哥罗德去拜访高尔基。

其中有一个访客在我的记忆里留下了深刻的印象。他的外貌宛如《底层》里面的沙金，又精壮、又生动，好像他昨天还是一个流浪人，今天才服装整齐了一点似的。一副显著而富于表情的面孔，一副漂亮的嗓音。他走了之后，高尔基对我说：

"你知道吗，他可以做一个好演员。"

"他现在做什么事？"我问。

"只要到他手上的东西，他都拿。如果他在一条僻静的巷子里遇到了你，他会向你要五十个戈比的硬币。'拿过来，'他会对你说，'而且还得快一点。不然我自己动手的话，那我可就要拿得多了。'……"

我之所以想起了这一件事情，是因为这个人后来果然就成了一个优秀的演员，成了今日俄国最好的演员之一，而且，他给自己赢得了格外的尊重。

阿尔扎马斯留给我的印象是一个典型的乡村小镇，肮脏，全是灰尘，大街从来没有铺平过，行人道全是高高低低的木板。乞丐经常出现在高尔基那个宽大屋子的窗口——数不尽的乞丐。只要来的，高尔基全给钱，给的时候一点也不小题大做，动机特别单纯，也不是可怜，也不是慈善，只是为了满足乞丐们最简单的需要。所以，他给钱的态度就像是移动一把椅子，刷一刷衣服上的灰尘，或者是把被风吹开的窗子关上一样。他那里的乞丐太多了，多得竟妨害了谈话。我的心里于是就起了怀疑，觉得他们是在滥用高尔基对他们的好意。虽然如此，他绝不叫任何一个乞丐空着手走开。

"好一帮魔鬼，他们总是一群一群地到这里来！"他常会这样发泄情感，可是一边还在散发着一把一把的小钱。

要是他的零钱用完了，非得去破开一张大票子不可的时候，他就跑到旁边那一间屋子里去，找他的太太去要。不久，她的零钱也用光了，于是，他就把我所有的零钱全拿了去。他这样做的时候，态度也是很自然的，就像拿一根火柴来点烟一样。

到了夜半十二点钟，为了继续我们的谈话，我们常到一个又脏又人少的市区去，市区的外边隔着一片密丛丛的树林，闪着坟地里许多白色的十字架。

阿尔扎马斯首镇。

这是一九〇二年八月，高尔基已经把《生活的底层》写完了（后来，他把这个剧名缩为《底层》）。在这一本戏写成的前一年春天，我到雅尔塔附近的奥莱伊兹去看他，那个时候，他在那里就把头两幕读给我听了。我还记得我到了他家的时候，他不在，我就不得不在那里等候。叶卡捷琳娜·巴甫洛芙娜（高尔基的太太，也就是艺术剧院的那位永远且普遍被人热爱的演员）说，三天以前，他和夏里亚宾带着干粮和酒，划着一只普通的小舢板，向很远的大海上去了，恐怕非到黄昏是不会回到岸上来的。他们两个人在那一望无垠的水沙漠里，游水、晒太阳、吃东西、喝酒、睡觉、闲谈。果然，他们回来的时候，无论是肉体上或精神上，都是那样充满着生气：他们那种鹰一般的自由心情那么壮丽；他们那么高兴，内心那么有表现力；他们彼此交换的微笑又那么亲切。因此，你看一看他们就会相信，这是最热烈的浪漫主义。

多少年来，俄国社会从外表上看来都是很安静的、幸福的，甚至是繁荣的，可是，这一亿六千万人民的大海的深底却起了许多有力的巨浪，起了隐秘而具有凶兆的高滔。一方面是彼得堡、宫廷、禁卫军、大公爵、高贵的生活、交际花、马林斯基剧院、歌剧、芭蕾舞、阅兵、舞会、《新时代》、官场、巴黎、伦敦和灿烂的文明；而另一方面呢，从那些看不见的巨浪中散播出汗臭、煤烟的气味和无情的粗烈冷风。这一座以彼得堡为王冠的巨厦看起来好像是一动也不动，然而，那些看不见的巨浪已经把这座巨厦的根基掘得空空的了。在这两种世界之间有一道很宽的鸿沟：一个世界是懒惰的，漠然无所关心；另一个世界在潜伏着，在忍受着悲剧。这一亿六千万人的海，每喘息一下，就把这道鸿沟加宽一层、加强一层。这喘息造成了一股新的力量、一个新的信仰和一种新的勇气。成千上万的掘壕兵在那里工作着，一方面清除通到下层的大道上的诸种障碍物，一方面以怀疑来毒化或软化上层敌人们的意志。

高尔基和夏里亚宾就是在这样的喘息当中，被一个巨浪所铸成的——好进而加强人民对自己的创造力量的信心！通过艺术来加强！

关于夏里亚宾，有些人说过，上帝在创造他的时候正赶上心情特别好，所以把他创造成了所有人的一种愉快。

关于高尔基，我们也可以说，上帝在创造他的时候，一定正特别对彼得堡发着脾气。

至于高尔基对彼得堡的态度，任何人不会有两样说法。

§ 我的记忆里还盘旋着他那种尖锐的态度。那时内阁大臣西皮亚金刚刚被刺。高尔基的性格有一个特点是人人都晓得的：他富于极深的同情心。我们可以这么说，任何足以唤起同情的事情，都能引起他的反应。我们常常可以看见，他的眼睛因为怜恤而浸着泪水。我不记得西皮亚金被刺的消息是怎样传给他的，可是，我还很清楚地记得他回答的话和他的手势："我都很高兴用手指头探到他那个伤口里去摸一摸！"

另外还有一次，他谈到宪法，又谈到宪法的制定，和宪法的颁布所必然造成的各派冲突，他下结论说："我们所要做的，是从两头烧起！"——他这个意思就是，一头要摧毁立宪派所反对的人们，另一头，要把立宪派本身也摧毁。§

高尔基是彼得堡的一个坚决而顽强的阶级敌人，这是没有人可以怀疑的，也没有人可以希望这个敌对的态度能和缓下去。另一方面，高尔基的崇拜者的人数一个月比一个月增加，一个星期比一个星期增加。这些崇拜者里面不仅有青年，即他的自然的信徒，而且，说得确切一点，还有上流布尔乔亚分子——他的最狂烈的敌人。布尔乔亚的残余——就是说，革命的对象——对高尔基也极感兴趣，他们一旦寻求到了他，也就会被他迷住。

我们的剧院里有一些穷苦的学生，我们想帮助他们。举行一次募捐会是已经决定了的，高尔基答应给我们朗诵他的《底层》（他是一个朗诵的好手），可是有一个条件：听众人数必须有限制。朗诵在下午两点钟进行，地点就在我们剧院的小休息室里，只"请"了一百个客人，而收每人二十五个卢布的入场费！这个价格是不合理的，然而，即使我们多收一倍的入场费的话，还是会有人来的。

艺术的妙处！艺术的产品，凡是卓越的，总必有革命性，总必要摧毁一些旧有的"基础"。观众们呢，穿着大礼服、皮大衣，装饰着珠宝，在那里给精彩的演出鼓掌。他们被艺术迷住了，可是没有觉出，艺术的里面秘密藏着革命的种子。这种情形，我们在彼得堡演出高尔基的《小市民》的时候，可以特别明显地感觉出来。

在艺术的领域里，有一个多么奇怪的、政治的三角局势：彼得堡、艺术剧院和高尔基！

第十四章

一

情形是这样的。高尔基的第一个剧本是《小市民》。大家都希望他根据他的流浪生活写一本戏——那种生活在当时还没有人写过,而我们特别感兴趣——可是,因为怕遭审查被禁止,就不得不从色彩淡一点的东西开头。我们的剧院没有得到机会在莫斯科上演《小市民》,因为每年春天我们必须到彼得堡去一次,因此就把《小市民》的初演定在彼得堡了。从我们在雅尔塔会到他,到他写成《小市民》,在这一段时间以内,高尔基的声誉升得极快,结果,他被选为皇家学院的名誉会员。学院的院长是大公爵康斯坦丁·康斯坦丁诺维奇。他是一个诗人、戏剧爱好者,并且自己就是一个业余表演者。上级给他施加压力,他于是反对高尔基的当选。这个举动引起了热烈的讨论,而为了表示抗议,原来是会员的契诃夫和柯罗连科就提出了辞职。

有人准备在《小市民》演出的时候进行反对大公爵的示威。那么,解决的方法简单得很,自然和往常遇到同样的例子一样:

戏被禁演了。

我们开始努力。我安排好了去进见内务大臣斯维亚托波尔克·米尔斯基公爵,他是以自由政策出名的。我居然说服了他。戏是被准许上演了——只能演给已经订好了座位的人们看。

艺术剧院在彼得堡受到了群众的出乎寻常的欢迎。剧院吸引着它所可能接近的任何阶层的人。沙皇宫廷里的分子、交际圈子里的人物、广大的知识阶级群体和所有进步的青年都支持这个剧院。特别是最后提到的这一群青年,把艺术剧院看成他们自己的剧院。最初几年,我们演戏所用的剧场原先是演歌剧的,虽然我们加以改造,而楼上最高层的那些排位子依然有许多是很坏的,坐在那里只能听见声音,可是看不见台上。这些座位我们就放弃了,不去卖票。然而,这些座位却永远坐满了极多的"野兔"①,这些"野兔"每天多达五百人左右。这我们明明晓得,可是我们闭上一只眼睛装看不见——究竟他们都是些青年学生啊。

我时常上楼去拜访他们,一到幕间休息的时候就和他们闲谈。我记得,有一次上演易卜生的《人民公敌》——里边有斯坦尼斯拉夫斯基精彩地扮演的主角——那一天,恰巧是喀山大教堂前发生暴风雨般的流血示威事件的日子。按照当天的情形看来,那些参加示威的学生一定不会想到来看戏了。他们有多么多的同伴受了伤、残废了,有的被送进了医院,有的被捕了。一般人的情绪都被政治填满了。可是,一到晚上,楼上最高处那些座位和往常一样,又都满了。这些学生,刚刚在大街上进行过前哨战

---

① 剧场里的行话,指看白戏的人。——译注

斗，身体又疲乏、又冰冷、又饥饿，可是，把艺术剧院的演出轻轻放过，却是他们不曾想到的事。我记得有一个热烈而深情的女孩子这样说：

"自然，从政治倾向上看，这一出戏（《人民公敌》）一点也不是我们的。我们本来应当向它发出嘘声。不过戏里有这么多的真理，而斯坦尼斯拉夫斯基又这样温暖地召唤着每一个人对自己忠实，那么这一次演出对于我们就等于一次宴会，也就和大教堂前的示威是同样应该到场的一件'大事'了。"

在上演《小市民》的前几晚，我上了楼去，请求那班青年千万不要在这出戏上演的时候做出任何示威的举动。我恳切地申辩说："这次演出对于我们是极其重要的，我们只有演成，才可以请高尔基继续给我们剧院写戏。倘若剧场里的秩序一乱，那一定会招致镇压和禁演的，那样，我们可就要失掉这样重要的一位作家了！"

青年们答应了，也履行了他们的诺言。然而，在《小市民》演到最末一晚的时候，有一个人觉得这是最后一场了，就禁不住自己的意向，为了满足他个人的冲动，狂喊了全场都听得很清楚的一声："打倒大公爵！"

这样一来，这出戏的演出倒是保证不会受青年们的打击了。而另一方面呢，我们可就得设法去保证它不受高级官衙的打击，不受内务部的打击了。这就是三角局势的开始点。

我们得到许多彼得堡贵妇和大臣夫人的帮助，其中有一个特别有势力，因此，她的野心也就特别大：有野心，喜欢攀缘高贵，认为欣赏艺术剧院和高尔基是时髦，永远要表现出她能左右她的丈夫——这些特点她样样具备。无怪人们说，在剧场里和在虚构文学创作上，成功的永远是妇女。

在我们可能得到公开演出的许可以前，我们奉命先把这出戏彩排给长官们看——由他们来决定这出戏危险到什么程度。立刻，这个消息就以世上的传说所特有的那种速度，野火一般地传遍了上流社会：给高级官吏的家眷或给外交团索取包厢票和正厅前排座位的，多得令我们头晕。这次彩排所聚集的观众，其体面、其穿着时髦、其政治上的势力，恐怕是欧洲任何集会都要嫉妒的。

观众都抱着一种期望的心情。在这个场合之下的成功，是完全出乎我们意料的。这一次的成功既不能归功于剧本，也不能归功于艺术剧院的艺术，更不能归功于高尔基，因为他本人那个时候并不在彼得堡。这次的功劳完全属于我们剧院里的一个演员，而且，还是全团里文化修养最低，又是头一次扮演比较重要角色的一个演员。

艺术剧院反复在实验一种方法，这就是再过二十年才被人称为"典型化"的方法，也就是后来电影演员扮演角色的基本方法——莱因哈特也曾用这种方法去构成他的戏。在《小市民》里，有一个主要的人物是一个教堂唱诗队的队员——一个唱男低音的歌手。我们刚刚在一群新手中找到了我们所需要的这样一个形象：一个硕大、魁梧、行动蠢笨的人，有一副极美的"低八度"。他实际上本来就是一个歌手，因为工作以外很有余暇，所以来从事戏剧表演。高尔基写的那个捷捷列夫，就确确是他的画像。他的名字叫巴拉诺夫。他像所有的男低音歌手一样，能喝很多的酒，性情常很粗暴。如果他能活到革命以后的话，他一定能把拉斯普金这个角色演得极精彩。

就是他引起了观众真正的狂热。那些妇女——就是彼得堡那些最上流社会圈子里的妇女——对他完全着了迷。为什么呢？为了一次了不起的表演吗？为了某种高超的艺术吗？还是因为舞台把人生融化到了艺术里，并与艺术上的自然主义发生了碰撞？自然，是的。可是，另外还为了一样东西。在最后一幕闭幕以后，这些漂亮、精致又洒透了香水的妇女到了后台，围着这头大牛，竞相销魂地对他的"仪表"激赏不已。

§ 于是，戏就被准许公演了。

这真是一个三角形的局势。

也是一场悲喜剧。§

二

高尔基并不太关心《小市民》的命运如何，因为他已经把心思用在写作《底层》上边去了。《底层》一写出，马上使我们狂喜了。我们的剧院开始因为工作而沸腾起来。为高尔基的对话探索新"语调"的工作很快就做完了。这种对特别的表演节奏的探索，是全剧院最感兴趣而又最重要的一个主题，这我要留到以后再讲。

在准备《底层》的全部时间内，高尔基都是和我们在一起的，可是我们的职务常常交替：很多的时候，他不再支配剧院，而受剧院的支配。我不喜欢操心去揣测别人的心理，可是高尔基的心理，那个时候是很明显的：他把全部身心都放在他的剧本如何可以得到成功上边，也许这是唯一的一次。同时，他还得会见许多客人，这些人都是以一种友好的态度，带着恳切的问题，渴望着来会见他的。我常常在斯基尔蒙特家里遇见他。如果我的记忆力没有使我弄错的话，他是住在他们家里的。斯基尔蒙特、布拉兰贝格（我所认识的最好的人中的一个，是《俄国公报》的编辑，又是一个作曲家）和他的太太（就是那位演员兼歌唱家布拉兰贝格-切尔诺娃），这些人为大众的教育苦干了很不少，他们都是高尔基的朋友。①

大都会里所不可避免的"高呼"只要响起一声，这种初次的、简单的高呼就终会交响成为欢呼。高尔基，正像俗语所说的，现在是被人承认了。有一些时候，他是要和艺术剧院来往的，而剧院的成员又极其复杂。彩排、早午饭的宴会、集会、赞美的词句、谈话、朗诵会……他永远是很有精神的，永远是极其泰然自若的。他总是用眼睛瞪着和他谈话的人，想要尽量了解那个人。假若他认为那个人是他"自己一类的"，就立刻对其表露情感。至于什么是善、什么是恶的问题，他就从来连一瞬息都不

---

① 禁不住要离题一下，好对稀有而高贵的布拉兰贝格夫妇多叙述几句。只要一回忆他们，我就能把对他们的深深的情感复烧起来。他们两个人的一生及其活动，完全渗透了忠正、诚恳、智慧和不停的苦干。而他们的互相忠实，也少有得像是传说中的人物。丈夫（帕威尔·伊万诺维奇）死在国外。太太（明娜·卡尔洛芙娜）带着他的骨灰回到俄国来。然后，她决定把丈夫的作品整理好，发表之后，她也追随他到地下去。她真是这样做的。为了这种布置，她整整忙了一年，把一切必须办的事情全部料理好了，然后，跑到一个很远的地方去，静悄悄地，一点也没有张扬声势，就自绝了一生。——原注

曾踌躇过。他对自己是十分不可动摇地有把握的。在彩排的时候，他很单纯、坦白，也相信别人的话，可是，在必要的地方就又坚持得使人不讨厌。这一整个时期——说得再确切一点，就是一九〇二至一九〇三这一冬——他给我记忆中留下的印象，是像一个过了多年艰苦生活的人终于得到了报偿那样有精神、那样高兴。《底层》在初演的时候得到了剧院少遇到的一个大成功。在这初演的一场里，为了答谢观众们为剧作家的欢呼，他登上了舞台，露出一种不习惯于出现在群众面前的羞怯——这种神气和那些富有经验的演员刚刚形成一个明显的对照——然而，他是很喜悦的。"这可真不错啊，这才叫见鬼呢！"他叫着，在谢幕之后一直从舞台上跑到我的办公室里来，满脸放着光彩。他微笑着，把上台向观众鞠躬时都带上去的那一支香烟头戳到烟灰碟里掐灭，随手又重新点起一支烟来。

"这是你在地理上得到的历史！"这是他总喜欢说的一句话。

就是这样。艺术剧院把它所有熟练的本领和最大的灵感完全拿出来了。整个剧团都充满了愉快。我说整个剧团的意思，是扮演主角的最好的演员和作为一群流浪人、杀人凶手和流氓无赖出现的小演员们一齐包括在内。当每一个人把他生命中的主要任务愉快地而又成功地完成了的时候，这些人一定全都感到自己处在一种最紧张的状态中。于是，剧本里面的战斗的调子、鞭笞的字句和猛烈的革命的潜在力量，就都得到了强而有力的、有说服力的、具体的舞台刻画。而观众呢，虽然里边大部分是作者最顽强的敌人——这出戏的全部愤怒也是向着这些人发的——可是，也竟以全体一致的热烈欢呼作为回应。

艺术的妙处啊。

§ 三角形的局势啊。§

二十五年一转眼就过去了。在这同一个剧场内，同样的四面墙壁之间，同样的戏又上演了，甚至大多数的演员也是和二十五年以前同样的演员，只是比从前更熟练了。鲁卡那个角色，还是由同一个莫斯克温演的；演男爵的，也还是那个卡恰洛夫；装置和导演的设计，也还都和从前一样，并没有因为二十五年来戏剧艺术的演进而有所变动。总而言之，演出上没有显出丝毫的改变。只是，观众变了——变得一点都认不得了。观众变成了全新的观众。观众里边，有用肩巾绕着头的女人和穿着本土制衬衫的男人了。二十五年以前，这些人都没有踏进过这个剧场，而且他们坐在他们的凳子上和机器旁边工作的时候，连这个剧院的名字都没有听过。可是现在呢，他们把从前占着包厢和正厅的社会白食客们都赶走了，自己来占了剧场里所有的座位，以满意的心情来听同样的句子，来观看同样的激情，来对著名的艺术剧院发生着同样的迷恋。于是，他们向演员们的祝贺来得更加隆重，他们为喜爱的天才欢呼得更加热烈。等到剧作者顶着他那尚未斑白的而且还厚厚的头发，带着满脸深深的皱纹走上台去的时候，你就可以特别明显地看出在这座著名剧院的庄严的场子内所发生的变化了。

第十五章

一

《底层》得到了普遍的成功。从艺术剧院的艺术观点看来，这出戏成了契诃夫之后的剧目中绝不可少的一个。一九〇二至一九〇三这一个冬季，可以说是"在高尔基标志下"的一季，因为我们所演的四个戏里有两个是高尔基的剧本，而其余的两个——一个是托尔斯泰的《黑暗的势力》，一个是易卜生的《社会支柱》——竟都没有盖过他的成功。然而，从此以后，实际上，高尔基和艺术剧院之间的创造性工作的联系差不多立刻就断了。我们只又演过他的《太阳的孩子们》这一个戏——事实上，寿命并不长——是到一九〇五年才演的。

从一九〇三年到一九〇五年，这中间，我们的剧院得到许多极有意义的经验，而在这些经验当中，高尔基的影响占着很重要的地位。

假如你们把这三个年头回想一下，把这三年内的演出用你们的想象描绘一下，你们会回想起这些演出在观众面前的情景，回想起被崇高的艺术和艺术的谐和气氛所包围的观众大厅，回想起《裘力斯·凯撒》《寂寞的生活》《樱桃园》和《伊凡诺夫》带给观众的喜悦。同时，你们再看看这些演出的后台气氛，回想一下剧团里的人们的心情——那种骚动的、烦扰的、不安的、不愉快的、被激怒的、混乱不清的情绪；这里政治问题使大家不安，那里人们又在灰心丧气；这里在忧虑焦愁，那里又在预卜着逼近的末路。当你看到幕布内外的这种极不调和的情调时，你就真的会为这种舞台艺术交织成的怪异的、漂亮的、有声有色的谎言而惊奇了。

物质方面，足以鼓励我们剧团的事情很多。可以先举出一个例子来，那就是：我们已经有了一个固定的剧场建筑物了——这座房子，是要定一份十二年的合同的，但是，以我们剧院的基础还未稳固的浅浅历史而论，这个期限定得似乎过长了一点。化装室都很舒服，陈设的味道也都很高雅。每一个演员都能有一间自己的化装室，可以按着自己的意思去布置。后台到处都是有秩序的、清洁的景象。除此之外，这也正是我们的"集体组合"事业开始实验的头几年，艺术家们——就是说，剧团里的重要人物——都变成了这项事业的主人。剧院在观众方面所得到的成功是巨大的，而这个成功，更随着外边散播的后台有一种集体与智慧的精神的传说而更加扩大。艺术剧院承当了一个领导的角色。它早已经领导了所谓"社会性"的运动，在那个时候更开始了一件事情，那就是日后科学学者和"自由职业"者们所说的：

"我们在艺术剧院里教养了自己。"

我们要每一个演员都加入俱乐部，加入不同的小组，加入沙龙与会客室的聚会。因为大体上说来，俄国演员除了在穿好服装、化好装以后，是很少和外边的人见面的。我们剧院里的艺术家们把这个规则遵守了很久，因此，他们就更引得外界人们的兴趣和好奇心不断地增长。

这些年，艺术上的成就是特别出色的。《裘力斯·凯撒》的演出夺了著名的德国迈宁根剧团的光彩——这出剧本来是他们剧团的桂冠演出。我们的演出，除了它的纯艺术特质之外，又把艺术剧院的组织能力——也就是，它的集体制度——显露了出来。从"组织"这两个字上讲，如果组织没有剧院全体的参与，那么，无论是我，也无论是斯坦尼斯拉夫斯基，都不能够单独做到这样成功的地步。外边那样常常谈道或是常常写道："艺术剧院所获的声誉，究竟应该归功于它的各种艺术天才呢，还是应当归功于它的组织呢，到现在还是一个悬而未决的问题。"这句话，一点也不夸张。

《樱桃园》的写作和上演，也是这几年以内的事。契诃夫的这一篇最后的杰作，后来变成了我们舞台艺术上的"王牌"。§在初演的时候，大家所喜爱的剧作家第一次到场。事实上，莫斯科在尊敬他的同时，都还有着一种预感：那是在向他告别，几个月以后他就不在人间了。§

简而言之，使我们感到高兴、使我们勇敢地瞻望前途的原因，不仅是这些。剧团的成员大多数都正在青壮年：除了几个年老的成员外，大多数都在二十岁到四十岁之间。

但是，显然地，纯粹的愉快只不过是一个极为偶然的天降之福，而人们的心底，在大部分的时间里还总是不高兴的。

固然，我们有了《樱桃园》和契诃夫。可是，这一出戏到了若干年以后才给我们带来十足的愉快。而事实上，这出戏使作家在写作的时候感到苦痛，也使我们在等待这个剧本完成的时候感到苦痛。等到剧本寄到了，它又并没有产生我们所估计的效果。排演进行得很不顺利，我们常常和剧作家发生不和：每次排演契诃夫都到场，然而，不久他就看明白了，在演员们还正在"摸索"的时候，他的到场所妨碍演员的地方，要比能帮助演员的地方更多。除此之外，有几个演员也不能令剧作家满意。在公演一开始的时候，观众对它的态度，并不像对《沙皇费奥多尔·伊万诺维奇》《海鸥》《人民公敌》《底层》和《裘力斯·凯撒》那样热烈，最叫人觉得奇怪的是，观众对它的热忱很快地就衰退了下去。我在论契诃夫的那几章里早已经说过，所有他的剧本，命运都是如此：它们的价值，只能在以后几季演出中才能逐渐显露出来。

在剧院的这些事件上，还得加上这么沉痛的一件：契诃夫的死亡——在《樱桃园》初演仅仅五个月以后。

这里有多少毒害后台空气的理由啊。

然而，《裘力斯·凯撒》呢？

二

请想，观众当中又如何会有一个人能相信，像这样不断闪现着快乐的一出戏，在后台竟是使人最感困难、最感苦楚的呢？我们所受的苦楚的程度过高了，以至于纵然它在艺术上与物质上有巨大的成功，我也还是决心把它从下一季演出的剧目中删掉，把它卖到基辅去：卖了布景、服装，甚至连我的导演本子也都让给了那个基辅的导演。观众自然对我们的剧目中丧失了这一个表示惋惜。可是，另一方面，我们后台的人却觉得无所谓，甚至还觉得轻快了不少。

在这一出戏里，我们确可以找到戏剧的"厨房"里的那些有趣的现象。

这一出戏，从人数上和在所谓"人民的场面"这一意义上来说，是很复杂的。我们把这个悲剧的舞台装置全部处理成"凯撒时代的罗马城"。戏里面主要的角色是人民。主要的几个场面，是罗马的大街、凯撒在国会里被刺、凯撒出丧、暴动和几个军事场面。参加演出的人有两百以上。在一个善于适应内敛性质的演出的剧场里，这个人数不算少了。可是，我们这种举动的最重要的一点，是这两百多个人并不是只为了一笔讲明的报酬而来敷衍敷衍的冗员。这些人里包括次要的演员、我们剧校的学生、大学生，他们都是高高兴兴地想找一个机会到我们的剧场里来赚这一点点钱的，所以，我们称之为"合作的工作者"。他们除了夜晚都到剧场来以外，白天也用各种不同的方式参加工作。

在排演进行的过程中，当莎士比亚心象中的罗马悲剧从这一群人的身上揭示出来的时候，当导演在这一群人中间创造出有色彩而又令人感兴趣的各个小组合体，启发了热情，寻求到造型的时候——总而言之，当排演工作发展下去，一直到第一次演出的时候，所有这两百个帮忙的人，因为既全是知识分子，又全是艺术的热烈崇拜者，就都一直被愉快和热心燃烧着，都一直把全部力量使了出来。艺术剧院的群众场面之所以能产生吸引人的力量，主要是因为参加演出的每一个人都把自己的全部想象力和全部精力贡献给了艺术剧院，而且，每一个人的热心都不弱于主角。后来，我曾经遇到不少的律师、教员（甚至有两个人已经成了大作家），他们都对我说：

"你还记得我吗？我是《裘力斯·凯撒》里扮演群众的一个学生"，或者"是《布朗德》里演群众的"，或者"《人民公敌》里的群众之一"……

每一个问我的人，必不可免地都要加上一句：

"你不知道我们在那些次排演里学到了多少东西啊。而且，我们学到了群众的心理，学到了个人的心理，学到了如何批判历史上的事实，毫无疑问地，也学到了高尚的趣味。"

而等到"群众"里面所有的角色——游手好闲的人、国会议员、战士、热心的爱国分子、阴谋造反者、僧侣、施魔法者、跳舞者、娼妓、处女、主妇、市场里卖菜的女人——都创造出来了之后，那真正是一种大快乐啊。而等到演这些角色——化上装，穿上服装，走上舞台——那又是多么极端地令人有兴趣啊。然而，等到演过了二十四场之后，新鲜的情绪逐渐迟钝了，兴趣也枯竭了，角色的扮演变成了交差的行活，因之也就无味了。但是，纪律仍然要求每个角色都得演得准确。这两百个人当中，只要有一个人微微有一点疏忽，都能显得出来。到了第二天，那个犯错误的人就会受到警告、申斥或者处罚。剧院的导演绝不许可别的剧场所能许可的那种庸俗、无灵魂、不经心、无节奏、无塑型的群众场面存在！扮演群众的演员，当初在新鲜的热情中不觉得怎样,现在都觉得又疲乏又厌倦了。诸如:铠甲的上身、盾、武器、野兽皮和头饰的沉重;罗马长袍必须永远保持褶纹,时时更换衣服的疲劳;注意力必须时时保持,一会儿得跑到台上,一会儿得跑到台底下,一会儿又得跑到台上的平台上。这一切,演到了一小时以后,就全都觉得十分辛苦,全都觉得十分不能支撑了。

美国的剧场经理不会了解这一点。在他看来,这两百个人每一个都是一个确定的数目,此外就没有别的了。这,要是从他自己的观点来看,确也是对的。然而,在我们看来,这两百个人,却每一个都应当是一个有生命的灵魂,他的重要性不能受他所得的薪金数目的限制。一个人在考虑选用学生的时候,必须特别小心。他们愈有天资,就愈急于从"群众"上升去扮演角色。可是,导演又不能不让他们参演群众,好教他们去创造优美的"聚点"和显著的气质。

后来艺术剧院尽力避免演出群众场面太多的剧本,然而不幸的是,像契诃夫或奥斯特洛夫斯基那样"内在的"剧本,群众场面却又太少了。

就是这毒害了《裘力斯·凯撒》的后台空气。然而,还不仅于此。

每一次演出,只有演员们自己也觉得愉快,我们才能有把握证明这出戏对观众也是一种愉快。不然的话,那至多是一种超群的"艺术",而必是冷冰冰的——这种艺术,非得由演员的灿烂心情温暖起来不可。《裘力斯·凯撒》里面,只有两个演员是以愉快的心情来扮演他们的角色的:一个是卡恰洛夫,演了一个精彩的凯撒；一个是维什涅夫斯基，在扮演安东尼这个角色上得到了一次大大的成功。演员如果缺少这种愉快的心情，则他所体验到的精神上的苦痛，观众是一点也无从感觉出来。而且即或是整个演出都成功了，即或是其他所有演员都"得到桂冠"，他自己也还是失败的。彼得堡的那个出色的女演员萨温娜也就是因为这种情形，才在第二次演出时候拒绝再演她那个角色的。另找一个人去代替她呢，这在我们实在是不可能；要是能的话，我们在排演的时候早就这样做了。因此，在排演的时候，这个角色失败的阴影使我们的演员受到的惊吓，比在任何剧场都多得多。

请再设想一下，是不是有的演员相信自己是在遵循着一条真正的艺术的路线，而问题只在观众还够不上他的口味呢？——这在当时，自然，也是有的。斯坦尼斯拉夫斯基在这出戏里就是这样。

他把"最后一个罗马人"的心象孕育为一个精明、火热且革命的人物，可是，观众却想在勃鲁托斯的身上看到一个莎士比亚所创造的"温文"逡巡的心象。他无论怎样一场戏又一场戏地逐渐完成他的设计，他和观众之间的这个裂痕总也补不起来。他的心情错乱起来，而这种心情又反应在同台演员们的身上。

三

最后，在这个时期，后台因为剧场外边的各种事件的影响，起了大大的纷扰。

和日本作战的失败使大家认为，付出那么巨大的牺牲简直是一次荒谬的举动。一九〇五年的革命这时也渐渐成熟了。空气里愈来愈公开地充满着怨恨。

"大概是我们的主人混蛋。"有一次,我熟识的一个农民隔着村内的一条大街向我喊。他问我:"说说,城里的情形怎么样?"我回答说:"不好。"他这"主人"两个字,明明指的是国家的领袖。而你们可以从这里看出来,他已经敢于毫不犹豫地公然高声发表自己的意见了。

还有一次,我到南方去旅行。在一顿可爱的夏季晚饭之后,我们的特别快车在靠近一座工厂的火车站附近,很奇怪地撞到一个女工,一下就把她撞死了。火车在那里停了好久,我就趁着这个工夫,跑到停着死尸的桌子那里去看:她很年轻、美丽,半裸着身体,那极白的身子上闪着稀有的光泽,一个极小的伤口就在太阳穴上。在周围的群众当中,有一个高大的女工坐在一个高高的东西上,她那美丽、宽大而纯洁的俄罗斯人的脸全叫眼泪流湿了,嘴里一边还嚼着葵瓜子。

"你好好看一看,好好看一看,"她忽然开口说,并恨恨地斜望了我一眼,"趁着你自己还没有像她这个样子叫别人给分了,好好看看你自己吧……"

不安的生活已经在表面上显露出来了,不是混乱,就是烂泥与垃圾。安静的田园生活已经消失了。

一个绅士告诉我:有一天,他在大清早从俱乐部回家,带着赌牌所赢的钱,怀着一个通夜没有睡觉的人在清晨所特有的心情。那时,工人们正在路上走着,要去上工。他所坐的那辆漂亮的矮四轮马车在十字街口被迫停住。就在当场,离车子很近的地方，有一群工人正要穿过街去，也都停住了。其中有一个工人恨恨地向车子里的人望着，骂他说：

"你接吻接够了吗，你这狗娘养的？"

（他原来用的是另外一个动词，这里不好印出来。）

还有一件事。我从叶卡捷琳诺斯拉夫回来。火车在小小的锡涅利尼科沃车站停留了大约有二十分钟的样子。那时候快到半夜了。我这间包房里只有我一个人。从窗子望出去，看到的是从车身到月台的这一边。月台上边铺满了白色的小海贝壳，整个都浸染在一盏昏暗的电灯的绿光下。一个人影都不见。再远一点的地方有一列货车，车厢的脚踏板上放着一盏列车员的提灯。我在这一片寂静之中用力谛听，觉得仿佛有一个人的脚步踩在那些小贝壳上，发出轻轻的破裂声。我听说两个星期以前，这火车站附近一带发现过一个强盗。我一想起这件事，就扒出窗口去，顺着车身前后用力探望：一个人也没有。然而，开车的铃声才刚刚一响，火车才刚刚一动的时候，就从我坐的这一辆车厢的底下，而且差不多就在我这间包房的窗口下面，闪出一个人影，爬上了车子的脚踏板。这个人的身后又跟上来一个。我跑到包房外边的甬道上去找列车员。到处都看不见列车员。就在甬道这一边的一个窗口，站着一个旅客。

"你找列车员干什么？"

"我觉得有几个形迹可疑的人进到这一节车厢里来了。"

"那么，又怎么样呢……胡说。"他大笑起来。

虽然如此，我赶紧回到自己的包房里，从里面把钥匙转过去，又把门链挂上。一转眼的时间，我就听见我邻房的那位旅客也这样办了。

这个时候，火车已经开得飞快了。忽然，我这间包房的门把手转动起来。锁链挂着，门是开不开的。接着，外边就传来一声有力的低语："挂上锁链了！"那扇门于是又静静地关上了。立刻，我就听见甬道的另一头发出一片嘈杂声，两个人在高声说话。再等一会儿，砰！砰！——一下接着一下的枪声，身体訇然倒下的声音。我冲过去要开门，可是想到胸部随时都有中一枪的危险——正在这个时候，火车的制动器咝咝地响起来，火车猛地一下就停住了。显然地，偷偷上车的那两个人早已跳下去了。甬道上一片寂静。我开了房门——两具死尸和一盏提灯在地板上。我冲到离我最近的一具死尸旁边去看——血！……我那位勇敢的邻居这时还藏在他的包房里呢。我又跑回我的包房里。我扒在窗口往外张望，右边远远地，沿着铁道站着一队穿白色制服的列车员，被月光照个分明。列车长早已经过我的窗下，向火车司机喊着："开走！什么也没有。"我大声问他们是怎么一回事。

调查的结果：我们这列车的列车员被杀，他的助手伤势很危险。

§ 我记得，就在这个时期的前五六年，我旅行经过一片闷热的草原，在路上，我掉了一条丝绒的方格围巾。发觉之后，已经离开田上有二十俄里左右了。不用说，我就连回去找的念头都没有起。然而，两天以后，一个邻近的农民拿着它来找我："这是你的格子布吗？" §

第十六章

一

在俄罗斯演员的进化过程中,从漂泊的"不幸人"和"幸福人"①起,到作为苏联公民的演员止,艺术剧院一直充当着一个重要的角色。这个剧院比任何地方都更多地把演员引入先进的知识阶层的生活与兴趣里。

就想一想:我当初第一次到莫斯科小剧院后台的时候,在那里听见一位领袖演员萨马林对一位演小角色的演员——就是那位值得崇敬的米连斯基——说话只以"你"相称,而米连斯基就得称呼他"您,伊万·瓦西里耶维奇"。这种风气不久就绝迹了,然而,在辉煌的领袖人物和次要的演员之间,依然有一道可以感觉到的鸿沟。

大都会里的优秀的演员都有出色的文艺趣味,对他们所演的

---

① "不幸人"和"幸福人"是演员的艺名,分别指代悲剧演员和喜剧演员。如奥斯特洛夫斯基的剧作《森林》中的两个流浪艺人——不幸人根纳季和幸福人阿尔卡季。——编注

文学作品的古典部分了解得很透彻，也很喜爱古典作品，只是，和沸腾着的新兴潮流却隔绝得很远——不仅是在生活上隔绝，就是在文学上也隔绝着。而且，他们的整个生活都是如此，无论是他们的兴趣、习惯、道德……自然，他们并没有和社会割断，没有像外省演员似的，被虔诚的居民们认为当"戏子"是可耻的。在莫斯科和彼得堡，演员们和许多高贵的家庭都有很好的交往关系，有大学教授做朋友，成为各种俱乐部的会员，而且总是受人崇敬。然而，他们还照旧举行"福利表演"，还照旧接受各种馈赠，如鲜花、贵重的物品、银器和皮货。无论你们如何申辩说这是爱与同情的礼物，然而，还不是一样——这些馈赠无形中把演员的地位变得特殊。对于旧型剧场里的生活习惯，艺术剧院在任何方面都尽力争取矫正。我们这里没有福利表演，鲜花乃至花环也只能在后台化装室里送给演员；演员甚至不谢幕，不上台去接受掌声。在外表上，演员们，特别是女演员们，也不表现出任何足以表明自己干这一行的特征。所有这些矫正，我们很可以相信，都是从他们的艺术修养中自发的，因为，艺术总会在他们的吐字、谈话的态度和身体的动作上印下痕迹。不过，艺术修养愈纯粹，它在吐字、谈话和动作上所表现的"矫揉造作"就愈少，于是，演员在日常生活中的举止也就愈简单。

§ 我想，斯坦尼斯拉夫斯基已经在他的《我的艺术生活》里谈到过一件事，那就是，当我们到彼得堡的剧场夫的时候，那里看门的女人几乎不相信我们这一群人里面的女人们是我们剧团的演员。"这算是哪一类的女演员呢？"她讥诮地问。因为在她的心目中，女演员应该打扮得漂亮，衣服也应该穿得讲究，头也应

该梳得很美，还得戴着华丽的帽子，有一副特别的仪表，发出一种特别的欢笑声……§

艺术剧院跳动着极强的社会生活的脉搏。我们剧团里的分子可以代表社会的各阶层。演员们的感情共鸣，自然也因而各不相同到极点。有些人的精神倾向——换句话说，就是他们的生命的音乐所受的影响——可以称为"契诃夫的"或"托尔斯泰的"，也许可以说，有一点完全不关心政治。我们的女演员中间有一个人，一点也不隐讳她永远不读报纸的事实。但是，我们从另外许多燃灼的眼光里又可以探寻到，从某一个角落里抑制着的谈话中也可以听到，还有一种音乐可以称为"高尔基的"。

"权利不是等着人家给的，而是要自己去拿的！"

在前边一部分的叙述里，我谈到过我们的第一个大股东、百万富翁制造商莫罗佐夫，和他迷恋革命的悲剧结局。

在我们这些人中，有一部分人从青年时代就受了梅特林克、波德莱尔、邓南遮和王尔德的影响，早就梦想着新的戏剧形式；还有一部分人同样专心致力于人民剧场的计划，而且，为了实现这些计划，很少有几个演员肯脱离开这个剧团。

玛丽亚·费奥多罗芙娜·安德列耶娃的行动，在剧院后台给人留下了一个了不起的印象。俄国剧场里几乎还没有这样美丽的一个女演员，她是一个高级军官的太太，是"斯坦尼斯拉夫斯基小剧团"的一个虔诚的爱好者，后来，又在艺术剧院里居于领袖的地位。忽然间，她"发现自己"是属于革命的腾沸圈子里的人物，于是脱离了她的丈夫，不久以后，又放弃了舞台生活。

最后，到了高尔基的第二本戏《太阳的孩子们》上演的时候，剧场的空气就一点也不像三年以前的那个样子了。从一开头，大家就都普遍地有一种感觉：要动员观众来看戏是一件难事。各剧场的经理也都看得很清楚，在战时，观众的数目倒是可以增加的，而在革命的骚动当中，观众就减少了很多。俄日战争已经打完了，俄国已经战败了。维特已经在朴次茅斯签了糊里糊涂的和平条约，因为担任这个差使，他已经得到了伯爵的头衔。只有彼得堡还在粉饰太平，全俄国已经掀起了威胁的巨浪。莫斯科的街上游行着示威的群众，在靠近普希金塑像的那个十字路口集会最为方便，因此，那个广场就得到了一个历史价值。在这个时候，"外省的人"都想劝沙皇放弃宪法，可是，沙皇还在相信全俄的革命党人几乎不超过一百四十个。

而艺术剧院里的空气，可以说是尴尬得很。我们在一九〇五至一九〇六这一个冬季，头一个戏要演我们的"天使剧"《海鸥》：布景完全重新制作，演员也重新调整过。可是，这一次的复演失败了。什么东西都依旧精彩，只把旧有的芬芳味道丢掉了。就像一朵鲜花在一本书里夹了很多年的样子。同一季里，我们还上演了《聪明误》和汉姆生的《人生的戏剧》。

现在，是《太阳的孩子们》了。

我们开始准备《太阳的孩子们》的演出工作。排演进行得不十分顺利，其间经过了很多商讨与辩论，舞台上的布置也经过了若干次的修改，工作人员也缺少为艺术而发的热情。我们常常要找高尔基来解决纠纷。可是，他对这个不十分感兴趣，他的全副心思已经放在与戏剧极不相同的事情上去了。

第一场演出陷落进政治事件的泥塘中。这出戏已经完全准备好，就要上演了，忽然间，在十月十七日，宪法就颁布了。宪法颁布的头几天，人民的脑子里绝对没有想到去看戏，大街小巷上腾沸着各阶层的各种人物。就以剧院本身来说，大家也都没有表演的兴致了，满走廊上都是喧嚣、呼喊、消息和滔滔不绝的议论。我还记得那一个有天分的女学生卡佳·菲利波娃，她是一个值得称赞的人物：生得宽宽的面庞，一对美丽的眼睛，低沉的声音。她一会儿溜到这里，一会儿又溜到那里，狂喜地把外边示威的情形讲给人们听，还告诉人们在有斯科别列夫塑像的广场上发生了些什么事情——这是她刚刚在那里，倚在那位弹压革命的将军的马腿上亲眼看来的。我还能记起那位迷人的布尔贾洛夫，他是一个没有天分的演员，然而，是我们集体中的一个宝贵的成员：又虔诚，又有良善的心，从来没有毁坏过一个角色；思想很自由，然而对于自己的自由主义又极端小心，不肯随意乱用。他也发了狂热，这是他的本性。

然而，剧院里聪明一点的成员，有的尽力保持镇定，有的根本就不赞成这种普遍的狂欢情绪。

我们把演出暂停了一阵，决定等待一个比较能吸引观众的时机。终于，我们又开演了，预定在十月二十四日举行《太阳的孩子们》的初演。可是，在这些日子里，什么情形都不同了。要是用一句比喻来描述：那个时候，可以说是忽然起了一阵旋风，太阳被乌云遮得昏黑，空中飘着无数绝望的枯叶，什么都变得发灰、枯槁、冰冷了。这正是在鲍曼著名的大出丧以后。这次出丧，使莫斯科第一次见到布尔什维克党的示威游行，参加的人有五十万，行列沿着各条大马路一直拖长到几俄里以外。游行以后，这些革命党人刚从坟地里折回来，马上就遭遇到了袭击。

政府方面，什么变动都没有，那个可爱的宪法依然存在。不过，我们看得很清楚，反对党人绝对不会忍受这个宪法的，而所谓的"黑色百人团"也更要恣意妄为了。

现在，到了《太阳的孩子们》初演的日子——这是艺术剧院历史上的悲喜剧插曲之一。

那一天，从一清早，城里就传遍了谣言，说"黑色百人团"绝不许我们演出高尔基的剧本。这种谣传很快就传成了一种情报，说艺术剧院将被解散，因为它是革命的大本营。虽然如此，到了晚上，剧院还是上满了座。剧院行政当局为了平静观众的心绪，在剧场门外的大街上和院子里边都设了戒备的岗哨。虽然没有什么目无法纪的事件发生，可是观众觉得自己来看戏是够有勇气的。在幕间休息的时候，我们可以听到这一类玩笑话：

"喂，据说今天晚上艺术剧院要被解散啦。好啦，那又怎么样呢？人所共享的不幸，只是不幸的一部分而已！"

可是，在戏进行的时候，观众感觉到很难静下心思去看戏，个个都走了神，耳朵全去听剧场墙外边的声音，并没有多少心思来辨别戏的好坏。

我们总算用种种方法使戏演到了末一幕，中间都没有出事。在这末一幕里，有一个群众场面是表现"狂热的紊乱"的：群众高呼着冲向那位教授，这是无知识的群众对知识阶级的一种无可挽救的不信任的表现。处理这一场戏的是我，我原想在那一天夸耀一点新的舞台处理方法：这个群众场面不按照艺术剧院的习惯来处理；换一句话说，就是不用不同的风格和不同的人物典型，而用单调一致的方法。我这一场的群众是一组泥瓦工，我叫他们全都穿上同样的衣服，衣服也一律都被白灰浆弄脏，他们手里一律拿着刮泥刀和小铲子。动作效果都是有限制的、确定的，然而是现实的。这一场戏里并没有悲剧的成分。这些工人个个挥起拳头，向着那位教授冲去。教授在工人们的面前，一边往后退着，一边用一条小手帕向他们脸上挥摇，做出自卫的姿态。教授的太太从屋子里跑出来，站在台阶上，手里拿着一把手枪。台上只有一把手枪，这是事实。正在这个时候，看守园子大门的人上场了，用一根木棍很有秩序地朝那些侵犯者的头上打，把他们一个一个都打倒了。在彩排的时候，这一场戏演来令人不停地欢笑，因为教授那样挥着手帕，看门人又那样解决叛变者，都很滑稽。这种欢笑有点使我们狼狈，于是我们就去问剧作者，这种效果是否破坏了他的原意。而他的回答是："由他们笑去好了。"

哎呀！观众这个时候的心情犹如纸牌都被搅乱了，无从算清分数一样。

在刚一听到景片后边传来的群众声音的时候——自然，这一场戏，我们是把它做得非常逼真的——观众立刻就提防起来。台上的声音愈来得近，台下就愈不安。观众开始嗡嗡起来，开始往四下里张望，有的人竟从座位上站了起来。等到卡恰洛夫出场，他扮的那位教授一边挥着手帕往后退，一边有一群拿出威胁姿态的泥瓦工跟上来，台下于是喧哗突起，大叫起来。等到格尔马诺娃跳出场，拿着手枪站在台阶上的时候，先是池座里，接着是楼上，再接着又是观众厅的深处，都爆发了一阵疯狂的骚动。一部分观众用胳膊肘挤着向太平门冲去，另一部分人就大声喊叫，教这些胆小的人明白，这一场戏不是真事，是演出的一部分。有人喊："给拿点药水来！"又有人喊："停演吧！你们竟敢拿我们的神经来儿戏！"还有一个女人的声音，断断续续地叫着"谢廖扎！谢廖扎！"一个著名的舞蹈家因为神经错乱，竟扭动着四肢。外边走廊上，人们拥挤冲撞成一片，有的挣扎着往存衣室挤去，有的拼命飞跑——除了想逃命以外，脑子里就什么思想都没有了……

原来观众以为我们台上的那一组泥瓦工，是来解散剧院的"黑色百人团"先上台来解决演员的。

最不同的各种呼号造成一片嘈杂，充满了剧场。卡恰洛夫和格尔马诺娃，还有那一群泥瓦工和扮演守门人的沙德林，没有法子继续演下去，就都站在台上，茫然不知所措地张着嘴，呆望着台下。助理导演赶快把大幕放了下来。

真正令人注意的是，这种纷扰延续了很长的时间。而来不及跑出去的人们留在场子里，竟还以为台上的群众真的是"黑色百人团"，大幕虽然落下，他们竟还以为这个时候"黑色百人团"正在后台和主持人谈判呢。观众们在那里想象出许多一点也没有影的事情。就连一般情况下丝毫不能说是头脑简单的观众——举一个例吧，其中有一位年轻的教授——也都在肯定地说，他们确实看见"黑色百人团"有很多支手枪，对着卡恰洛夫。

等到剧场里恢复了平静，戏接着演了下去，可是，场子里已经空了一大半。

二

我们俄国的第一次革命——一九〇五年的十二月革命——时间已经临近了。观众很顽固地戒备着,不敢出来看戏。我们这个集体组织的资本已经耗完了。就连后台自己的人中间都有了罢工的暗示。有一个人代表"合作的工作者们"递给我一张列着要求的条子。那时《沙皇费奥多尔·伊万诺维奇》正演到一半。在台上恰巧没有他们的戏的一幕里,我去找他们,装作"闲谈",好向他们说明那些要求哪些是合理的,哪些是不合理的。谈过半小时以后,我说,我得和剧场的负责人去商量一下。可是有一个人说:

"我们要你在下一次闭幕的时候就答复我们。"

"可是我不能立刻把负责人都召集齐哪。"

"那是你的事。"

我于是就明白了。

"你们的意思,是不是要半截就停了这出戏呢?"

"那是我们的事。"

凡是我们经历过的事情,一向都是按着我的方法处理的,我们可从来没有遇到过要挟罢工这样的事。所以我勃然大怒,十分坚定地宣布说,在明天以前我不能给予答复。同时,我还宣布要他们不要弄错了,如果非要我个人答复这些要求不可的话,那我的答复没有别的,只有一概拒绝。

我于是离开了他们,但脑子里还印着那些不同的脸色和不同姿势的影子。有的半裸着身体,刚刚化上装;有的倒背着手,站在那里；有的在摆油彩和镜子的台子前，坐在椅子上。那些新手，尤其是那些学生，脸上都带着挑衅的神气，而老伙伴们就很局促地永远把眼光避开我。其中有一个人是我们当中最老的一个，也是全团都崇敬的一个。他那时穿着一件十六世纪的外衣、一双绿色的长统硬靴，用胶粘了一大把灰色的胡子，在那里怒冲冲地瞪着这些人。一看就很清楚，他是反对罢工的，准备和要求罢工的人们斗一斗。

这次演出并没有中断，继续演下去了。这一场小小风波的领袖们都是政治上的生手。其中有一个人在我的记忆里留下一个特别生动的印象。他是一个漂亮而热情的人物，这个人后来和我时常真正"闲谈"过。在街头冲突最紧张的当口，他曾帮助玛丽亚·安德列耶娃在剧院的走廊里暂时避难。

十二月事件发生的时候，我们正在排演《聪明误》，刚好就是所有的人都要上场的第三幕。安德列耶娃带来了关于正在到来的那些事件的片段的消息，当然，她并没有把她所知道的都说出来。在这样一次排演中，她走到我和斯坦尼斯拉夫斯基坐着的导演桌子旁边来，以完全莫名其妙的神气，自言自语地而又好像是在跟谁说话似的，说在这样的日子里，我们竟还能够排戏。我们本来定有一项规则：在政治事件打断了剧院的正常生活的时候，对于每个人，我们就依照他们自己的意思给他们充分的行动自由；可是对于那些不直接参加剧院以外的活动的人，我们则要求他们做两倍、三倍于本职的工作。这样，你即或不能在自己心中唤起"创造"的感觉，却至少也能够得到角色上和演出上的纯技术的锻炼啊。

而在十二月十一日，我们依然在排演《聪明误》的第三幕里在法穆索夫家开大跳舞会的那一场。我们尽力不去听，也不去理会胜利广场上滋事的报告，专心到极难令人相信的程度。我们继续排戏，一直到枪声就在剧院的窗子下面响起来，而剧院的院落也被侵入，这才停止。那位菲利波娃两个月前才刚刚狂喜地倚过弹压革命的将军的马腿，现在，在楼上的休息室里发疯。

等到我们这一条大街才一安静下去，大家才一发现回家的交通已经完全断绝的时候，斯坦尼斯拉夫斯基已坐在导演桌子前，按着设计师的图稿，向成衣师德洛斯详细解释戏里恰茨基、法穆索夫等人的服装了，而大家也已经在各条走廊里把吊床都悬好了。

一个演员在革命的高潮中应当怎么办？过了二十年，这依然是个尖锐的问题……

工厂区普列斯尼亚被围攻的局势开启了黑暗的日子，戒严令宣布晚上九点钟以后街上就禁止通行。我们于是设法举行院务会议，每次开会都得准备当晚住宿的地方。时而在这一家，时而在那一家，不过大多数的时候都是在斯坦尼斯拉夫斯基住的那一套大房子里。我们大家的心里都产生了一个强烈的念头：不情愿继续演出了，即或我们能够得到政府的许可。"镇压"莫斯科的责任被赋予了海军少将杜巴索夫。他不久就命令戏院一律恢复演戏，即或是先演日场也可以，因为，剧场顺利地营业乃是平静无事的标志。

艺术剧院并没有响应。

一个念头打动了我们，就是：我们想在这个冬季的下半季到国外去演戏。可是，怎么实现它呢？不说别的，第一得要钱——可是我们已经把整个资本都用完了。我们这个时候的经济状况是十足无望的。我们除了资本亏蚀以外，还重重地负着许多债务。我们能希望谁来支持我们呢？至于私人有钱的股东们：斯坦尼斯拉夫斯基呢，他为了建设一个戏剧新形式的研究所，最近刚刚付出很重的一笔代价；而莫罗佐夫呢，他正为他的巨大的工厂在经历着悲剧命运的最尖锐时期，他这个时候究竟在什么地方我们都不知道；其余的人，都被事变吓得决心不再在剧院身上冒险投资了。我记得一个实当令人注意的例子。我本来有一个计划，想在艺术剧院的院址上再建起一个新剧场来，说得再确切一点，就是在这个剧场的一边再加上一个更宽大、更能容纳些人的场子，把太平门开到那边的斯托列什尼科夫巷（对面的那条街）上去。艺术剧院的地皮主人利亚诺佐夫愿意以九十万卢布把这一部分房产连同它的广大空地出让。我们股东里富有的几个人也已经同意了这一笔交易，可是，到了十二月事变之后，他们就连听都不要听这件事情了。然而，两年以后，等到我得到银行的帮忙，重新要实现这个计划的时候，那块地皮的一半，利亚诺佐夫已经就索价到一百二十万卢布了。

但是，艺术剧院是"幸运的"。§人家时常说，艺术剧院是"被命运之神掩护在她的翼下"的。§

在这些年之内，莫斯科成立了一个文学艺术学会，运作得很成功。在这个学会的主办之下，莫斯科举行过最有趣味的辩论会、大跳舞会和各种纪念庆祝会。这个学会的主席兼发起人，是全莫斯科所宠爱的孙巴托夫-尤任——我这一本书里也时常提到他。这个组织帮了我们的忙：它供给我们出国所必需的费用。

我要在这里插一句，因为这一次出国，艺术剧院竟能在此后几季演出内还清了欠债，赚回来折去的资本，把经济地位完全巩固了起来。

大体说来，艺术剧院的财政史上，有很多极饶有兴趣的琐碎事件——这只有在另一本书里再去谈了。

§ 莫斯科的革命运动才一能看出来有被扑灭之势，高尔基和索菲娅·安德列耶芙娜就经人协助，坐着火车跑到彼得堡去了。§

高尔基留在我脑子里的印象，就如他在《太阳的孩子们》某一次排演的时候一样，是容易被激怒，对表演一点也不发生兴趣。他来参加排演，只是出于义务心。大体说来，他是专心在其他兴趣上的。

再早以前，他就有一个很难解说的特性——称之为自信可以吧？如果这个名词不能令人明了的话，那么，就可以称之为自大。在语言里，在行动上，总有一种伟大的信心在领导着他，他在做任何事情上都不存怀疑。像我们这样的人，每走一步必要自问一句："这样呢，还是那样呢？"或者"这样做是好呢，还是不好呢？"他这种特性，对于我们这样的人，是一个可羡慕的特性。如今，他这种特性更明显了，也更严厉了。他这个特性有的时候教我们很感到狼狈。

差不多和艺术剧院出国同时，他也到了外国且确定地迁居了。

§ 他和艺术剧院的关系因此也就断绝了。

此后，高尔基又写了几个剧本，可是我们并没有演出，他也

没有把剧本交给我们演。他自己显然是觉得，那几个剧本不值得我们所工作的艺术剧院投入所有创作力量去做巨大的努力。§

三

我们要造就自己的剧作家——培养接近我们剧院所提出的问题的，如契诃夫和高尔基这样的作家。这个梦想还没有实现。奈焦诺夫、奇里科夫、尤什克维奇都一闪就过去了，只有苏尔古乔夫的一个剧本得到最大的成功。这些人里，没有一个被观众公认为是艺术剧院剧目里的宗师。安德列耶夫的遭遇比谁都好，他是一个有天赋而又有独创力的剧作家，有一种不可压服的反抗气质。剧院上演过四出他的戏，而其中只有一出得到了格外的成功，那就是《诅咒》。然而，剧院和安德列耶夫的口味有一个无法克服的不同点，那就是舞台上要有一个"活的人"的观点。

我们另外还努力把契诃夫和高尔基的小说改编为戏剧。

这造成了小说的"雏形戏"一派，这一派，到后来有很多小剧院也都仿行过。在目前，我们自己的这一类演出有《热情的脸》《切尔卡什》和《母亲》，以前演过的有《马尔华》《筏上》和《该隐和阿尔乔姆》，另外还有契诃夫的《外科手术》等等。

但是这种雏形戏并不能造就"伟大"的场面。艺术剧院已经长大了，已经成年了。而因为演员的技巧更纯熟了，导演的想象力更深邃了，舞台技术也更丰富了，所以剧院需要巨大的"画布"来发挥了。

于是，我们就向着古典作品开启了决定性的行程。艺术剧院在它的古典剧目里创造出高远的精神价值，发挥着艺术的真实，颤动着无限的青春。于是，一连几个冬季，剧院的成绩都极出彩。我们演了格里鲍耶陀夫、果戈理、普希金、屠格涅夫，后来又演了屠格涅夫，以及托尔斯泰、奥斯特洛夫斯基、莎士比亚、莫里哀和哥尔多尼。

永垂不朽的《底层》在剧目里不断地放着光辉，但在这个团体内部，我称之为"高尔基的"那些东西，却随着曾经笼罩俄国的反动势力的消失而消失了。

这种情况，并没有阻止剧院在其艺术上的"形式主义的"一系列胜利。

我们谈到了陀思妥耶夫斯基。我们的艺术想跳出由舞台可能性所搭建的框子。难道一个剧本就非要分成若干幕和若干场不可吗？难道非要让一场戏演三十到四十分钟不可吗？难道一出戏非在一晚上演完不可吗？事实上，《卡拉马佐夫兄弟》这一出戏，我们就演了两个晚上，只是因为审查机关不准演"佐西玛长老"那一部分，要不然就要演三个晚上了。"在莫克罗耶"这一场就演了半个小时，观众并不觉得这场戏演得太长；另外一场只演了十分钟，而观众也不觉得这场戏演得太短。问题不在时间的长短，而只在于台上的人生体验合不合逻辑，有多少力量。难道群众场面为了产生震动心弦的印象，就必须有全套的脚灯不可吗？比如，伊万·卡拉马佐夫和斯梅尔佳科夫，或者沙多夫和斯塔夫罗金（陀思妥耶夫斯基的《群魔》）的场面，他们的谈话都只是在一盏小小的油灯底下整整进行了四十分钟之久，而观众却一直都被紧紧地被抓住了。到了卡恰洛夫表演那场令人惊心动魄的"梦游"——只有他一个人——他就一个人在舞台上待了长达三十二分钟之久。

我们大家刚一着手工作就感到,陀思妥耶夫斯基虽然从来没有写过剧本,而实际上是一位伟大的戏剧家。像这样一位惊人的心理学家,他原来是深刻地、有机地接近于演员的创造的。像这样一个显露出巨大热情的人,他显然是适合舞台的;像这样一位布局的大师,他无疑地是有戏剧性的。最后,由于他的语言的无限丰富,由于他的生活词汇的瀑布,他是形象化的、富有表现力的。

必须承认,我从少年时代起就处于陀思妥耶夫斯基的魅力影响之下,后来,我又被他在普希金纪念碑揭幕式上的杰出的演说所感动——我是那次杰出演说的见证人。

我究竟是在什么时候、在什么情况之下,才产生了把他的长篇小说改编为剧本的念头呢?这个念头,是从我对剧场的真正喜爱里边,是从我青年的经验当中,从深怀于内心的矿层里产生的。

当我们开始工作的时候,整个剧院的热情都十分高涨。这种情形真是空前的。我们本来应当在一九一〇至一九一一这一季先演《哈姆雷特》的,这出戏正由斯坦尼斯拉夫斯基和戈登·克雷在准备。可是,极其出乎意外地,正正在我们秋天工作开始之前,斯坦尼斯拉夫斯基住在高加索的水边,在那里得了伤寒症。这是一种缠绵的病。我们于是就不得不把整个日程重新制订。

我要求剧院演《卡拉马佐夫兄弟》。我要求全剧院的人都参加演出。于是,准备《裘力斯·凯撒》的时候所遇到的情况,如今又重复了一次——就是说，每一个人都被不能忘掉的热情所掌控，甚至大家得意的心情比排《裘力斯·凯撒》的时候还要强烈，因为这一出戏里的材料更深刻，也更属于自己的民族，又因为舞台上的处理更大胆、更新鲜，也更艰难。

结果超过一切预料。

陀思妥耶夫斯基为艺术剧院的生命创造了一个新时代。

这是第一部俄罗斯悲剧。

这次演出里，有一连串巨大的演员的胜利：卡恰洛夫演的伊万，格尔马诺娃演的格鲁申卡，莫斯克温演的一点小烛火，科尔涅娃演的小魔鬼，卢日斯基演的老卡拉马佐夫，沃罗诺夫演的斯梅尔佳科夫，以及把米佳演得就像是放射着诗的光辉般的列昂尼多夫，都显示出深深打动人的悲剧气质。

这也是艺术剧院最靠"演员"取胜的一台演出。在这本书里甚至可以说是最了不起的一台演出。

一台神秘的演出。在演出的时候，后台的情调，除了用"宗教的"三个字以外，就不可能有其他的词来形容了。

我强调这一点，是要使读者明了，在这一点上，艺术剧院和高尔基之间发生了一次冲突。

这次冲突发生于陀思妥耶夫斯基的另一部长篇小说《群魔》经我们改编为名叫《尼古拉·斯塔夫罗金》的剧上演之前。那个时候，高尔基正住在意大利的卡普里岛，他在那里写了一封信。他在读者最多的一份报纸《俄国言论》上发表了这一封公开信，对我们上演这一出戏激昂地提出抗议，并且号召全俄国读者加入他的抗议。

这给了我们一个宛如炸弹爆炸的印象。全剧院都处于纷乱的状况之下。必须做出回答。因为高尔基的非难目标是我个人——他不但把我看作制定剧目的主要的人，而且还有一点私人的不满的意思——我就退到第三者的地位上，让艺术剧院自己去替自己说话。大规模的全体集会组织起来了。斯坦尼斯拉夫斯基对这种要负责答辩的局势特别小心谨慎，就把伯努瓦从彼得堡请了来。我认为这位艺术家是极其惊人的：他是一个剧场工作者，既富于格外的人间共通气质，又有一种毫无偏见的趣味；他爱我们的剧院，对我们的剧院了解得很清楚，关于《卡拉马佐夫兄弟》也写过一篇精彩的论文。我们的剧院与他合作，也写了一封公开信作为回答。

艺术剧院以"对灵魂做更高的要求"为理由，做了自我申辩。

高尔基的攻击，引起各报纸上和社会上的一阵暴风雨。

高尔基又在报上发表了一封公开信，里边有这样一段：

> 我深深晓得俄国人的性格，我也深深晓得俄国人的灵魂多么富于热情的震荡，而它的倾向，在苦痛、厌倦和失望之中都多么容易受毒害……
>
> 可是，现在不是要借着斯塔夫罗金一家人物来表现这些的时候了，现在应当表现一些十分不同的东西。我们应当提倡勇敢，提倡精神的健康，提倡行动，而不要内省。我们应当提倡返回精力的源泉——返回民主，返回人民，返回社会性和科学。

但是，我们这一群崇拜艺术的人，我们和它——这个艺术——已和科学与群众联系在一起了，而且也把它看成是一切健康行为的力量源泉了。那么，《万尼亚舅舅》里面人物的脆弱灵魂、哈姆雷特的内心沉思和柴可夫斯基的悲怆的交响乐，也就都只有看你如何去处理它们了。

虽然我和剧场亲近有五十年之久，可是，在我的记忆里，在这五十年之内，一个剧院的剧目问题从来就不曾得到解决。这个问题永远引起争辩和冲突。就在此后四年之内，剧院经过了最大的社会主义革命，这个问题不但依然存在，反而更尖锐、更热烈、更无情起来。答复高尔基的那些材料，在火热的冲突、辩论、正式报告和讲演里，依然在重复地被引用着。全国最重要的剧场都拿我们那一句"对灵魂的更高的要求"作为一种信仰的象征，来防范政治之侵入艺术。在旧型剧场的意识和革命的政治之间不停地发生着一种冲突，这冲突持续了许多年。

后来，经过两方面的紧张运作，全俄"戏剧阵线"上终于得到了一些综合的公式。两方面就都正大光明地放弃了本身的极端立场：革命分子，唯恐因为这个冲突而失掉已往历史上的文化价值；剧场方面，也唯恐这一句自夸的"灵魂的要求"会变形成为无用的闲散的修辞。

只有经过讨论、讲演、热情的文章等的火热争吵，也只有使高贵的思想经过从有剧场意识以来所未曾遭遇的紧张阶段，才能结晶出一个不能动摇的公式。即是说，艺术就着它的本质来讲，是不能脱离政治的。

而只有在那个时候，在全面反动的时期，这种"高尔基精神"才开始融入剧院,并且以一股征服或确立艺术剧院的新时代的力量突入了剧院……

而在那个时候,剧院才和高尔基重新会面……

第四部分

艺术剧院的青年时代

第十七章

一

只有天晓得我们从哪里来的这种勇气：带着八十七个人，把笨重的器材聚凑起来，装了七辆货车的布景、道具，就出发去巡回——巡回到国外！而且，只在剧院成立的第八年！

"你们不怕回国的时候会沿着铁路走回来吗？"有人这样警告我们。

是什么力量使我们这样勇敢呢？青春吗？自恃吗？还是贤明呢？还是盲目的信心呢？

说真话，我们倒是知道，关于我们的传言早已经散播到国外去了，外国人都听说这里有一群"暴风雨似的信徒"。然而，外国人对什么样的人才发生兴趣呢？他们会喜欢戏剧团体的这些表面装饰的光彩吗？即或如此，这也不能保证戏票一定卖得好啊。

什么都要自己去冒险。这一次出国，和十五年以后之去美国，完全不同。那个时候，有著名的莫里斯·格斯特带着我们走——不只走二十四小时左右的旅程，而是横渡大西洋——而且，那一次整个的巡回都有人负责保障。而这一次呢，没有一个人理我们，如果我们真的遭遇到一个恶劣结果的话，也不会有一个人替我们惋惜，反而每一个人都会说：那是罪所应得。

我们的第一个难题，就是要设法在柏林找一家空闲的剧场——一点也不开玩笑，要在冬季演出的最高潮中间去找一个剧场。那个时候正是一月。我们派维什涅夫斯基先出发。在艺术剧院成立以前，他就一向管理国内巡回演出的事务，他有一切必需的经验。他在夏洛特街找到了一家柏林剧院，业主就是那个很出名的演员博恩，他的生意不大好，于是愿意把剧场租给我们一个半月。他的索价特别高，可是我们没有别处好租，只得答应。

我们给器材、设备开了一个极详细的清单，免得在回国的时候缴纳关税。

我们准备了许多介绍信，为的是到了国外好去见俄国当局的代表们，可是，这些信——我这里得插上一句——对我们并没有多大的用处。

我们把技术人员先派了去。我们决定，有一部分布景要在当地制作，因为那比把原有的东西带去要方便得多。

我们一连开了许多次会议，全团的人共同制订下我们在国外行动的规则，不但在演出的时候，就是在剧场外的行动，也要有限制。这样用我们的方法定出了十个戒条，全团每一个人都得在上边签字。每个人都得答应珍惜艺术剧院的名誉，珍惜俄国演员的名誉，严格遵守纪律，不仅是在履行自己职责的时候，而且，即或是在旅馆里或者寄宿公寓里、在大街上、在饭馆里、在外国剧场里，也都得一样。

除了演员以外，所有共同工作的人——服装师、化装师、道具师，还有更重要的那些舞台技工——也都跟着去了。这些人里，能说德国话的只有几个。于是，我们就把全团分为若干组，每组里分派上一个能说德国话的人。最初，大家都称呼这个人为向导，可是，后来他就成了"马卡尔"，因为俗语里有一句话："没有一件不幸的事会放过可怜的马卡尔的。"他简直弄得焦头烂额，一会儿要他去翻译，一会儿又要他去解释最复杂微妙的事情，而无论发生什么不顺利的事，埋怨又都落在他的身上。

我们带去了五出戏：《沙皇费奥多尔·伊万诺维奇》《万尼亚舅舅》《三姊妹》《底层》和《人民公敌》。我们确立了一个观点：俄国剧院应当演俄国剧本。后来，在柏林，有人问我们，为什么不把我们演出成绩最佳之一的《寂寞的生活》带来，那是德国宠儿霍普特曼的名剧。可是，我们以为向德国人展示如何演德国剧本是不礼貌的。我们唯一的外国戏是《人民公敌》，我们成心选定这么一个外国剧本，为的是教斯坦尼斯拉夫斯基扮演主角，在台上出现一下。

主要的是，要在我们的演出里保持着全然为俄国文学所特有的那种颤动；换一句话说，就是屠格涅夫近似地解说为"斯拉夫的忧郁"的特质，这是十分令外国批评家们着魔的。

我们请德国作家肖尔茨把我们的剧院介绍给德国的观众。他的俄文非常好，曾把许多俄国作品译成了德文，他跟戏剧界和新闻界都很有关系，又享有很好的名声。他帮着我们编印了许多小册子，里边载着剧院的历史纲要，附着适当的照片。

二

这个时候，莫斯科全城满是反动的骚乱。每一个过路的人都得被警察怀疑地监视着。在夜晚上街是一件很痛苦的事。有一个夜间发生的事故，是我的脑子里所不能忘记的。那天晚上，宛如一串锁链的路灯陪着月光，照耀着白雪，街上极其荒凉冷落。在这一片寂静之中，忽然传来两声枪响。接着，忽然间，我听见一个女人绝望的呼声，很快地就离近了——好像我一生都没有听见过这么绝望的一声呼号——一辆雪车很猛地冲了过去，车上有两个警察抓着一个女孩子，她的呼号很快地就消失在远处了。

经过上一个月的情形，再加上不知未来又会发生什么事情，所有人的神经都紧张到了极点。因此，我们一到安静而有文化气息的德国首都，马上就得到一种很深刻的平靖的印象。而且，全团大部分的人以前都没有出过国，无论什么，只要是没有看见过的，如德国式的房子、工厂、别墅、大路等等，都能吸引他们的注意。于是我们的精神又振奋起来了，大家立刻开始争论哪一方比较好的问题：是这种确立的秩序之枯燥无情的迂腐气味好些呢，还是俄国那种松散无秩序——那种俄国文化、布尔乔亚、小窗帘、花朵、灵魂的深度、空中楼阁的无政府主义和污秽的俄国乡村好些呢？是歌德、席勒与贝多芬好些呢，还是托尔斯泰、陀思妥耶夫斯基好些呢？大家开始争辩诸如此类的问题。

三

　　这个剧场，我们在第一次公演的前十天就租了下来。我们在这十天当中把剧场里边整理得适用，布置得舒服。我们有一个原则：如果你要求演员不但要忠心，而且要有热诚，那你必须先给他创造一个良好的条件。

　　博恩的剧场的舞台，简直不能容纳艺术剧院的那么复杂的技术设备。舞台监督们和行政当局开始不倦地劳动。不懂德文或者懂得很少，更加使我们在工作的过程中感到有很多的困难。德国的舞台工人们恰如他们以往做不能胜任的工作时一样，在这个剧院里很不经心、很无纪律，同时，还在怀疑俄国人怎么能在德国人面前弄出地道的艺术来。他们工作的时候不是漠不关心，就是公然地表示敌意，讥笑我们错用了德国字。时常发生尖锐的冲突。他们即或做一点顶小的事情，也得不断地索要"小费"，他们认为这是他们合法的权利；他们认为"剥光"外国野蛮人是天经地义的。柏林街头，"俄国猪"是一句普遍流行的口头语。我们自己的工人由能干的伊万·伊万诺维奇·季托夫领头，很快地就学会了德文的各种后台名词，用尽方法来争取德国伙伴们的友情合作，可是，一直到第一场演出之前，他们都没有成功。到了第一次演出的次日一清早，我们马上就认不出哪一个是本地的工人了。这种态度的改变令人几乎觉得滑稽，他们在四下里小心翼翼地、安安静静地走着，好像生来嘴唇就张着一样。他们并不是被我们的艺术所征服的，我们的艺术，他们在排演的时候早就看见过了。是的，他们完全是被我们得到的台下那样热烈的反响所震服了。

在工作人员料理舞台上的技术事项的时候，演员们去参观全城，参观各博物馆和德国的剧场。然后，他们排练群众场面。我们不能把莫斯科扮群众的人一齐带来，于是就找住在柏林的俄国学生们来补充。

和纯戏剧工作并行的，是准备拿去发表的稿子。

不过关于德国报纸，我们必须说一句公道话：我们可连一个马克也没有花在它们身上——去做什么宣传。像后来我在巴黎所遇到的事，在柏林可一点也没有遇到过。只要肖尔茨把艺术剧院向各重要报纸详细解释一下就够了。这些报纸自然会发表流露着全心信任与热望的介绍文字，用不着我们自己去过分吹嘘。

我们去拜访俄国大使馆。我和斯坦尼斯拉夫斯基两个人亲眼见到了奥斯滕-萨肯伯爵，可是，我们所得到的这次召见，情形可以说是不能再坏的了。大家给了我们许多建议，都鼓励我们去结交结交我们没有利用上的柏林当局和银行家们。

啊，这些官僚！一个人可以怎样频频地回想起来：就是因为他们，剧院才遭遇到多少难处啊！无论什么地方都一样，在国内也好，在国外也好，只要有当局统治的地方，都是一样的。他们把剧场和演员的地位看得多么卑贱啊！

四

后来，终于到了开幕的那一晚。后台紧张到了极点，就好像是在一次新的征服之前似的。全团的那种心绪不宁、那种精神状态，只可以拿剧院当初在莫斯科开幕时候的情景来比拟。这个时候，德国人对俄国人的态度完全是否定的，他们也很少懂得俄国的舞台艺术。至于俄国戏剧的"整体"和舞台技术，他们也很少能理解。而对俄国人的否定态度，更因为最近俄国的政治运动而强烈了起来。

《沙皇费奥多尔》被尽力删缩，缩到足以适合德国观众的程度为止。装置也简单化了，为的是使景换得快。德国剧场里，只许可有一次或者至多两次"停顿"——他们所谓的停顿，就是休息——在这一两次休息的时间，德国观众们照例要嚼腊肠，吃面包牛油，喝啤酒。

感谢德国没有审查制度，我们这出戏里的人物，如季奥尼西总主教、约夫大主教，才得以身着当代的服装在场上出现，穿着紫丁香色的祭服，戴着法冠——那是很好看的。

自然，莫斯克温是扮演主角的。萨维茨卡娅演皇后那个角色。其余的角色像往常一样，分配给维什涅夫斯基、卢日斯基、阿尔乔姆等人。

我们竟给了观众堂皇动人的印象。

剧场满座，这当然不是完全没有经过谋略的。然而，从早晨起，售票处就悬起了通告（"票已售完"）。博恩向着这个通告牌恭恭敬敬地脱一脱帽子。剧场里坐满了各剧院及各报馆的代表人物，著名的几个都有人指给我们看了。我们的大使馆人员也到场了，此外还有德国金融界的权贵和很多俄国人。

头一次休息充分地表现了我们的巨大成功。凡是参加过那一次演出的人，到今天都还能记得，幕一闭，全场观众就爆发出一致的掌声。男人和女人都站起来，继续鼓掌。

虽然舞台上说的是外国话，然而，这台演出显然把这一出悲剧的台词送达了观众，产生了直接的力量，撩起了观众的情绪。演员们的气质的力量和舞台上一组一组有绘画性的形象，在这上边也帮了不少的忙。我们必须承认，这样一次成功是出乎我们意料的。演出继续下去，一场戏比一场戏成功。全剧演完之后，就得到一次完全的胜利。到了第二天，再看到报纸上发表着德国批评家们那些精博、严肃而振奋的文章——俄国艺术在德国得了胜利，是绝无问题的了。下面是几段摘要，摘自阿尔弗雷德·克尔的文章：

我在这次演出里所见到的都属于第一流。不容置辩地，是第一流。你一点也不懂得俄国语言，你一点也不懂得表演上那些单独的细节，可是，在两分钟之后，你已经懂得了：这是第一流的。

在戏的灿烂辉煌之中，还有明朗、简单和内心坚强的宁静精神，就连莱因哈特的艺术也还都没有这样的成就。有一个时期，当我揣摸莱因哈特最近的几台演出的时候，我就不由得想到组织那些演出的导演有多么强、有多么有纪律，我的脑子里永远也摆脱不开一个扰人的思想：四十次排演。四十次吗？四十三次呢！四十五次排演！四十五次！莱因哈特在他处理得特别好的地方，总是有一点教你想到他在那里所下过的苦功夫。可是，在这些莫斯科人的戏里，我所见到的东西都教我完全忘掉他们准备时的努力。整个的区别就在这里。

全剧都那样自然、那样匀称，纯熟的技巧又那样融化到戏的里面，那样清楚，那样静默得像是里面锁着东西似的。戏里没有像是在那里喊叫的东西，也没有像是在那里炫示新漆好的油彩的东西。有的却是这样一种东西……我没有法子说。是一种闪亮的东西——不对，是一种发着火花在闪亮的东西。此外，你还可以觉出来，他们演给我们的这一出戏还不是他们戏码中最硬的一个呢……

一个问题到现在仍然是一个公开的问题：也许这种宁静、这种明朗、这种含蓄，只能在俄国人的演出里才做得到，因为在俄国人的演出里才有俄国人的典型，才有俄国的草原，剧情才又都是令人难受的，戏里的俄罗斯民族才保有一点沉滞的特性。俄国戏里所描写的都是一种对痛苦的迟钝感觉。戏里没有高呼，痛苦的感觉本身也几乎是无声的，盘旋在落日般的寂静里的梦幻，其轮廓因邈远而不分明……戏里的女人们，都好像很下意识地模仿着渗透了俄罗斯基督教精神的圣母和她的眼神，这是我们所不曾见过的……戏里，无论是当奴隶的男人，或者是生活在自由友爱中的男人，都一齐屈服于命运。俄国戏里，无论是痛苦或幸福，都是模糊的、辽远的。我们从戏里感觉出那是东方。

摘自其他报纸：

在表现人类的艺术里和运用一切舞台工具的技巧上，只有我们所能数出的几种最好的印象才能和这些莫斯科人所创造的印象并列……

我们现在看到了另外一国人民的艺术：有它自己的节奏，有它自己的形式，用它精彩地研究出来的琐碎材料，给予戏剧欣赏者一种非常的愉快……

像这样的风格、感觉，这样的内容与自我揭发，我从前是没有看见过的……而，关于每一个演员，我又该怎样说呢？……他们有伟丽的伪装，又能完全化身在戏里，这是他们的长处。天哪，为什么这些演员偏偏说俄国话呢？为什么我们不能把他们引过来复兴我们的剧场呢……

莫斯科人，我向你们脱帽！你们生长在一片现代的土地上，成长在一片有历史的土地上，然而，你们自身还有一点属于明天和明天以后，以及未来的东西。

以上不过是从泉涌一样的同样论调的文章里撷出的几条短短的撮要而已。现在，我们那些可怜的"马卡尔"可受到尊敬了：随时都有人追求他们，随时都有人哀恳他们，要把报纸上的评论翻译给他们听了。我和斯坦尼斯拉夫斯基住的那一间房子，他们的家眷和利林娜、克尼碧尔、维什涅夫斯基也一起住，现在，从一清早起就挤满了其他的演员，大家都来找那两个精通德文的女人来翻译批评文章。那两个女人，就是克尼碧尔和我的太太——我在这里补说一句，我的太太是一向被大家称为"艺术剧院的吉人"的。

五

　　精神上的胜利是完全得到了，报纸上又有这样的好评，这要是在俄国，一定可以使我们接连都上满座的，然而，使我们惊愕的，是剧场里上座竟不满一半！第二天如此，第三天也还是如此。接着，依然是如此！忽然间，我完全明白了，纵然有戏剧批评家那么好的介绍文章，用外国话演戏究竟是不能吸引广大的观众的。

　　这有多么使我们懊丧，很难描写。两翼受了束缚，精神上负着镣铐——除了用这种话，还有什么别的可以形容那个时候的感觉呢？这能使人竖起艺术造诣已到极峰的信念吗？这能使人抱有这是全世界性的成功的信心吗？——不能的！如果一个德国人不懂得俄文，他如何会对俄国戏剧艺术发生兴趣——俄国戏剧艺术又如何会使他感兴趣！当初迈宁根剧团到莫斯科的时候，情形也还不是一样？他们每一出戏至多演三四场，而到了复来的时候，满场子就都是空空的了。然而，迈宁根剧团的背后有一位公爵在支持着，而我们的背后呢？就没有一个人！我们所有的，只是在莫斯科欠下的那些债务。没有预先料到的开支项目单子一天比一天扩大，这是任何事业里照例要遇到的现象。观众的数量固然可以抵消任何损失，不过，就不用想存起一点钱来了。我简直担心，于是就匀出一笔款子来，暗地存作"私房钱"，作为"回家"的准备金。

六

我们的第二台演出是《万尼亚舅舅》。当地戏剧界的人都劝我们演《底层》，这个剧本在柏林曾经以《夜间收容所》的名字演过几百场；而《万尼亚舅舅》呢，也用德文译本演过，就没有得到一点成功。不过，我们有我们自己的艺术计划，我们必须用我们的艺术来给契诃夫做见证。这一点，事实证明我们并没有看错。《万尼亚舅舅》得到的成功几乎超过《沙皇费奥多尔》。契诃夫作品的诗意的本质和我们这次演出的新节奏，竟得到了极好的理解，也证实了它们确实足以引起观众的兴奋。这一次，我们又得到报纸上辉煌的称赞。到了这个时候，大家都公认，莫斯科艺术剧院是来给德国舞台艺术大大敲一次警钟的。

在演《万尼亚舅舅》的某一晚，艺术剧院认识了霍普特曼。

是的，就是同这一位霍普特曼，在十年到十二年以后，我们才消除了应该消除的隔阂。

他的外表：高高的前额，灰色的、深思的、大大的眼睛，精干而又有柔和线条的嘴唇。他一向灌注给我们剧院的那一种魔力，是我们在他的《沉钟》《汉内莱》和《寂寞的生活》里所感受过的，而这一次他的降临更使我们的这些感受完整起来。我们认为他是我们在柏林最珍贵的一个访客。特别是他在看《万尼亚舅舅》的时候那样地兴奋，更使他和我们亲近起来。在这一出戏的四幕中，他就一直不停地在擦眼泪。他这样倾心俄国文学，使我们更容易了解契诃夫为什么那样深爱霍普特曼，也可以了解他们两个人这样互相亲近的原因了。

我们和他会过几次面，每一次都进行了两三小时有关艺术的兴奋谈话。

霍普特曼虽然在柏林城里有小小一层楼房作为固定的住所，可是他自己总住在郊外，很少接见拜访的客人，大家差不多永远找不到他。他只会说德国话，不过，我们的"吉人"把霍普特曼的德语和我的俄语对译得极其圆熟，结果，我们的谈话就没有用的是两国语言的感觉。

是什么东西把我们吸引到一起的呢？是艺术估价的正确性。

这一次和霍普特曼的交往，是我们在艺术剧院这八年中所下的努力的最高报酬之一。§任何人都知道，一个演员、一个艺术家或是一个作家，要是能被人了解，能被人欣赏到他意向之最深处，他会感到多么愉快。而，能这样了解你的人，他自己也必具有能使你信赖的健全的批判能力，而你从他的赞许中所得到的报偿也必是一种真正的报偿，必是一种稀有的幸福。§

当我们对彼此的纤毫都能了解的时候，我们觉得自己满心都是得意，觉得没有比这个更珍贵、更高贵、更真纯的了。

这就是我们和这位伟大的德国作家霍普特曼之间的情形。这几次会面八年以后，两国之间的战争开始了，爱国的热情燃烧了起来，德国的作家们发表了一份刻毒而愤怒的宣言来攻击"俄罗斯野蛮人"，而宣言的签名上，赫然列在第一位的却是霍普特曼。

我的书房里，书架子上边摆着一列作家的照片，有一个朋友显然也是出于爱国的义愤，就一把将其中霍普特曼的照片抓出来给撕毁了。直到今天，那个装着霍普特曼作品的书架的顶上，还放着那个空空的椭圆形的镜框子。

§莫泊桑说过:"爱国主义是战争的种子。"§

但是,若干年以后,记忆的光泽和颜色依然存在。现在呢,不论我们是谁,不管语言一样不一样,不管彼此能不能马上了解,却都可以相通了。

七

艺术剧院在柏林停留了一个星期之后,在文艺界和戏剧界的成功就已经打下了一个十分坚固的基础,所以,它就开始极迅速地和德国文学与戏剧界最重要的代表人物们建立了联系。

§《底层》的演出并没有得到新的收获,尤其是因为从前莱因哈特的演出实际上完全是对我们演出的一种抄袭。§艺术剧院的胜利情绪并不想在现在和将来的演出里把这个剧本放弃,无奈,德国人在赞助我们剧院的热心中,对这个剧本的态度却并不宽大。

可是,突然间,命运给我们送来一个惊人的广告。

事情的情形是这样:我们已经排定好,要在星期一举行最后一出戏《人民公敌》的初演。星期日晚上,我和我的秘书正坐在办公室里。电话响了。秘书把话筒拿起来。他一听,就瞪大了眼睛,转过身来,一边用一只手盖住话筒的喇叭口,一边低声向着我说:

"皇帝明天要看《沙皇费奥多尔》!

"你说什么?是皇帝亲自在打电话吗?"

马克西米利安·希克那副惊慌的神色,确是容易教人这么想。

"不是，是皇宫里打来的。"从皇宫打到剧院的办公室，说皇帝明天要来看戏：明天——星期一——要来看《沙皇费奥多尔》。

"可是，明天的节目很难改变啦。今天是星期日，所有印刷厂都休息了。这就是说，改换戏码的广告非到明天早晨不能印。而海报就非到下午贴不出。一方面，来不及通知已经买了《人民公敌》戏票的人；另一方面，这样匆忙地发出广告，卖另外一出戏的票子也是不可能的呀。"

"好的。我们就照着这个话去回答皇帝。"

然而，过了半个钟头，电话铃又响了。皇帝坚持要我们明天演《沙皇费奥多尔》。

我去把博恩请了来，请他帮我们的忙。他就劝我们放弃俄国人做事的方法，对皇帝的这个请求当命令似的接受。改换戏码的广告在星期一中午贴了出去。照着德国剧场的习惯，广告的中腰横着印了一行红字，写着"皇帝陛下相烦"。到了下午三点钟，售票处那里竟把当晚的戏票卖完了——一张也没有剩下！这一次才是第一次真正的"满座"。

威廉二世带着皇后及太子来了。皇后上一次已经看过《沙皇费奥多尔》了。

"皇后时时提起你们的剧院，所以我说：'我也要去看看！'"皇帝穿着俄国军装。不用说，俄国大使馆的全体人员也都到场了。戏演完的时候，威廉二世对俄国舞台艺术发表了一些非常正确的意见（这是我们不能湮没他的）："不做姿态的艺术。""居然可以这样简单地在舞台上说话，我以前从来没有想到过。""我从来不曾相信剧场居然能这样精彩地供给我几大卷历史知识。""我永远也忘不了俄国皇后的那一双眼睛（萨维茨卡娅确有一双非常像圣母的眼睛）！还忘不了教堂门廊边的那个乞丐（布尔贾洛夫饰）！""还有比这位无意志的沙皇更能感动人心的吗？不过，他有真正的智慧！"（谈话用的是法文。）

皇后的脸上闪动着快乐的微笑。

"是我把他请来的。"她低声向人说。

"是我把他请来的。"俄国大使馆的代表人低声向我们说——这一次他亲热地握着我们的手。

"是我把他请来的。"和威廉二世很亲近的一位俄国将军也这样对我们说，又请我们等一会儿到咖啡馆去坐。

"这是我安排的。"那位快活的剧场主人博恩也这样说。现在，我们四面八方的朋友都来支持我们了。

好像经过魔术棒一挥，不但俄国大使馆对我们的态度整个变了，而且所有德国观众的态度也都变了。从那一天起，我们的戏差不多连着满座。可惜的是，到了这个时候，演出只胜下六七场了。

八

在艺术剧院的经验中，无论怎样困难的时期，全院人员和以斯坦尼斯拉夫斯基为首的股东，都一直对我表现出最大的信任。结果，此次巡行中各种实际的责任，我也就适当其冲了。有时候我去征询他们的意见，有时候他们来征询我的意见，而大体说来，什么事都是落在我的头上的。

当时我们所处的境地很困难。要离开柏林到其他城市去，必须预先订到那个地方的剧场，预先把条件订好。可是，为了订条件，就必得先确有资本去旅行。

我已经先去过德累斯顿和布拉格，为了去看看那里的剧场，并且和那里的剧场经理们会会面。另外我已经和巴黎方面开始了谈判，现在只等他们那里派代表来签订合同了。可是，我们是到法国去，还是回头往国内走，我还不能确定。我很苦楚地在努力筹划未来，为的是确定这次冒险的程度。

同时，我们的演员们热心地利用着他们住在柏林的机会。那个时候，大柏林市区还不存在，城市的边界只到动物园为止，库菲尔斯滕达姆和陶恩奇恩两条大街还没有伸张为腓特烈大街和菩提树下街，可是，剧场、店铺、饭店、咖啡馆和各种消遣的场所却有很多，足以满足各种需求。柏林，和彼得堡一样，和日后的德累斯顿、莱比锡以及欧洲各地一样，也和美国一样，永远有足以使当地的戏迷们乐于吹嘘的各种消遣娱乐。在这些消遣之中，卡巴莱酒馆、饭馆及各种小菜和酒类，都占着很重要的地位。莫斯克温、克尼碧尔、卡恰洛夫、维什涅夫斯基、卢日斯基、格里布宁和亚历山德罗夫都特别欣赏这些场合，而这些场合也特别需要他们。

有一天，莫斯克温和维什涅夫斯基来告诉我，有两个莫斯科青年要认识认识我。他们是两个有钱的单身汉，是艺术剧院的热心的崇拜者。在莫斯科，艺术剧院计划出国的消息刚刚传出，他们就已经对自己说："我们跟着他们去。艺术剧院走到什么地方，我们也要跟到什么地方！"在我们的剧院里，他们连一个熟人都没有，到了柏林，他们才认识了我们的几个演员。

这两个人是塔拉索夫和巴利耶夫，这是一对只有死亡才能分开的朋友。

塔拉索夫那种雅致的、可爱的、半谦逊半大胆的华丽，是人们难于想象的一个花花公子的完整典型。

你不能把他划分到王尔德的人物之列，然而，你又禁不住因他而想到王尔德的人物。总而言之，我们不能把他划分到某一特殊典型之列。他绝对是他自己的一个典型：单纯、坦白、和蔼、温柔——甚至可以说温柔——然而又大胆。他在接触任何事物上都表现出一种高尚的趣味，给人一个印象：再没有比庸俗更让他怕的东西了。

任何人都晓得的那个名为"尼基塔·巴利耶夫"的人，就是他的朋友巴利耶夫。在那个时候，他还没有初露头角，他还在那里"采蜜"：还在观察，还在磨炼自己的机智，还在为未来的创作搜集着材料。

第一次来见我的，只有巴利耶夫一个人。等到他觉得认识我已经不成问题了，就很小心地把话头转到了我们旅行的经济状况上边。我很坦白地告诉他说，虽然有这么大的成功和充满诱惑力的前途，我们仍不免要遭受到提前回国的惨运。

"要是艺术剧院得以继续巡回，不受阻碍，那要多少钱呢？"

"要是艺术剧院万一失败，而仍得以不致落到凄惨的地步，那要多少钱呢？得三万卢布。"

"如果有人供给你这一笔钱呢？要是塔拉索夫和我拿钱出来呢？"

这简直是完全没有想到的事，听起来像是一段童话，所以我没有立刻答复。

"什么条件呢？"

"什么条件都没有。"

"算作借款，不收利息吗？"

"自然不收。难道我们要来谈利息吗？也不算是借款。这笔钱，如果你赔了，也没有关系。但是如果没赔，就把它放在你的生意里去用好了。"

"那么，你们是要做我们的一个股东了？"

"随你的便。你觉得怎样对你方便，你就怎样办好了。"可不是，这岂不是命运之神确把艺术剧院掩护在她的翼下了？

等我见到了塔拉索夫，我就向他致谢。他很敏感、局促，拦住我，不让我把话再说下去。

从在夏洛特街上的柏林剧院的办公室里的那一次会面到现在，不觉间竟已经有二十五年了。塔拉索夫早已结束了他那如"镜花水月"的短短生命，而巴利耶夫也早已变成了名人，而且已经感伤到厌倦了。艺术剧院在这二十五年之间，经过若干次的改革，也已经铸成了它的新生命和新的剧目。而现在呢，在艺术剧院看来，这两位有闲的莫斯科富人无论有多少可爱之处，也已经成为阶级敌人了。然而，在艺术剧院的青春时代抓住了我们整个身心的那一种高兴和欢快的感觉，我们无论如何也是无法忘怀的。

这一笔钱，我们始终没有动用。巡行后半期的收入除了足以应付一切开支之外，还有余钱可以作为返回莫斯科的旅费，而且，还有足以继续我们事业的款子。

九

所有柏林戏剧界人士现在都劝我们在柏林多停留一个月。但是，第一，我们已经和其他城市的剧场签好了合同；第二，我们觉得，虽然我们在柏林的成功局面已经稳定，可是，尽量到各城市去表现表现我们的艺术，要比永远在一个地方演戏赚钱重要得多。我们在柏林一共演出了三十场。最后一场被证明是艺术剧院的一次完全的胜利。开演的两天以前，所有的座位就早已卖完。演出当晚，整场欢呼不断，我们还做了讲演。第二天，一大群人送我们的剧团到火车站，在车站上，我们又接受献花，又做讲演。这一次停留在柏林，我们还受到几次招待全剧团的盛筵§，其中使我们保留着最温暖的回忆的，是受霍普特曼招待的那一次§。

我们这一个大戏剧家庭，在访问柏林的一个半月中，多离开故乡一天，就增加一分的亲近。在这一个时期的回忆中，有一堆不同的小画片，有些是快乐的，有些是情绪紊乱的，有些很滑稽，有些又很悲哀。满意的和胜利的雄心，与生活上的实际需要，与各种自我抑制的心情，都起了矛盾。德国的"文化造诣"固然给了我们许多快乐，可是，我们中间有许多人把家眷远抛在莫斯科，不免有点思念家乡了。我们剧团里最老的一个，也是大家最爱的一个——阿尔乔姆——成心不承认许多事实，尽管反辩说，德国人只是因为怀着一种极端的爱国主义才假装不了解俄国人的。而他渴念着俄国的铜茶炉。我们的演员里还有一个人，心上担负着非常沉重的一个挂念，在等待莫斯科的音信，竟等得神经有些错乱了。后来他收到了他太太发来的一封电报：

"给你生了一个胖儿子。"那一天晚上,他演戏时的心情又特别欢跃起来。

而我们面前还有许多城市要去,还有许多新印象要去创造,还有许多新的胜仗要努力去打,还有许多不可预计的事、不可预计的……

离开柏林的时候,我们大家的心里都盘踞着一种感觉:我们到什么地方去呢?这一列特别快车要把我们拖到怎样一个远处去呢?不过,我们的这种感觉是勇敢的,是浸透着信念的,因为它是年轻而赤诚的。

第十八章

一

我们在柏林住的时间到了一半,在成功已经很明显地确定了的时候,就已经接到其他城市的约请了。这种巡回公演的生意显然需要一种特别熟练的技巧,若是没有一个有经验的经纪人来经营,是不可能的。我就和施泰因商量,请他负责。这个人,现在已经不在人间了。

他一点也不像我们在国外通常遇到的那种剧场经纪人。他那一间小小的办公室里,四面墙上挂满了各种不同的海报和广告,桌子上放着一叠预备好的合同。他和欧洲各中心城市的经纪处都有联系,每天不断地打电话到德奥两国的各城市和火车站的办公室等处。他活动的主要领域是全世界的"音乐咖啡馆"。他的主顾净是阿波罗、阿尔汉布拉等一类消遣剧场的"经理"们,以及表演的、变戏法的、耍杂技的之类的艺人。

施泰因最自傲的,是他曾经陪同法国的萨拉·贝纳尔和意大利的杜塞的剧团走遍了德国。

他毛遂自荐，愿意为我们服务。他被艺术剧院吸引住了，对我们的剧院表现出一副热诚——假如不是他在事务的处理上透出他确是诚恳的，这种热诚几乎可以使人起了疑心。当他谈到我们剧院的哪一点迷住了他的时候，当他和我们的艺术家们一个一个地熟识了之后，他表现出极大的真心，好像他借着替我们工作，可以把自己以往的一些什么罪过消除一下似的。他大约有四十岁，生着淡黄的头发，举止很文雅，永远是安详而亲切的，让人丝毫看不出他是经营着规模很广的"音乐咖啡馆"生意的人。他放弃了自己的办公室，可是永远也没有脱离开我们的办公室。最初，他提议只把我们巡回的技术部分安排好便算，可是，后来又决定陪着我们去。

"你们不能就这样走。你们现在所从事的是六个人才做得来的工作。"他跟我说。

他所要的报酬几乎不够他个人的开支。可是他又谢绝我们要给他增加的待遇。

"你们不要替我担心！你们俄国人总是无故去找担心的事。护送你们的剧院对我已经就是一个广告了。这会给我引来生意的！"

§ 在施泰因加入我们之前，我们已经和德累斯顿与布拉格两方面都签好了合同。§

二

德累斯顿皇家剧院的主持人是齐巴赫伯爵，"编剧家"是迈尔。德国和奥地利的每一家剧场都有一位所谓"剧场的编剧家"。他负责指导剧目，有的时候也做导演的工作。

§ 齐巴赫伯爵是一个最漂亮的人物，很容易令人想起我们的皇家剧院的经理弗谢沃洛日斯基——一个宫廷型人物，又是一个业余的戏剧人。不用说，伯爵的法国话讲得很好，所以不用翻译帮忙，我们可以和他直接讲定条件。§ 他们提议只要艺术剧院上演两出戏：《沙皇费奥多尔·伊万诺维奇》和《底层》。可是我们告诉他说，如果不演《万尼亚舅舅》，我们的剧团就不会来。伯爵拒绝《万尼亚舅舅》，而我们坚持。结果，他提议只演出三场。

任何剧场经理人，只要他是讲实际的，自然都会称我们为愚人，称我们为浪费者……他们的演员行程常常是这样安排的：早晨到达，晚上就上台演戏。而我们的呢：我们到了德累斯顿之后，觉得有给演员们三天自由的必要，好教他们去参观陈列着拉斐尔圣母画像的著名的德累斯顿美术馆，参观萨克森博物馆、旧城区，以及其他任何他们觉得有兴趣的地方。

我们在这个新剧场里，觉得比在柏林的剧场里方便多了。很容易就把一切安顿停当了。一进这个漂亮的剧场，看见它那布置超群的舞台，确是极大的愉快。

当我回想到那些使我们很快就能安顿好的欧洲剧场时，一想到德累斯顿剧场，我就怀着一种特别感激的心情。不但替观众设想，而且同样也顾到演员的舒适的剧场，这恐怕是唯一的一个了：这里有很多的化装室，有极好的储藏服装和道具的设备，那一面舞台使任何工作人员都有宽展的地方。建筑师除了观众厅和观众休息厅的装饰以外，还更想到后台的种种方便。

他们的一位建筑师向我解释这一内情：

"当一个建筑师承建一座剧场的时候，他是在给自己做广告。你自己想想，他应当向谁去收这广告效力的代价呢？是向那十多个演员和导演去收呢，还是向成千成万乃至成百万的观众去收呢？"

当我现在考虑本国演员的人格发展时，就马上想起了那个时候的德国、法国、奥地利和美国。一想到他们的剧场经理人对待演员的态度有多么高尚，我就为之迷惘。我们的经理人，绝大多数的时间都在发着店铺里才有的叱骂。最好的化装室都是留给首席女演员的，男子化装室最好的一间也留给领袖男演员。这种屋子都有地毯，有穿衣镜，有富丽堂皇的戏里用的家具。大而奢丽的办公室都是给经理人预备的。剧场所关怀的仅仅是这些人，剧团其余的成员就寄身于几道荒芜的走廊上。而为那些"小角色"预备的呢，却只有一间又大又冷的、几十年以来从不曾修理过的"厩房"，里面一排隔间，摆着又坏又小的镜子。

主要的女演员（或者男主角）时常喜欢发脾气，使得其余的人在走路的时候都不敢不用脚尖。次要的和不重要的演员如果敢于提出抗议，得到的唯一答复大概总是——请你失业。

德累斯顿另外还有一件奇怪的事情现在还存留在我的记忆中。那里的剧场有四十个舞台工人，他们帮我们的忙，我们许给他们报酬，可是他们谢绝了："我们懂得这是真正艺术的出现，我们也晓得我们应当向哪一种人去讨额外的报酬。"我们当初以为这不过是一句好听的话而已。哪里知道，等到戏演完了，我们给他们报酬的时候，他们真的一致地坚决拒绝接受。而且，这些工人还每天都招待我们的舞台技工，每天都陪着他们去游览全城。我们没有别的办法了，只好拿出一笔款子来，捐入他们的互助基金里。

"莫斯科艺术剧院"这几个文字真正发生了作用：在德累斯顿的三场演出差不多都是满座的。连齐巴赫伯爵自己也承认，得到艺术上最大的成功的是《万尼亚舅舅》——这是大大使他惊愕的事。

……戏一揭幕，批评界就完全缄默了。因为没有使人再怀疑的，也没有使人再要求的。对这个戏，是没有什么可以再说的了。批评者只有欣快地鉴赏，只有对今晚亲自经验的一场艺术的神圣的狂欢，引以为骄傲。我们要纪念这一晚，恰似有一个伟大、陌生而稀罕的人，长着一双又大又亮的、儿童似的眼睛，他走到我们的面前来捏我们的手。我们一下就了解了他，因为他在我们的怀恋里找到了一种和谐的反应……

演员们和批评家们、装置家们与导演们、艺术家们与观众们，所有的人都能在这些俄国人的演出里学习到一点东西……毫无疑问地，这些演出至少教给了我们一个重要的事实：现实主义的力量并没有从舞台上退减……

这种艺术，既呈现了最高的内心真实，又同样呈现了外在的真实：这种艺术，给观众留下了一个有力而永远忘不掉的印象。

莱比锡城。

极多的俄国青年……非常嘈杂……很狂热……

只演了两场,两场都满座。

在第二场演完以后,五百个人领着我们的演员在昏黑的大街小巷上游行,一直到那个著名的歌德酒馆才停止。

三

布拉格城。

那些将亲人远抛在莫斯科的人忽然呼吸得自由起来。两个月以来,我们剧团里的这些人都很忠心地尽了他们的职责,对于我们的屡次成功也很高兴,各地方的新鲜印象自然也使他们入迷。只是,他们的心上,总好像有一道精神的阀门紧紧地闭塞住了一样。离乡背井的感觉一直没有离开他们的心头。这种感觉很妨碍我们的工作,而且,事实上,这也使成功和观感的愉快大大减色。可是,一到了布拉格城,他们就产生了一种已经回到本土的幻觉……

捷克国家剧院。这一座崭新而又壮丽的建筑里面有一个宽大的舞台——这个舞台所自傲的,是它的建筑费完全来自人民捐出来的基金。他们很骄傲地强调说,当初约瑟夫一世捐入基金的数目"只不过"两万五千个克朗[①]（当时只合一万卢布）。

在奥匈帝国统治之下,捷克人民处在一个受压迫的地位,所

[①] 奥匈帝国货币。——编注

以，剧院几乎完全集中注意力在整个民族的生活上。这大约是唯一能自由用本国语言演戏的一个剧院了。在这个剧院里，就像在一个俱乐部里一样，全国各党各派的力量都联合在一起了。

这个剧院由一个委员会管理。在那个时候，负行政责任的是经理施莫兰茨和"剧场编剧家"克瓦皮尔。后者的太太，因为有真正的天分，所以在剧院里居于女演员的首席。剧院的入场票价格很低，委员会对任何提高票价的建议都坚决地反对。

一个月以前，我们的初步谈判没有得到结果。这个地方即或是永远满座，收入也不够我们开销的一半，那么，把我们的剧团带过来的可能性可以说是一点也没有了。况且，剧场的委员会又拒绝批准提高票价。

我们尚在柏林演戏的时候，我就收到施莫兰茨发来的一封电报，请我们在最后一个戏码上演的时候给他们留三个座位。他同克瓦皮尔夫妇来看了我们的戏。我们演的是《三姊妹》。甚至在演出结束之前，柏林和布拉格之间的电话就忙了起来。最后，问题解决了：提高票价获批准了。

说一句我们心里的话，我们很渴望到布拉格做一次旅行。那里的演出当中掺杂着一种政治的味道。当时我们有一种感觉，直怕会触怒什么不讲理的人——这种感觉，想起来是蛮甜的。那里给艺术剧院安排了一次动人的迎接。那种情形，假如不是现在还保存有当时的快照，就很难令人相信了。几千个群众聚在大街上和火车站里，举着鲜花、高呼着、摇着手帕，欢迎我们。我们是上午十一点钟到的。到了下午一点钟，剧团的主要人物们已经有了拜访者；下午五点钟，全体被请去赴晚宴。筵席上都是捷克社会的代表人物,华丽的晚礼服、鲜花、大方而诚恳的招待——而且,还有一个俄国的铜茶炉!阿尔乔姆本来就对莫斯科想念到令人难于置信的地步,现在,他站在那里,沉默地望着那个铜茶壶:起先只看了一分钟,停一会儿,又看了一分钟,终于目不转睛地瞪着它,一声不响地流了眼泪。

捷克人很珍视他们那些有历史价值的碑石,用极度的努力使我们认识这些碑石。为了这个,全剧团分成若干小组,每一组都由他们派一位青年学者或教授来做向导。

我和斯坦尼斯拉夫斯基由耶扎贝克教授照料。他的年纪有三十六岁,他那深邃的眼睛、沉思的神气,和他对科学、对祖国的那种热情的忠心,给我们留下了深深的印象。我们先用两个整天来研究全城及其历史,嗣后,每天早晨花几小时去观光文物。耶扎贝克每给我们看一样东西,必要感染得我们对那件东西产生了情感。他引我们注意到每一个微节。凡遇到一种"地道新奇"的例子,他会一讲就给我们讲半个小时,他会把每一条街道、每一座宫殿、每一块碑石的详尽历史都讲给我们听。他把我们领进了一座最古老的四层楼房的一间又小又像玩具的房屋,用发着颤的声音告诉我们说,这是从前的牢室,在古代总是把活人抛进去……一听到他那激荡的声音,一感觉到他内心所抑制着的被压迫的民族之子的情感,我们的心里就悲哀起来。

布拉格城除了国家剧院以外,还有一个德语剧院,是由奥地利政府津贴的。这个剧院像是成心要和艺术剧院形成一个对立的局面,又像是要把德国观众引走:在我们演出的时候,他们也上演了一系列凯因茨的剧(凯因茨是德裔奥地利人的偶像)。然而,我们的演出恐怕给德国人预备的位子还是不够。我们一共只演了五场，每次开演的时候，不但座位全坐满，而且连两旁的过道也都站满了。

不过，究竟有多少德国人来看戏，还可以大约地估计出来。我们把在柏林用的剧本全文译成了捷克文，印刷出来；售票处兼卖德捷两种译文的剧本。从最后结算捷克文本和德文本售出的总数上看来，很明显的，其比例为十九比一。

我们到达的第二天晚上，他们在国家剧院里举行了一场庆祝表演会，来"欢迎斯拉夫客人的光临"。

会上演了一出民族歌剧，是斯美塔那写的《被出卖的新嫁娘》，参加演出的都是当地歌剧与舞剧界的最优秀分子。那是一场精彩的演出。动人的地方，不但是那种足以怡悦斯拉夫弟兄们的热烈的美意，而且那实际的演出成绩也确实表现出天才。

到了白天，他们每一个人都到舞台上忙着帮我们做技术上的工作。《沙皇费奥多尔》的最后一场戏（就是在天使长大教堂里给暴君伊凡唱《安魂曲》的那一场），自我们演出以来，从来也没有像在布拉格那样富于热情过，因为我们乘着那里没有审查制度的机会，把合唱队唱《安魂曲》时所应唱的部分完全都唱了出来，一点奇怪的模拟都不要。那位热爱圣诗的莫斯克温很精彩地把曲子都弄好了，而那些歌手们，每一个人都以动人的虔诚扮演着自己的角色。

我们在到达以后的第三天才开始演戏，演出全都得到了巨大的成功。

在这些日子当中，我们时时想到的，是艺术要多么悲惨地倚赖着经济！我们一望见这里观众的受了鼓舞的面孔，而又念到这些观众的绝大多数都正处在拮据的环境之中，我们的心里就兴起一个渴念，想特别给这些人——正是给这些人——多演一演戏。这一群观众不是偶然聚合的一群，也不是仅为看看戏（尤其是外国戏）才聚拢在一起的两千个人。这两千个人联系在一起，是因为各个心里都深深潜伏着、压抑着一个自由的梦想——自由，只有付出残酷的战争代价才能争取到的自由。来看"俄罗斯母亲"的演出的成千观众都是这样的人。

艺术剧院自然没有明朗地表现出确定的政治面貌，它是这个样子又有什么办法呢？今天，我们是在布拉格，在捷克人面前演戏。可是，几天以后我们又得跑到维也纳，给他们的征服者去演戏。不过，我们这个剧院的倾向是很明显的，除此之外，对压迫者的反抗是永远可以在俄国演员的灵魂中找到巨大的同情的。

捷克民族大团结的代表人物克拉马日在我们的心目中，确有一道清楚的神圣灵光。不用说，他自然是来看我们的，特别从维也纳赶了来。就在他到达布拉格的当晚，施莫兰茨还在那里揣测——他会来呢，还是不会来呢，不过，他应当来呀——在那天晚上，施莫兰茨走进给我准备的那间办公室，满意得发了狂：他已经来了！

我们哪里想得到，这就是从前我们最厉害的敌人中的一个呢。

幕间休息的时候，他到台上来看我们的演员，看斯坦尼斯拉夫斯基。他很和气，微笑着。

他带着他的太太。很久以前，我在莫斯科就遇见过他，是在他太太的沙龙里认识他的。她那个时候还是阿布里科索娃。她的娘家姓赫卢多夫，是赫卢多夫家族中的百万富翁之一。她和制造商阿布里科索夫结了婚。她和她的丈夫在莫斯科商人里边，都属于喜爱科学、艺术和政治的一类人物，他们在伦敦读过书，能说法国话和英国话。他们父辈以及祖父辈的那种吃起酒来就野蛮胡闹的癖性（如在饭店里捣碎人家的镜子等），在他们的身上连一点痕迹都找不出来。

阿布里科索夫本是一个糖果制造商，可是参与出版一本哲学与心理学杂志。他这位美丽的太太就组织她的沙龙，在她的沙龙里，可以遇到一流的作家、艺术家和学者们。在她那一间点着暗暗灯光的会客室里，可以听到当时哲学界偶像索洛维约夫的大笑——他那种大笑确确引人注意，有一种结晶般的音质，好像在他的大笑里能听见他那清楚而纯洁的世界冥想。在沙发的一角上，可以看见这个元气饱满的漂亮人物，生着长头发，留着下髯——有多少俄国演员在扮演一位可爱的学者的时候，都用他的照片作参考。

恰巧，有一天，这个沙龙里出现了一个新从布拉格来的著名青年政治家——克拉马日。这位来访的演说家很精明，也意识到自己的成功。他在这里讲了一个题目：究竟怎样才算更好——是要摇着许多小铃铛呢，还是要把这些小铃铛都熔化在一起，铸成一只有力量的大钟呢？

当日令莫斯科大惊小怪的许多恋爱故事，其详细的情形，我的脑子里从来没有记住过。所以，我也无法用一个故事来满足我的妇女读者们的好奇心，无法告诉你们，这位斯拉夫弟兄是如何把莫斯科沙龙的漂亮女主人给引诱走的；也无法告诉你们，她是如何嫁给他的，如何把莫斯科换成了"金黄的布拉格"的。虽然，我想他们是在她那个克里米亚的别墅里过的夏天。

市政厅给我们全剧团开了一个祝捷式的招待会，"荣誉"俱乐部给我们举办了一场盛筵，国家剧院委员会主席希马切克也在家里请了我们一顿精美的晚餐。

春已深了。天气热起来了。白天，我们的精力都消耗在游览城市和研究它的历史上边，这两种兴趣都是被我们的教授向导引起的；到了晚上，就去演戏。同时，我们的面前还有一个要征服维也纳的展望。

在莫斯科，我们剧场的休息室里悬着一个从这里带回去的礼物：一张"金黄的布拉格"画片，是旧时布拉格的全景。我们那里还有私人送的各种纪念礼品，其中有一件是布拉格市长送的。崇拜我们的人，都是又谦逊、又在友好上略带着一点柔情的样子，把他们凡是所能送出的东西都羞羞怯怯地送给我们：一张自己画的图画、一根棍子雕成的锁链、民族歌剧的乐谱，等等。

我们在早晨九点钟离开布拉格。火车站上的群众之多，使我们自己的许多人员在车要开了的时候还无法挤上车。

就在火车站上，耶扎贝克说：

"千万想法子把你们这些不同国籍的服装和装饰品都保存下来。十年或者十五年以后，这些东西，无论在什么地方都会找不到了，这些都会从历史上消亡的。"

亲爱的耶扎贝克！亲爱的布拉格城！

四

我们所访问的维也纳还是旧日的城池,那个样子,是今天的旅行家们一点也想象不出的:那是一个人们穿得漂漂亮亮的、都雅的、快活的维也纳;那个时候,到处流行的是排挤开法国曲子的"维也纳轻歌剧",全世界都在唱莱哈尔的《风流寡妇》里的那首《秋千》;那是有着使人忘不掉的施特劳斯的华尔兹舞乐的维也纳,是有着名演员松嫩塔尔和凯因茨的维也纳,是有着皇家剧院的辉煌的建筑和"维也纳式"车马的维也纳;那时的维也纳,是"拼布"王国的首都,是引人发生兴趣的政治流言的首都,也是男人们用冒着火花的眼睛去看的美女们的首都;维也纳和柏林竞赛着,要争得世界荣誉的奖状。

艺术剧院成功的风声自然早就传到这座城里来了,不过报纸对我们保持着一种极端审慎的态度,他们的文章里,每一行都宣称柏林的口味完全和维也纳不合。

我们必须征服维也纳,这是很重要的。我们在欧洲的成功必须是到处无二的。只有这样,我们才能以胜利者的姿态回到莫斯科,才能把国内的损失弥补起来——就连在国内久已不能再吸引观众的《沙皇费奥多尔》,我们也得把它的损失用它本身挽救回来。

好了,要不要我现在告诉你们?在我们回国之后的那一个冬季,我们在莫斯科再演戏的时候,广告板上的《沙皇费奥多尔》就变成了固定不用更换的。这令人诧异,是不是?

我们只从柏林带出来三个戏:《沙皇费奥多尔》《底层》和

《万尼亚舅舅》。其余的戏的器材都送回了俄国。我们有七辆车的东西和一百个人。因为每到一个新城时间都很少，来不及招请当地的人来和我们排练，所以我们带了一些柏林人一起走；运输永远用特别快车。

听了施泰因的建议，我们把在维也纳所演的戏都卖给了维也纳的剧场经理，这样可以保证我们不致亏本。

我们定好在新建的城堡剧院演戏。能订到城堡剧院，我们倒是很高兴的。我们怀着嫉妒的心情研究那设备精良的舞台和台上那些丰富的技术装备，然而，看起来，好像他们的导演和舞台监督们很少利用这些工具。可是，订到这个剧院对我们连一点用处都没有。我们倒宁愿要那一座人民剧院。城堡剧院对我们的态度虽然和气，可是冰冷，而且他们把剧场的规定拿给我们看——根据这个规定，"在这个舞台上，只准讲德国话"。让我们好好记住这一件事吧。

又有人介绍给我们一个旧的消遣剧场，里边一向是演轻歌剧的，这个剧场对于我们不方便到不堪的地步。而另一方面，城堡剧院是十分新的，最近才建造好。

第一场演出被一个出乎意料的情况所破坏。警察发现我们的布景没有浸过防火液。直到那个时候为止，我们到哪里都还没有遇到过这样的要求。不过，十年以前，维也纳曾经发生过一次大火灾，烧死过许多人，所以，警察在这一方面保持着谨慎的警惕。

只有在两种办法里选择一种：或者取消这场演出，或者让警察当局在我们演戏期间替我们在布景上浇防火液。我们同意了后者。我们特别约请的经纪人向我们保证说，一切都会很容易、很顺利地过去的。但是，我们立刻看到了卖掉独立权的结果。我们当然应该取消这一场演出，当然不应该听这位经纪人的话。幕间因为要浸刷布景，所以闭幕的时间去长久得倦人，而且，满台都是极猛烈的氨气味道，使得许多演员都头痛起来。

而且，剧场一点也没有上满座。这一切所造成的结果，是前几幕固然受到了欢迎，可是绝没有引起像在柏林、在德累斯顿、在莱比锡或者在布拉格那样的狂热——在那些地方，巨大的成功一下就可以明显地看出来。

而在这里，等到这出悲剧的剧情发展下去，场子里才渐渐激动起来。每演完一场戏，成功才增加一成，演员们的战斗心情才逐渐强烈。等到全剧演完，才得到完完全全的一场胜利。

五

这是从那位主要的批评家鲍尔的文章里摘录下来的一段：

……对于高声而夸大的话，人们很容易怀疑，但是，对于伟大而轰动的事实又如何呢？……所以，我们敢于宣布：今天晚上，应该说是给我们的剧场史开了一个新纪元！从昨天起，我们就有了一个清楚而坚定的认识：狂热梦想的幻觉，现在已经实现了；舞台上完美的造诣，实际上已经实现了！……这清清楚楚发着火花的一晚，给予我们一个不可磨灭的印象。对一切庸俗渺小的无情感觉，在我们的心里，也被这一晚所唤起。这就是说,艺术能做到任何事情,因此,我们又可以推论说,艺术主要的是必定做到这些事情。因为,如果一种艺术不能同时做到任何事情,如果艺术不是完整的话,那它就是一个毫无价值的东西了!……可能昨天晚上我们所见到的一切,都只是他们的苦功夫和高尚趣味的结果。即令真是如此,我们也可以看出来,里边依然是有天才的,里边至少有懂得这样去下苦功夫和懂得保持这种高尚趣味的天才。

《新自由报》上说:

……这样一出具有整体性的戏,使人想到一个精心排练与指挥下的乐队:没有一秒钟可以教我们停下来想一想谁在奏着哪一种乐器,我们自己完全沉醉在它那整个的和谐里面了;我们在听着的时候,灵魂就完全被它俘虏了去,我们忘了有单独演奏的人存在。这是走向戏剧整体艺术的又一极重要的步骤,没有别的剧团能像这个莫斯科剧团这样接近于得到这个结果。所以,谈到他们的时候,我们很可以说,这是戏剧的新艺术,是新的极峰的造诣。也可以说,这一群莫斯科人已经做到了完美的程度。可是,这个完美的程度是通过什么途径才达到的呢?这就是俄国人的秘密了,这也就是使我们发生极大兴趣的所在了……主要的一个秘密,是他们对艺术怀有纯洁的爱,又能摒绝自我,而这正是造就艺术家的要素。

《维也纳汇报》上说：

……西欧的演员总是申辩说："我可以把这个角色这么演那么演，或者另外用怎样怎样不同的方法演。"于是，他就把三种方法轮流试验一遍，做一个比较：这种方法好，那种方法较好，而另外一种方法更好得多。自然，他就选用了他认为好得多的那一种方法。俄国人在完成他的角色的时候，所用的就完全是另外一种办法了。他首先对自己提一个问题：我应该怎样演这个角色呢？然后，他开始去寻求、去试验、去学习、去研究，为的是最后用人类真正的本能找到一个最近的、最自然的、最简单的方法，找到一个非此不可的方法。然后，他才下结论说：我要这样演这个角色，因为我只该这样演这个角色……无论是在凯因茨吸引住我们的时候也好，在诺韦利迷住我们的时候也好，在扎科尼使我们惊愕的时候也好，甚至在杜塞用她那深深的忧郁或是她那有征服性的艺术的柔和使我们屈服的时候也好，我们总是同样觉得："他们如果用另外的一个方法来接近我们的灵魂，似乎依然可以一样地征服我们；即或他们不把他们灵魂中的这一类礼物拿给我们，我们似乎依然可以跟随他们。"可是，这些俄罗斯人的戏就永远不教你产生这样的想法。他们心中树立着一个不可动摇的信念：必须是这样，因为人类是这样，生活是这样……

论到莫斯克温，文章里又说：

> 顶好是把五十个著名的名字都忘掉，而只记住一个莫斯克温。

报纸上的批评文字发生了作用，从此，我们在维也纳的演出，上座率都非常兴旺。可是，我们的胜利是在这三出戏演完第一轮之后，另外加演的时候才得到的。人民剧院当局早先拒绝租给我们剧场，到了这个时候，反来提议要我们到他们的剧场里去加演几场。不幸，太晚了，我们早已经和我们原来的剧场经理定妥加演的事了。

在维也纳和在柏林一样，当地的戏剧艺术家们是我们最感谢的观众。像柏林有巴奈一样，这里也有凯因茨和松嫩塔尔，他们是艺术剧院的崇拜者，都经常来看戏。凯因茨更在艺术剧院留在维也纳期间，把自己的演出完全停止，来看我们的戏，好一个也不错过。

也许是维也纳的布局比柏林分散的缘故，也许是我们在柏林的日子久些的缘故，我们对维也纳的文学与戏剧的回忆，总不如对柏林那样多。我们的回忆，只限于维也纳戏剧艺术家和俄国通讯记者的圈子。我们的演出，一般说来，也有一般巡回演出的特性，换一句话说，就是演出上边也联系着许多欧洲著名的人物。有一个事实也许有功于这种成就，那就是艺术剧院完全没有自我宣传，这样反而帮了演员们，使他们的名字有了响亮的声誉。

当然，我们期待着我们的大使馆给以我们亲切的关怀。我们照例是郑重地到那里去拜会。但是我们所遇到的却是这样的冷淡、这样的漠不关心，就连在德国的俄国代表机关和它比起来，都显得格外地亲切了。

在这个时候，从俄国传来了第一届国家杜马成立的消息，我们就热切地注意这件事情，热切地讨论着这个珍贵的消息。

六

为了结束对维也纳的叙述，我要把我们后台生活里一段有特色的故事讲给你们。

在我们巡回期间，全剧团被分成若干小组，每一小组设一个向导"马卡尔"，这是你们知道的。我们在每去一个地方之前，照例先派一个人去安排全团人员居住的地方。他照例在全团到达那个地方的时候到火车站来迎接我们。如果必须临时分散着住几天的话，他就告诉各团员，他到什么地方去住，她又到什么地方去住。

我们中间有两个极有天资的女学生。这两个人今天已经在自己选定的职业中享有大名了：一个是科尔涅娃，你们从莫斯科艺术剧院演的陀思妥耶夫斯基和屠格涅夫的戏里，从她所扮演的那些角色上早就知道她了；另一个是科宁，她在泰罗夫的室内剧院里是一个主要女演员，演过《费德尔》《阿德里安娜·勒库夫勒》和《吉罗夫莱-吉罗夫拉》等戏的主角。她们两个人在那个时候都是新手，才不过是两个十七岁的少女，彼此是分不开的伴侣。我不知道她们是不满意于指派给她们的那个住处，还是仅仅因为忽然来了勇气,一到维也纳,立即决定单独行动。她们率然拒绝了交给她们的那个住址,实际上当然也拒绝了一切生活上的照料,而且甚至把分派到她们那一组的一位青年男演员赶开。据后来她们解释说,她们讨厌他那种教训人的口吻。她们把自己的东西放在火车站,就去另外找地方住了。

那时候是晚上七点钟。春天,爽快的空气,可爱的天色,新的城市,多瑙河——没有一个人干扰她们,没有一个人教训她们。她们去看了一间家庭寄宿公寓,不合意;又看了一家,太贵;第三家,主妇又是个讨厌的老太婆。她们决定先去坐一坐咖啡馆,又快活、又无所挂虑。

但是黄昏已经渐转黑夜,到了晚上十点钟以后,什么地方也不收容她们了,而且都认为她们的形迹可疑。她们告诉人家说,她们是两个女演员——而且,是那么一个人家从未听说过的莫斯科剧院的女演员——人家就都对她们大笑,显然是拿她们当作娼妓了。这个时候,她们连我们要演出的那个剧院的名字也踌躇着说不出来。等到好容易才在一个柱子上找到剧院的广告的时候,天已经太晚了。

就在遭遇到这个不幸的一开头,她们依然觉得有意思。可是,一点点地,勇气渐渐消下去了,她们这才觉得难过,也觉得冷了、饿了。

结果,她们一阵跑到大街上,一阵又跑到火车站上,就这样过了一夜,到了第二天早晨,费了好多事,才好容易找到了城堡剧院,像两个迷了路的孩子似的,带着沾染着泪水的面孔来到我们的面前。等到斯坦尼斯拉夫斯基坚持——我也同意他——要派一个负责的人立刻把她们送回俄国,免得无法面对她们的父母的时候,她们那无声的眼泪就变成了啜泣。我还记得,等到她们发誓将来不再做这样单独的冒险,而我们那位年纪最大的女演员拉耶夫斯卡娅也说负责监督她们之后,我们才决定把她们留下。

我们的维也纳剧场经理和经纪人彼此交换了一下眼色,耸了一耸他们的肩。年轻漂亮的女演员在后台就是这个样子!她们所谈的都不是有趣的事——总是什么"爸爸和妈妈"。

第十九章

一

我为什么没把剧院带到巴黎去?

我们订下这么一个计划:在维也纳之后,去往巴黎的中途,停在杜塞尔多夫演出一场,然后再到巴黎。巴黎的演出,计划用萨拉·贝纳尔剧院。合同在柏林的时候就早已签好了,因为这个剧院派了一个负责的代表,特地到柏林与我们接洽。

巴黎作品剧场的主人吕涅-波和杜塞的固定经纪人已经同意给我们安排演出了。杜塞在莫斯科的时候参观过我们的艺术剧院,我们到了柏林,她又来访过,并且把吕涅-波介绍给了我们。

在布拉格的时候,我就从巴黎接到了不顺心的报告,而在维也纳的时候,我接到吕涅-波的一封电报,要我立刻就到巴黎去。因为在巴黎还没有做准备,我们就只好把旅程变通一下。

我一到巴黎,很快就看明白了,我们必须破费一大笔钱才能得到成功,不然全场的座位都会是空的。简而言之,无论满座不满座,我们都得冒一次亏折的危险,就连在柏林"童话"里得的钱也可能都赔进去。

法兰西喜剧院的院长克拉勒蒂在寄到柏林的信里已经答应和我们合作。这个时候，在巴黎又恰巧找不着他，他已经到乡下去休夏了，要在那里住一个很长的时期才能回来。

借着莫斯科大学里几位朋友的关系，我和法国一位学者兼作家德沃居埃有一点来往，他能说很好的俄国话。他憎然地，但很决然地告诉我说，如果不扩大宣传，我们的尝试一定会毫无结果。

"而且即或有了宣传，你们能否动员得了大批的观众，也还是问题。"

那位重要的戏剧记者亚历山大·布里松给我看了一大摞要刊登在重要地方的文章——附着插图——那是给发行最广的一份报纸写的（我几乎不知道是否应当把这份报纸的名字说出来）。布里松传神地给我描绘，这份报纸的编辑如何把这一摞稿子放在他的手掌上——称一称它的分量——斟酌着，如果发表的话，我们应当付给报馆多少钱。

像对德国人和捷克人一样，我们也给法国人预备了法文的剧本。这是由巴黎大学的佩尔斯基教授负责的，译得很好。但是，他去接洽的那一家报馆拒绝发表任何介绍艺术剧院的文章，除非付给他们钱。吕涅-波显然是比佩尔斯基更清楚编辑们的行径的，他就负责去交涉。他一着手布置，马上各报纸上就见到关于艺术剧院的第一波评论文字了，虽然只有几行，但并不收费。可是，几天以后，他第二次把介绍艺术剧院在德国成功的情形的新文章送去，就只有三份报纸发表了。等到他把长篇介绍亲自分发出去的时候，就连一家也不登了。我们又试了些短短的材料，只提到艺术剧院在它的胜利的巡行中已经临近巴黎了，可是，凡是发出去的稿子，全都跑到人家的纸篓里去了。

于是，吕涅-波和萨拉·贝纳尔剧院的主持人都向我建议：第一，一定要找到一个赞助人；第二，把宣传的事情委托给一份报纸的戏剧栏的一位有经验的编辑（我又几乎不知道是否应当把这份报纸的名字说出来了，它是发行最广的报纸之一）。

这是 B 先生向我们说的：

"赞助人是什么意思呢？就是说，头一个戏的演出必须在某一位大家都崇敬的高级社会女名流的保护之下，完全当作慈善性质的捐献。"

"我们的涅利多夫大使的夫人——够不够格呢？"

是的，当然，十分够格。

她和大使本人一向是以周到的礼节著称的，对待莫斯科艺术剧院的代表也完全持着友好的态度，并答应帮忙。涅利多娃夫人很热心地答应了担任赞助人，不过，她说，为了尽到这个职责，可要比我们所假定的多用些时间。

于是，我们就开始和 B 先生会商，一直商议了两天。

这些次会商，都有萨拉·贝纳尔剧院负责的代表在座。我得承认，在很长的时间之内，我都无法向他们在提议时所用的口气妥协。事情其实很简单：只要付钱就是了。根据 B 先生的估计，宣传费的开支大约要两万到两万五千法郎！按着当时的兑换率，折合成九千多卢布！为了使观众的注意力集中在莫斯科艺术剧院上，每天必须利用三四份报纸，其余的报纸也得间或刊登一点简短的东西。B先生很熟练地,详详细细地告诉我们要如何如何办。

这些很显然是我办不到的,所有这些提议,都在我的心中引起一种几乎掩藏不住的愤怒。

"那你想怎么办呢?"B先生耸着肩问我,他对我的口气一点也不以为然,"天底下就没有任何可以不折本而能成就事业的局面。请想一想杜塞。她第一次到巴黎来的时候,就得遇到这么一个数目……(他所说的数目,我记不清了。)她第二次来才没有赔钱。可是头一次的损失总会找回来的。你看她现在,无论来得如何频繁,每次总能赚到一大笔钱。"

"但是,艺术剧院带着七辆车的器材和一百个人的剧团,绝不会想再来第二次、第三次的。只要能抵上开支,我们就很满意了。"

不可能。在任何情形之下,我都不能有这个指望。

一年以后,我们已经回到莫斯科了,有一个人告诉我说,某一个电影院里在放映一部影片,是描写巴黎街头生活的,其中有一个镜头里有我。我就去看看自己,于是就想起来了,原来那是在和B先生商谈以后,我离开了萨拉·贝纳尔剧院,在便道上站立了很久,一边吸着一支香烟,一边观察着巴黎大街上那种腾沸的活动的情形。我那时心里在想:"那么,一个艺术剧院在这些人看来又算什么呢?我用什么力量可以把这一道人类的巨流挽过来,使它注意到新从俄国来到巴黎的这小小一撮演员呢?"可巧,就在那个时候,一辆公共汽车停在离我不远的地方,我看见有一群乘客很快地都登上去。于是,我又想:"这些法国人是多么会做鬼脸的两足动物啊!看他们拥进那辆车子里去的样子,活像是一群可怜的临时演员。"后来，事实证明，那的确是一群临时演员。旁边的摄影机在转动，于是连我也给拍了进去，我手里还拿着香烟，很烦恼的样子，站在那里，看着巴黎大街上人群的活动。

我在向每一个能找到的人都征询了意见之后，就决定，我没有权利使艺术剧院冒这样大的经济上的风险。第二天，我把一笔罚款交给萨拉·贝纳尔剧院，就把合同撕毁了。因此，去巴黎的巡回就没有实现。

值得注意的是，二十年后，艺术剧院已经在全世界享有了声誉，在去美国的途中，我们停在巴黎演了几场，那个时候，上座率也依然远不足以让我们抵上开支。世界上再没有像巴黎观众这样极端爱国的了。

二

"你怎么把我们带到这里来了？"我在卡尔斯鲁厄问施泰因。

"可是，我的朋友，我们不是在途中吗？所有的剧团在旅行的中途都要在这个城里停下的。"

他有一个固定的办事程序。他无论对我们的艺术有多么热心，可是有一件事他不能懂得：只为单独一场演出，就把我们复杂的配备都装在舞台上，那是不值得的，何况只为一场演出就迫得大家在高度紧张之下去工作呢。这个卡尔斯鲁厄能够让人回忆的，只有俾斯麦。我们在那里演的戏简直是暗淡无光，戏场里的人也很少。我们上演的是《万尼亚舅舅》。我们在当地的报纸上得到一些极好的反应。一部分人员，凡是不参加这次演出的，直接被送到法兰克福去了。

既然把巴黎的计划放弃了，我们就决定在回程中停在华沙演戏。到华沙以前，先在德国境内的法兰克福上演两出戏，在威斯巴登演一出，在杜塞尔多夫演一出，在汉诺威演两出。只有华沙相当使我们感兴趣，我们觉得好像在华沙有一个特殊使命似的。我们的演员，特别是工作不太繁重的，因为这一次巡行了几个出乎意外清洁而有秩序的小城，看见了那里的美丽花园，尤其是正在春天，就解除了不少自然会感觉到的疲倦。

无论在什么地方，艺术剧院还没有演戏，就能先得到一个好名誉。我们生活上的秩序已经成了一道单调而沉滞的常轨，可是，一点也不令人厌倦。一路之上，我们照着计划好的程序预备演出：很快地把在路上损坏了的布景修整起来，分配化装室，进行短短半小时的排演，刊发戏剧文字。当地的艺术家对待我们的态度也都是很友好的。我们忙着从这个城搬到那个城，预先派人去租赁住所，等等。凡是俄国人口较多的城市，我们演出的外在成功也就较大。我们的舞台技工们，已经习惯在一天之内就预备好一出戏了。管服装和化装的人，也学会了在任何新剧场内都能很快地把一切布置停当。我们的工人们，也表现出惊人的随机应变的聪明，行动迅速而又镇定。我们的"老大哥"季托夫，到处都受到如雨倾盆般的称赞。有一次，在一个铁路枢纽上，我们装道具的一辆货车错接到了开往瑞士的一列火车上；又有一次，时间短得几乎来不及把布景装上车去。可是，我们从来也没有慌乱过一点，总找得出一个绝妙的方法来解决。

到了这个时候,艺术剧院的前途可以看清楚了,在物质上是安全的了。我们的想象里,已经开始计划回到莫斯科后的新工作了——演格里鲍耶陀夫的《聪明误》和易卜生的《布朗德》。在法兰克福、杜塞尔多夫和汉诺威,我们就已经在举行技术和管理会议了。

在一般以营业为大前提的剧场里,都根深蒂固地存在着许多琐碎肤浅的问题,要和这些无聊的琐碎斗争不尽是容易的事。关于这一点,我们在杜塞尔多夫城就遇到过一段痛苦的插曲。

这个城里有一个市立剧场,不过我们的经纪人施泰因觉得它太小,不能供我们使用,就另外租了一个私人剧场"阿波罗剧场"。多么好听的一个名字——可是名字里面又有什么呢?如果艺术剧院在阿波罗剧场里演戏,又有什么不同呢?施泰因却那样热切地争辩,我们很难不听信他的话。他说,杜塞、萨拉·贝纳尔、凯因茨,还有许多著名的艺术家,都是在这个剧场里演戏的。

我们在早晨到了杜塞尔多夫。我走到剧场去。售票处左近挂着许多红色、黄色的广告牌,尺寸大得使你难于相信。每张广告牌的上边都画着一只巨大的食指,指着从各种德国报纸上摘下来的文章。我觉得讨厌。进去观察场子里边的情形。池座里摆满了小桌子,就像消遣戏馆子一样,舞台上闻着有野兽的气味。他们向我解释这味道的来源,说是因为他们的剧目中有一个耸人听闻的片段,那就是群象出场。我把施泰因请了来,问他是否看清楚了他给我们找的是一个什么样子的剧场。施泰因还在劝我们,说这都是照例做的,而且所有的名人也一向都是在这里演戏的。他说了很多恳切的话，又把所有神仙都指遍了来发誓。舞台上，东指挥西指挥我们的技工的，是一个小小的导演样子的人，他穿着灰色大礼服，戴着一顶高帽子——这是一个和艺术剧院的情调绝对不能调和的人物。季托夫带着极可怜的神色，目光随着他转。另外有一个人坐在池座里，喝着啤酒，吸着雪茄。我们的团员已经陆陆续续都集中到剧场里来了。我们的女学生中间有一个人向这位矮小的导演提了一个问题。很像是他一向对待那些"音乐咖啡馆"的歌女们成了习惯似的，他用一种粗野无赖的调笑来回答她，这未免太过分了。

自然不可避免地，一次又一次，就逼得人狂怒起来。这种使人神经错乱的、剧烈的紧张空气，有的时候，就连最能自制的人也会失去镇定的。最后，我只得把这个小小的导演赶下舞台去。我扬着最高的声调宣布说，除非马上采取有效的措施，把舞台和场子内部完全整理出秩序来，戏是绝对不演的。我把剧场经理和施泰因都请了来。我不再请求了，我发出严厉的命令，很愤怒地坚持我应有的权利。

我要求他们的那个"导演"一整天都不要进到剧场里来；要求后台不但要把消遣戏单的装饰品都除掉，而且所有那些大象也得移开；要求无论是台上还是观众厅内，任何地方都要派上严格的守卫来维持秩序；要求马上制作通告牌挂出去，通知观众，演出期间绝对禁止喝啤酒、抽烟，等等。

那位经理先生和可怜的施泰因两个人的脸色都白了，他们一声不响地听从了我的要求，半点钟以后，附近的居民们就欣赏到一场好看的把戏：从阿波罗剧场里出来了一群大象，它们安安静静地列成一队，走了出去。那些象藏到什么地方去了，我不晓得，不过，结果是，在我们演《费德尔》的时候，那种有如怯懦一般的寂静，是我们从来所没有得到过的——就是在布置得更好的剧场里，也没有这样寂静过。也许是我的态度感动了他们，也许是另外一件事情发生了作用（恐怕还是因为后者吧）：就在我们来到杜塞尔多夫以前，我们在威斯巴登刚刚得到威廉二世颁发的礼物和勋章。

三

从维也纳去华沙的路上，最精彩的演出要算在威斯巴登的了。在威斯巴登，我们又得感谢威廉二世和皇后。威斯巴登是德皇避暑的行宫，距离汉堡，我想有三十公里的样子。德皇听说艺术剧院从维也纳回国的路上要在威斯巴登演戏，就通知我们，说他想来看戏。我不知道施泰因是否预见到这件事情，或者他是否估计到会有极富有的观众来看戏，反正，他确是把座位的价格定得极高。我们的戏是满座的。观众必须穿晚礼服。凡是男子，没有穿长礼服，就不准到池座来看戏。

于是，我们就完全明白了，德皇是来在我们的演出上做"政治"工作的。他想借此把他对俄国戏剧的注意传达到彼得堡。

第一次闭幕就闭了四十五分钟。皇帝在他的包厢里招待客人。我们在舞台上并不掩饰我们的不满意：我们误了去法兰克福的火车，这使得演员们焦急起来。可是使我们惊讶的是，威斯巴登的剧场经理却眨眨眼睛。

戏演完以后，威廉二世把我们请到他的包厢里去，授给我和斯坦尼斯拉夫斯基一个"红鹰"勋章，送给所有主要演员许多礼物。

"做纽扣用吧，作为纪念。"他一边说着，一边把那个勋章塞进我的手里。

就为了这个，柏林的报纸都在抱怨他们的皇帝，说他对自己的艺术家们从来没有做出过这样赏识的表示……

我的脑子里，如今仍然留着那一天戏演完了时候的印象。

戏一演完，我们马上就得出发到法兰克福去。从威斯巴登到法兰克福坐直达车要四十分钟，可是这一班车一到十二点马上就开。威廉二世既然把第一幕的休息时间给拖长了，我们显然是搭不上这一班直达车了。必须改乘下一班绕经美因茨的车，这班车要在美因茨整整停一个钟头。《沙皇费奥多尔·伊万诺维奇》的布景，我们只好用马车来运。我们问施泰因，可不可以打电话到美因茨，在那里给全团订好晚饭。戏演完的时候，演员们等着技工们收拾东西，收拾好了，就蜂拥着步行到火车站。在车站上，占了几辆三等车，坐好了之后，大家就唱起来，有的合唱，有的独唱，就这样快快乐乐地一路到了美因茨。一百个人的朴素的晚餐已经在美因茨车站上等着我们了。在上头一道汤之前，还有一大杯啤酒。我们在夜半三点钟到达法兰克福，大家分散开的时候，那一种轻快、愉悦和伙伴之间的感情，真的是只能在有着共同目标的友爱家庭里才能感觉到。

四

自然，把华沙看成我们国外巡回中的一部分是有些奇怪。因为华沙是俄罗斯帝国版图以内的一个城市。可是，想把我们身在国外的感觉去掉也竟不可能。再加上，我们在柏林所得的名誉，在华沙远较在莫斯科的影响大，所以总还觉得是在外国。可是，我在七点钟坐着车子沿着马路向剧场去的时候，忽然听见身后五十到一百步远的地方发出一声爆炸的巨响。人们那样往四下里乱跑，从眼前这种景象来推测，很容易猜出是有人抛了一个炸弹。

啊哈！这就是说，我们是在国内了啊！

§ 我们在华沙的演出有它的使命。波兰人从来不看俄国戏，而我们渴望他们来看看艺术剧院的戏。我们渴望这不能相容的两个民族的人民在艺术的旗帜下联合起来。§

管理着俄国国立剧院的人对待波兰人民的态度——如果准许我说的话——可以说是荒谬的。剧院里的俄国官吏管理着三个由波兰艺术家组成的大型剧团，可是他们的心灵上对这些艺术家就存着一种无法和解的敌意。他们既不能否认波兰演员中的显著的天才，也不能否认他们艺术上的高超的修养，可是，他们怀着一种左右为难的心理，又不敢公然这样承认，也不愿表现出这些演员值得尊敬。这自然是一种为难的心理，不然的话，怕就要受彼得堡方面的申斥了。然而，如果你不爱你所指挥的人，尤其是在艺术领域里，你又如何可以成为一个好的领导呢？

"不，你可以死心了，波兰人是不会来看你的戏的。这一群无赖！"经理这样说。

在演过几天戏以后，渐渐可以看出来，也有相当不少的波兰人到剧场里来了。

"居然有几个波兰人真的来看戏了！多么无赖的一群！"

我们看清楚了，只用戏单和海报是永远也做不到"在艺术的旗帜下联合起来"的，我们就去和几个最重要的波兰记者商谈。然而，所有我们的申述都遭到严厉的拒绝。

"也许你说的话很合逻辑——也许！可是，除了逻辑以外，还有心理——这心理，自然你也有的。你必须知道，我们能够自由地用波兰话倾吐的机构，现在只有剧场了。这就是我们所以把住我们自己的戏剧不放，而同时反对俄国戏剧的缘故。如果我们去看你们的戏，那么政府当局就会利用这件事情做前例，逐渐把波兰戏剧排挤出去。不要说了，不要再说任何话了！一个受过火烧的孩子是见了火就怕的。我们对你们的艺术倘若发生了兴趣，这个兴趣会翻过头来就变成伤害我们自己的武器的！"

我们所处的地位本来和在布拉格时一样，只是结果大大相反。

我们觉得很不安。

"在艺术的旗帜下联合起来"，在现实的政治家们看来，显然不过是一句说着好听的话，也许甚至是一句危险的话。

而结果呢，我们的演出所得到的报纸上的评论是很特别的——在我看来，也许世界上再没有哪一个剧院会得到这样的批评了。

我们的演出开幕的那一天，所有报纸上都刊登着称赞的文章，承认我们对艺术有巨大的贡献，然而，文章里边附带着一个建议——有几份报纸简直就是要求——请波兰人不要去看我们的演出。

"不过，等到有一天，等我们自由了的时候，等我们脱离开俄国的羁绊而自由了的时候，我们一定张开两臂来接受这种艺术。"

虽然如此，我们的观众里也还有大约百分之二十的波兰人，而波兰艺术家们来看我们演出的，人数也很多。我们和波兰艺术家们的联合，却是完全做到了。

五.

艺术剧院回到了莫斯科。自从全体出发以来，我们经历了四个月的狂热和紧张工作。在这四个月之内，我们从柏林和维也纳的报纸上屡次看到，他们承认艺术剧院的国外巡回已经打了一个胜仗。报纸上每一谈到俄国艺术，就必然提起俄国最近的作战失败。因为俄国和日本作战的失败，到现在只不过一年。大多数的德国人都认为俄国是一个没有王冠主宰的国家。我们在博恩的剧场第一次遇到德国工人，他们就公然嘲笑我们。在我们看来，那固然是很有特殊性的，似乎也是很应该忍受的。全剧团所有的成员心里都明白，这一次巡行有一个重大的责任：如果艺术上再失败的话，那就把俄国人正在颤摇着的威望更要降低了。我们的驻柏林和驻维也纳的大使馆却也居然引我们以为耻。他们在行动上所表示出的态度，就好像怕我们妨害了他们这些俄国代表们的声价似的。

回到祖国的时候,我们满怀胜利的感觉,这是我们更觉得自傲的。

艺术的雄心是无法满足的。从工作本身看来,是已经得到完全的满足了,可是,实际上,我们还在那里寻求被人承认成功的看得见的表示。在临近莫斯科城的时候,艺术剧院全体人的心里都期待着一种特别而又腾沸的欢迎——有一点像大家在布拉格所受到的那样的欢迎,也许吧。然而,看!火车站上,只有艺术家们的几个近亲。不错,我们在莫斯科的前几站就接到了莫斯科市长的一封电报。然而,这就是一切了。

屠格涅夫写过这样一句话:"人类生活的痕迹,是消退得很快的。"

第五部分

托尔斯泰的剧作在艺术剧院中

第二十章

一

有一天,《俄国思想》杂志的编辑部里走进来一个老人:穿着羊皮外衣,戴着皮帽子,手里拿着一份稿子。秘书把稿子接过来,那是一个叫谢苗诺夫的农民所写的一篇小说。秘书叫那个老头子回去,两个礼拜以后再来听回话。整整两个礼拜之后,那个老头子就又来了。秘书叫他在那里等着,用手指给他一把木椅子,让他坐下,就进到编辑的办公室里去了。这个时候,那间办公室里面有两个编辑和一位出版家正进行着兴奋的谈话。那种情景很像是一般放假日一样。确是这样,他们正喝着红酒,喝得很高兴。秘书进来,宣称外边有人等着听农民谢苗诺夫那篇小说的回话。杂志的文艺栏是由列米佐夫负责的,他这个人个子很高,头发很漂亮,留着一把分成两叉的下髯,戴着眼镜。

"是的,是的。我已经读过了。让他等一会儿。我立刻就去见他。"

然而,那种兴奋的谈话是没有法子中断的,所以,不知不觉之间，时间就过了很久，大约有一个半小时的样子。秘书又出现在房门口。

"米特罗凡·尼洛维奇！那个老人还在外面等着呢。"

"是的，是的。我马上就去见他。"

又是很长的时间过去了，秘书觉得非去催请第三次不可了。最后，列米佐夫把那份手稿找出，走到会客室里。

"那个老头子在什么地方？"

那位穿羊皮衣的老头子从木椅子上站了起来。列米佐夫就向着他走过去。

"谢苗诺夫——是你吗？我已经把这篇小说看了……"

列米佐夫把眼皮抬起来，看那个老人。他话还没有说完，就一声也不响了：原来站在他面前的，是托尔斯泰本人！一直安安静静坐在那里，坐了有两个钟头以上，等着编辑先生来接见的，原来就是列夫·尼古拉耶维奇·托尔斯泰。他很急切地要看到这个不出名的叫谢苗诺夫的农民的小说发表出来：他认为这篇作品很有才气，而且值得注意，所以愿意介绍它发表。

这位编辑先生现在所处的情境是非常尴尬的。他也不好马上就把这位老人请到他的办公室里去坐，因为屋子里边的酒瓶子还没有来得及藏起呢。

"不要介意，没有关系。我在这里休息呢。"托尔斯泰说。他显然是在对这位心慌意乱的有身份的文学家表示恳切的怜悯，也许他甚而自责，不该在无意之中逼迫得一个人这样惊惶失措呢。

二

我不记得究竟为什么，我在一个很长的时期以内都没有设法去认识托尔斯泰。也可能是因为他身边经常围着许多人，我总觉得他对任何自己跑来介绍自己的，或者找上门来想和他谈谈的人，很可以不必个个都那么慈祥地去接待。

实际上，契诃夫对托尔斯泰也是像我这样。有一天，我问他为什么不想法子去认识托尔斯泰，特别是因为托尔斯泰盛赞他是一个好作家。契诃夫回答我说："我不愿意通过 S 介绍我去见他。"

这位 S 是从前契诃夫在塔甘罗格中学里的一个同学，他和托尔斯泰全家都很亲近。虽然他的行动一般看来都很合礼，可是，他总给人一个印象，他是在利用这种亲近的关系来自抬声价。当然，他没有什么物质上的企图，不过他的念头是要借此来增强他的势力。S 的行动简直像一个宣传托尔斯泰思想的神父：他的声音是那样谦卑、说教而又有教训意味的一种调子，他说话永远用低音，他看你的时候也尽量深深地注视。他所努力奉行的道德充满着法利赛人的智慧，究竟有多少利他主义，是很令人怀疑的。

比如，我有一次把到叶卡捷琳诺斯拉夫省乡下去旅行遇到强盗的事（这件事我已经在论契诃夫的部分里讲过）告诉了 S，他就责备我。他说，既然是强盗想进我的包房里来抢我，我就应当把门打开，让他们进来，随他们要什么就拿去什么，而不应该把自己锁在车房里，等着他们在车厢甬道上被捉。

从这一点上，就可以了解契诃夫为什么不要由他这位同学介绍他去认识托尔斯泰了。

一位年轻的哲学教授格罗特和托尔斯泰的家人很亲近，我是由他带着去见托尔斯泰的。那是在艺术剧院创办的前几年，一个晚上，在莫斯科。那时，托尔斯泰家的会客室里正在举行朗读会，他全家都在那里。他的太太索菲娅·安德列耶芙娜坐在那里，做着活计；还有托尔斯泰的女儿塔季扬娜。他最心爱的女儿亚历山德拉·利沃夫娜是否在场，我不记得了。正在朗读的是赫尔岑的《往事与随想》，是玛丽亚·利沃夫娜读的。

列夫叫朗读停住，带我到他在楼下的书房里去，我们在那里谈了有半小时。谈完，我们又上楼去。他请我朗读，我恳切地接受了这个请求。我每读到一处，就受到这位伟人的一次赞许，这我还都记在脑子里，所以，我更清楚地记得他对我的朗读有多么高兴。我的这个印象，到嗣后几个月就证明是确实的了。他那个时候刚刚写完《哈吉穆拉特》，好像是一个音乐会一类的组织请求他许可他们在会上把这个新作品朗读一章。索菲娅·安德列耶芙娜亲自带着列夫·尼古拉耶维奇的话来找我，说除非我去读，他才给他们许可。

这一次会见的情形留在我记忆之中的很少。自然，他那著名的鹰眼睛差不多像是在攫取一般探索地注视，这是他最使人惊愕的一个特征。这个印象自然依然深深地存在着。他那一双眼睛能灌注给你一种思想：你无论在撒谎的艺术上是怎样一个老手，也依然骗不过生着这一双眼睛的他本人。他的眼睛能探入你灵魂的深处，同时，在它们的注视和敏锐的感觉之中，闪着一种没有法子制止的自然的动力。这不是狡猾计算的一种爽利眼神；相反地，它是一个心无隐讳，而随时都最容易受感染的人所发出的那种朴质的目光。

从许多照片上看熟了的面孔，一旦终于会了面，那种感觉是什么样的——如果我企图告诉你们，那我就有杜撰的危险了。

我的记忆里只留着我们谈话中两个刹那的印象。第一个，是我问他我可否吸烟。他为之愕然，问我："你读过我那一本论烟草之害的小册子吗？"我供认没有读过。他对这件事很宽宏，甚至还有一点不安。他教我答应他，千万要去读那本小册子。

另外一个刹那的印象，是在谈到易卜生的时候留下的。托尔斯泰认为易卜生一点也不是一个非凡的剧作家。在那个时候，我很喜欢易卜生，我就替他辩护。最后，我说要送给托尔斯泰一本《人民公敌》，因为他没有读过这一本戏。

后来，我把易卜生的这个剧本送给他，隔了才不久，托尔斯泰就来找我了——请想一下，这是使我多么愉快的一次意外。我们当时住在米亚斯尼茨基大街上。他很喜欢我们这个小小的寓所，特别是窗前有个花园，那里有小鸡和鸽子走动着。他把《人民公敌》还给我，告诉我说："不行，不好。这个斯多克芒医生实在太自大了。"

他又坚持问我戒了烟没有。我说我读过他的小册子了，可是，烟还是照旧抽。

托尔斯泰仔细问了我许多关于我或多或少亲近的作家们的问题。他盛赞契诃夫。

托尔斯泰给予我们这一代的作家的影响很大。也许只有契诃夫一个人没有受到这种影响的同化，因为他自己是一个辉煌而有独创力的人物。不用说就想得出，托尔斯泰的每一部新作品，我们都贪婪地去吸收它，世上再没有别的作家像他这样能引起我们的贪婪了。作为艺术家的托尔斯泰用这个征服了我们。我们对待作为新生活和新道德的说教者的托尔斯泰，态度就很冷；作为艺术家的托尔斯泰就能使我们深深地受感动。他那种惊人的简单风格吸引着我们去模仿。无论屠格涅夫的作品有多么精纯，从我们的观点看去，他在颜色和线条上多少是加了装饰的。无论果戈理的作品有多么深刻、多么锐利，我们总觉得他是一个惊人的"编作者"。陀思妥耶夫斯基的作风也简单得惊人，可是，他所暴露的那种神经质状态和经过模仿而铸炼成的那种形象，都是倾向于情节剧和剧场性的。要想具有像陀思妥耶夫斯基这样的冷酷形式，必须先具有他那种强有力的气质和宽大的心灵。

在我们看来，托尔斯泰是简单的、非常深刻地写实的，又非常精通于人物性格刻画；他距离我们很近，近得仿佛只要我们稍一迈步，自己便可以变成托尔斯泰似的。读他的作品时，在每一个段落上，我们的脑子里都闪着这样一种思想：啊，多么不凡，而又多么简单。这恰恰和我自己想的一样！然而，这又没有一样是我所想得到的：这些形象、这些局势、这些确实的色彩、这些清楚而简单的字句……写得多么大胆——又多么简单！

那一本小书——就是那个普通版的《黑暗的势力》——所给予我们的那种震人的印象，是不可能忘掉的。一点也不夸张，我一读到对那些人物的惊人的描写和它语言的丰富，就因艺术上的狂喜而发颤。或者，拿他的小说来说也是一样，如《主人和雇工》《人靠什么活着》，或如《克莱采奏鸣曲》那种火热的详细描写——数不尽的作品，都是一样。

三

托尔斯泰来看了一次《万尼亚舅舅》的演出。他很固执地否认契诃夫为一个戏剧家，在这一点上，他的自传和日记里随处都是否定的评论。在有的地方，他写下"这一点也不能教人懂"；在有的地方，他简直称这一出戏"无意识"；在有的地方，他又指责作者（在《海鸥》里）有给自己写照的不必要的倾向。在演《万尼亚舅舅》的时候，我们偷偷用眼盯住他看。在我们看来，似乎演出已经把他引到戏剧空气当中去了，似乎他的注意力已经被演出抓住了，也似乎在某些地方他受感动了。然而，不是我们的观察错误，就必是他把他原有的单纯而自发的感受力放弃了，因为我记得，在休息的时候，他没有夸奖过一句。诚然，他也没有指责过一句。他坐在那里，就好像只在等着看这出戏会如何结果一样。戏一演完，他就说：

"他（阿斯特罗夫）还要什么呢？天气温和，吉他在弹着，蟋蟀又歌唱得很美。最初，他想要别人的太太，现在，他又在梦想着些……"

说到这里，他摇摇头，做出不赞成的样子。

四

我前边已经说过，托尔斯泰的《教育的果实》已经由斯坦尼斯拉夫斯基那个业余剧团在莫斯科演过。你们知道，这一出戏，他是为了在自己家里上演而写的。有很多青年跑到托尔斯泰在雅斯纳雅-波良纳的别墅里去拜访他，他就给他们写了这一本戏。我觉得，这一本戏的排演是我们全部演出过程中最有意思的一部分。每个人都被快乐所感染，都想把自己的天资表现出来。排演的时候正是圣诞节放假的那几天。托尔斯泰还在斟酌其中的几部分。戏的题材是仆人在厨房里谈论他们的主人。排演不仅在雅斯纳雅-波良纳进行，而且还在莫斯科的法院委员达维多夫在图拉的家里进行过。他是托尔斯泰的朋友之一，也就是把司法行业中的实际案情提供给托尔斯泰——用于《黑暗的势力》和《活尸》——的那个达维多夫。

在排演进行的当中，托尔斯泰一直都在从事这出戏的改写，假如不是达维多夫劝阻他的话，他必会把全剧都重写一遍的。

他的女儿塔季扬娜·利沃夫娜在戏里扮演塔尼娅那个角色。

后来，这个戏在图拉重演过一次，是在"贵族宾馆"的大招待室里演的，里边角色也更动了几个。因此，这一次塔季扬娜演的是贝特西。我和我的朋友孙巴托夫到图拉去看了这出戏。那些业余剧人演得很是不凡，给人一种生动、闪灼的印象。托尔斯泰全家都到场了，只有他自己没有来。就在那个时候，我才认识了索菲娅·安德列耶芙娜。她说托尔斯泰护送她们到图拉，就一个人步行着折回自己的别墅去了——那大约要走十五公里。

嗣后，这出戏由阿列克谢耶夫-斯坦尼斯拉夫斯基在莫斯科的业余剧团演出的时候，贝特西那个角色是由后来出了名的科米萨尔热夫斯卡娅扮演的。

我们几次都想在艺术剧院里准备这一个剧本的演出。可是，每次总有一点不同的原因使我们放弃了演出的念头。特别令人惋惜的是，世界上只有艺术剧院才有这么多的优秀演员来演这出戏。如果演出实现了的话，那一定是艺术剧院最佳的剧目之一。然而，不是某种技术上的原因，就是一些很不重要的原因，竟把剧院这么大的一种愉快给剥夺了。

五

然而《黑暗的势力》在艺术剧院上演了。这出戏是用来给我们的新剧场——即是说，新建筑——开幕的。这次的演出中，总有一点不大合适的地方。现在还在我的脑子里留着印象的，除了显著的阿尼西娅（是由布托娃扮演的），就再没有一个人物了。演出是百分之百现实主义的。戏是由斯坦尼斯拉夫斯基导演的，他在这个时候仍然受着物象、停顿和音响的支配。他特别到图拉去做了一次旅行，去研究那里的现实，去抄录歌曲，又从那里带回一个当地的女子、一个农民来给我们的演出做顾问。然而，我们的演员们不懂得如何扮演农民角色，于是，他们就使这出戏在精神上丧失了一些主要的东西。

后来，我遇见托尔斯泰的时候，他说他已经听人提到过这次演出了，又说他对各种自然音响之重现于舞台上很不满意。我于是不得不把我全部的和蔼与谦逊都拿出来，向他解释说，像"听得到外边的马嘶"和"听见关大门的声音"之类的，全是他自己写在剧本的舞台说明里的。

第二十一章

我们听到托尔斯泰正在写一个新剧本的消息。很自然地,我们想不等这个剧本付印、任何剧场都能上演,就先把它抓到我们自己的手里来。我发了一封电报到雅斯纳雅-波良纳,请求他准许我去拜访他。索菲娅·安德列耶芙娜即刻就回了电报,指定了一个日期。

虽然回电里提议叫我住在那里,我还是想避免过夜,就搭了一清早的火车动身。等我从火车站乘着一辆双轮的轻便马车到达雅斯纳雅-波良纳的时候,一定已经是上午十点到十一点之间的样子了。他们告诉我说托尔斯泰正在工作。自然,在他工作的时候,人们不敢扰他,他也就连知道都不会知道有客人到了。他们领我到他的图书室里去坐。那是楼下一间小小的屋子,里边有一张沙发,屋子当中放着一张桌子,四周都是书架等等。家具全都极其简陋——全是白蜡木做的,如果我没有记错的话。

桌上摆着最近出版的一期《俄国思想》。这本杂志正翻到我所写的一篇论易卜生的《咱们死人醒来的时候》的文章那里。这篇文章是我在艺术剧院上演这个剧本之前写下的一篇阐释。

因为我是一大早就离开莫斯科的，他们提议请我休息一下，我就躺在那张沙发上。还不到二十分钟的样子，我就察觉有一个人影在窗口那里一闪。那个人影往屋子里窥望了一下，随着就消失了。那原来就是托尔斯泰本人。后来我才晓得，他出去骑马去了。等到他回来，我们才会到。

我和他度过了一整天，直到很晚的时候。他那出戏似乎只刚刚勾勒出大纲来。此外，他还打击我的兴致，说这出戏需要一个转台，因为里面包括无数短短的场景。我告诉他，我们会预备转台的。于是我们又讨论到易卜生，他又指责易卜生，说他读过《咱们死人醒来的时候》，不欢喜它。"如果这真是你所描写的那么一个剧本，真有你的文章里所描写的那些内容，那倒真是一个很好的剧本了。"

自然，托尔斯泰是食素的。吃过饭以后，我们下棋。下了两盘，两盘我都输了。他下得极其纯熟自然。如果"失了一着"，他就像个孩子似的惊跳、喊叫起来。

当我告诉他说，在今年冬季演出开始之前，我们剧院里要举行一次大祈祷，而且连圣母的圣像也都要抬进剧场去，他就极其激动。是的，极其激动。"你们怎么会觉得有这个必要呢？"我替我们这个年轻的剧院申辩说，雇工们、斯坦尼斯拉夫斯基的各种亲戚和剧院的房主——那位商人休金——都指定要这样做。我们继续下棋。一会儿，他又打断了下棋，坚持说："我真不懂，你们为什么必得请圣像，必得举行大祈祷呢？你们是一个年轻的剧院啊。我简直不懂！"

在这一次拜访中，托尔斯泰的太太索菲娅·安德列耶芙娜，给我留下了一个很不愉快的印象。当我们在下棋的时候，她也在屋子里，坐在离我们不远的地方，在那里做活计。我们的消遣时时被片段的谈话所打断，而一谈话，她有时就插进嘴来。

托尔斯泰偶然提起他拜访了一个儿童杂志的女编辑，她向他要一篇文章。他又显然是很不经心地说："我答应了。"

索菲娅·安德列耶芙娜把活计往她膝盖上一放，把眼睛向着托尔斯泰一翻，用很尖刻的声音问："什么！你答应了那个装模作样的东西了？"

我特别记住了这一句话和她那种尖刻的——也很可以说是小市民的——庸俗口气。

托尔斯泰咆哮了："是的，我答应了。"

索菲娅·安德列耶芙娜耸了耸肩，就很快地、很歇斯底里地接着做活了。

随后她又说："我一点也不明白。那么一个虚伪的样本、那么一个伪君子——而你居然要给她写文章。"

我为之愕然。一个人——即或是一个女人吧，即或碰巧她是这个伟大人物的妻子，是他最亲密的伴侣吧——怎么可以对他用这样粗俗的命令口吻呢？

我们——那个时代的作家们——大体上说起来，都是倾向于憎恶妇人的。我们容易叫我们圈子里的那些聪明妇女惹得发怒，她们总是努力要在我们的生活中占据一个摆布者的地位，这是我们爱好自由的热情所不能容忍的。还有许多妇女，她们要尽力把她们丈夫所专心从事的事业一把抓到自己的手里，她们认为，不但是干涉她们丈夫间的关系,就连指挥他们的行动也都是她们应有的权利。

也不能说我们和这一类妇女一接触,就必然变成确实的憎恶妇女者——瑞典作家斯特林堡的巧妙的笔所写的时髦的憎恶妇女者。然而,所有我们这些作家都各自在文艺作品里的各种人物身上嘲笑过这一型的妇女。契诃夫也一样,《三姊妹》的原稿里本来有一大段解说"太太"的独白。最初,这段独白写得很长,可是,后来,他显然认为这个主题在整个文学作品里早已由别人发挥够了,他就把这段独白删改成了一句话:"太太,不过是太太罢了。"

在当时最伟大的人物身边,竟有这样一个"太太"——一个新的河东狮子[①]——这是不可能令人相信的。

关于索菲娅·安德列耶芙娜和托尔斯泰的许多故事和议论,都是极富于戏剧性的;他们两个人的这种终于造成悲剧结局的关系,其复杂远非一眼就能看清的。这些故事引起当时整个俄国文化社会的注意。有不少的人为了得到一个结论,就想洞察他们两个人,想研究各种细节。然而,要得到任何结论都是很难的。家里有许多孩子,必须由太太在家里照料一切。托尔斯泰的嫉妒心又强——被大家认为是他的嫉妒心的,显然就是他在一切琐碎小事上的吹毛求疵——虽然年纪已经大了,嫉妒之火也还在燃烧着。孩子们的性格又是人各不同,有几个比较忠于父亲,又有几个比较忠于母亲。托尔斯泰又宣布放弃他的作品的版权,任

[①] 原文 Ксантиппа,是古希腊哲学家苏格拉底的太太,以泼悍著称。——译注

人自由印行，后来经过索菲娅的坚持，才把自由印行权局限于一八八五年以前发表的作品。除了这些事实之外，托尔斯泰最主要的、最巨大的，也是最痛苦的事，是他的整个生活环境和他的主张完全矛盾。他的日记里记载着，他对家人们在谢肉节大口"吞"烤黄油饼的样子，对仆人们到处跑来跑去，很卑贱地伺候主人的神气，都觉得苦恼。他整个的灵魂都在渴望使自己的生活简单化，简单得和一个农民的生活一样，可是，他的太太和他的全家却过着一种最平庸、最无味的布尔乔亚生活。

托尔斯泰在从家庭"出走"以前不久，在他的《为自己一个人写的日记》里写下这样一段话：

> 八月二十日。回想我的婚姻，我想，这件事是有点命中注定的。我可以说，从来就没有爱过。然而，我又非结婚不可。

从局外分析这一切自然是比较容易的。大多数的人都攻击索菲娅·安德列耶芙娜。美国人从托尔斯泰的爱女亚历山德拉·利沃夫娜所写的一本回忆录里，对这些事情知道得很熟悉。然而她也有她的辩护者。在这些辩护者当中，后来出现了一个高尔基。论智慧，高尔基一点也不比托尔斯泰肤浅，他请人们考虑一下索菲娅·安德列耶芙娜命中所遭遇到的许多难于令人置信的困难：一方面她是个主妇，必须顾到家庭在物质上的福利；另一方面她又是一个妻子，而这个妻子又不同于普通人的妻子，她必须满足她丈夫对人、对生活的一切过分的要求。

第二十二章

一

在我到雅斯纳雅-波良纳去拜访托尔斯泰的前后,他已经对继续写那个新剧本失掉了一切兴趣。关于这一点,在他死后,人们在他的日记里发现了几行记载。这就是他和我谈到那个剧本时很少表现出热切的缘故。自然,我没有像一向对任何一个作家(甚至是契诃夫)那样坚持,也没有催促他赶快把它完成。

事实上,这个剧本我很晚才收到——是在托尔斯泰死了以后。情形是这个样子的:托尔斯泰立遗嘱由他的女儿亚历山德拉·利沃夫娜负责处置他的财产,这是你们都知道的。我急忙去找她,唯恐戏剧界的竞争者把这个剧本抢了去赶快发表,以降低观众对我们演出的兴趣。亚历山德拉·利沃夫娜告诉我说,托尔斯泰的那位忠心的朋友兼学生切尔科夫正在整理所有这些手稿。他是一个很精明的人:他本是一个禁卫军军官,人很漂亮,是一个贵族,因为醉心于托尔斯泰的主张,就放弃了一切,到托尔斯泰这里来。他后来和托尔斯泰很亲密,再后,竟使自己的生活完全倚靠在这种亲密的关系上。这种关系的结果，是索菲娅·安德列耶芙娜从她的立场上把他看成了最凶恶的敌人。不用说，凡是她和托尔斯泰发生矛盾的时候，切尔科夫永远是站在他那位伟大的老师一边的。他那种沉着的，然而又是热切的谢罪的神色，是一个十分独特的例子。

我要在这里离题地插进一句话。就是在托尔斯泰死了以后，切尔科夫也还是把他整个的活动、整个的工作、整个的时间都贡献在整理与印行托尔斯泰的手稿和布置托尔斯泰博物馆等事情上面了。

切尔科夫的生活是"托尔斯泰式"的。我为了那个剧本到捷利亚京基村他家里去看他的时候，走进了一个对于一向过着布尔乔亚生活的人是完全新鲜的生活环境。我得同他们在一张没有台布的大桌子上吃两顿饭：各人伺候各人自己；无论是主人，是仆人，或者是客人，都坐在一起吃。他们为了对我特别表示友好，都来帮我装了一盘稀稀的荞麦饭、一点点豆子和一些蔬菜水果。毫无疑问地，那是一桌绝对的素食。

这个环境对我来说虽然很生疏，然而里面充满了友情。在随从们和仆人们的面前，我们往往有一种不自在的感觉——这种感觉，连我这一代的作家们也不能完全摆脱掉——可是，一到了他那里，这种感觉就完全消失了。这种感觉，从我们青年时代起，随着我们阅读大作家们的作品和社会学书籍，就一下一下地注入了我们的心中；这种感觉，在我们读过托尔斯泰的主张之后，无论我们如何抑制，也还是增强起来。一向压迫着我们、窘迫着我们的这种感觉，在他的家里就完全变了形，也许是变得使自己在原来这些下人面前反而觉得不自大了。

在这个家庭里，什么都是非常简朴的。唯一令人注意的事，是没有看见切尔科夫的太太；后来才知道她是病了。亚历山德拉·利沃夫娜自然也在这里，和其他的人处于平等的地位上；她的康健的面貌特别令人追念起她的父亲。

切尔科夫告诉我说：那个剧本差不多已经抄完了，准备在夏天印行；按照托尔斯泰的遗志，所有他的作品，只要有人愿意刊行，一律不收版税。关于这一点，我反问了一个问题：现在他的作品既然可以自由印行而不收费，那么，会不会有托尔斯泰生前没有实现的愿望，到现在竟没有钱去付诸实行呢？

我得了一个我认为很可以帮助我的回答，那就是：是的，托尔斯泰生前答应雅斯纳雅-波良纳的农民们的福利（要实行而终于没有实行的某项计划）如今要实现的话，就需要几万个卢布。到什么地方去弄这一笔钱呢？——这是叫切尔科夫和亚历山德拉·利沃夫娜最挂怀的一个问题。

我于是就提议：好不好把这个剧本的出版期展缓一点——比如说，展缓到九月中旬——在出版以前把首演权许给我呢？等我们演完之后，再把《活尸》许任何剧场去演，不再收费。你们如果肯让我享受这个首演的特权，我先付一万卢布，以后固定地按场次抽百分之十的上演税——这个剧本无论在艺术剧院演多少次，都抽税。

这个提议事后被人晓得了的时候，就有很多人称我为浪费者。什么？为了比别人演得早一点，就为这个剧本付出几万卢布吗？

其实，我的行径还有更甚于此者。莫斯科小剧院由尤任做代表，提出了抗议。他们说，关于《活尸》的首演权问题，他们既是全俄国历史最久的一个剧场，就不能忍受这种待遇，他们也和艺术剧院同样有准备首演这个剧本的权利。我承认他们有这个权利，只是附带了一个保留条件：只有到我们剧院初演日期的前一个月，我才能把《活尸》的稿本送一份给小剧院。我们已经征得切尔科夫的同意，把《活尸》的初演定在九月二十三日。我们让给小剧院的这一个月的时间，在他们是足够的了，我的意思只在阻止他们不要演在我们的前边。

然而，艺术剧院在这个时候已经很受人欢迎了，又正发展到它的努力的高峰，所以，成为艺术剧院敌手的一切可能性也都被完全排除了。因此，小剧院决定自动放弃这个剧本的演出。结果呢，艺术剧院演完了这个戏以后，莫斯科就再没有别的剧场敢冒险来上演《活尸》了。

所有美国报纸都登载过一封电报，说托尔斯泰有一个新的、差不多是定稿的剧本，原稿在莫斯科艺术剧院的手里，而艺术剧院有独演权。你们知道，这对我们是一种很好的宣传。

最后，我们安排了《活尸》在彼得堡的演出，条件仍然是抽百分之十的上演税。我亲自到彼得堡去，把剧本读给那里的剧院当局和演员们听。夏天，我又到巴黎去，在那里花钱找人把《活尸》译成法文，准备有可能时也要在那里演出。

二

《活尸》的演出是艺术剧院最精彩的演出之一。一位批评家说，"要评论这个演出，必须用金笔来写才对"，这句话一点也不夸张。

这次演出，把一向藏在艺术剧院有机体里面的"托尔斯泰的精神"完全揭露了出来。我们还可以毫无错误地加上一句说，艺术剧院这个集体的有机特质，把著名的十九世纪俄国文学的热情反映了出来——连陀思妥耶夫斯基的也包括在里面，因为我们后来在《卡拉马佐夫兄弟》的演出里，也把它很辉煌地揭示了出来。陀思妥耶夫斯基对于剧场，就像是一个更锐利、更紧张而精炼的托尔斯泰。我们演员的"集体"训练的孕育之宫里边，有着托尔斯泰的艺术世界观的"地层"。就拿《三姊妹》的演出而论，那台演出所揭露的意识里，恐怕托尔斯泰的成分比契诃夫的成分还多。托尔斯泰小说里的罗斯托夫、卡列宁、博尔孔斯基、谢尔巴茨基和奥布隆斯基各家的精神，恰恰都已经浸入《三姊妹》的演出里了。托尔斯泰所写的贵族都是大俄罗斯人，都是莫斯科人。我们所知道的，有索洛古布家族、谢尔巴托夫家族、多尔戈鲁科夫家族、斯塔霍维奇家族。《安娜·卡列尼娜》和《战争与和平》感染了我们与演出的艺术关系。《复活》使得我们的演出更明朗、更丰富，只是没有成就一点革命性的东西而已。

托尔斯泰把一切都理想化了，他对人类保持着一种慈悲的态度；他对自己所创造的人物——即或是他对之没有整体好感的人物——有一种创造性的情感。他深信，任何一个人，归根究底，在心灵上也都有一点"神圣"的东西。他对生活抱着一种异教徒式的热爱。这一切，在他的作品里都是很明显的。此外，他的天才的不可捉摸的特质，造就了托尔斯泰那种著名的迷人力量，这种力量把被他用特别愉快的光明和温暖所创造出来的世界整个包了起来。我们艺术剧院的主要创造趣味也是根据这一点形成的。这帮助我们去接受契诃夫，同时，这也帮助演员们去反对斯特林堡，也使得演员终于同样对易卜生冷淡——纵然我做了极大的努力，想把这位北欧的巨人移植到我们的剧院里来。

从这一点上也许可以认为，我们对待别的一切俄国古典作品——凡是和托尔斯泰的有鲜明区别的，如《沙皇费奥多尔·伊万诺维奇》《聪明误》，甚至如谢德林的《帕祖欣之死》那样早就一点也不是托尔斯泰式的剧本——都不是我们现在所表现的这样，而是一齐"拒绝"呢。

三

戏里普罗塔索夫那个角色是由莫斯克温扮演的。他的形象本来不适合那样一个社交人物的典型，为了补救这一点，他惊人地意识到了那种吉卜赛精神：他用迷人的吉卜赛歌曲，一会儿表现出刺人心底的多情，一会儿表现出宽阔草原上的灵魂；他用放荡的流浪人的情调，又用旋风似的快乐与忧愁交织的气质，把现实浸润在眼泪里；他用梦想中的灿烂的自由来粉碎社会生活里的、沉闷的合法组织里的、农奴制度上的、人性虚伪上的一切现象。莫斯克温，正如俗话所说的，是已经浸润在吉卜赛生活的空气里了，已经把托尔斯泰式的对人类的态度的"微妙处"注入戏里了。

托尔斯泰观点的另外一个精彩解释者是格尔马诺娃，她演丽莎那个角色。单就外形来讲，她就已经和托尔斯泰的妇女观念吻合了。她的形貌、眼睛、神态——全部举止都使人联想到安娜·卡列尼娜。

在斯坦尼斯拉夫斯基所创造的形象背后，我们可以认出一串莫斯科的贵族人物：这些贵族一点也不夸张，在他们的一切社会关系上，在简单、微妙以及……惰性上，都保持着一种贵族精神——这种人心地很高贵，也很可爱，只是不能进行人间的战斗。

在同一等级的一个精彩典型是卡恰洛夫（演卡列宁），不过他是比较年轻一代的人物了。其余次要的演员也都分别掌握了托尔斯泰所写的角色。观众极其喜爱利林娜（演卡列尼娜）。

总而言之，《活尸》的演出，和《沙皇费奥多尔》、契诃夫的几个戏、《卡拉马佐夫兄弟》以及《智者千虑必有一失》的演出一样，时常使我们想到艺术最高的成就只能产生于深刻的民族源泉的深处。

四

革命以前，演员从作家的手中获得一个形象，是根据两个主流：生活的主流和戏剧的主流。生活的主流往低处，可以流入日常生活的"平凡"，流入渺小、庸俗和自然主义的真实；往高处，可以流向综括的与伟大的真理。而思想意识的线索，总是不由得就在演出中被尽力遮掩起来。在排演的时候，在讨论剧本和角色的谈话里边，在探索生活体验的时候，我们都深入了思想意识，可是，一到表演的时候，就半掩饰地把它拿了出来。此外，还有第三个主流冲进了演员的感受力中心，那就是社会主义的主流。现在舞台上的形象，产生于现实生活的、社会主义的和戏剧的这三个主流的综合。

在剧场的新主流的门限上，在新社会问题的门限上，在给苏维埃联盟的生活创造新形象的过渡上，我刚刚描写的这个托尔斯泰的世界观和启发着今天演员们的新问题之间，已经出现了一道裂痕，而这裂痕也已经一天比一天地增大起来了。

今天的艺术剧院的演员，从他们前辈的经验里，从这种"契诃夫精神"和"托尔斯泰精神"里，感受到了什么心理上的影响——这依然很难确定。有什么东西停止了发展，却会帮着造成新的影响呢？而在演员的气质里，又有什么东西在阻碍着那种想反映新的形象的志向呢？《樱桃园》和《沙皇费奥多尔》现在上演的时候虽然并不曾有丝毫的改动，可它们使观众激动的程度并不弱于革命以前。然而，演员的艺术和他周围的生活是不能有机地分割的。而且，除去契诃夫的抒情成分和托尔斯泰的妥协性，另外还有"高尔基精神"中那种英勇的纯朴和不知疲倦的战斗性在散布着。这便有力地使今天的演员接近了现代生活中的一切现实——从国家大事到日常生活的细节。

当我写下这些的时候，艺术剧院正在上演它最好的戏：托尔斯泰的《复活》和高尔基的《敌人》。这些戏和以往的传统保持了全面的、深刻的联系，可是，和以往演的时候却又完全不同了。

今天演员的社会地位，和以往关在剧场大门内的演员的社会地位比起来，真是大不相同了。国内极为广大的生活的洪流这样地影响着演员，以至他在精神上，除了他的前辈的遗产以外，更获得了一种新的营养和新的性质。

译后记

一

在斯坦尼斯拉夫斯基七十寿辰的时候,高尔基寄给他一封贺信,开头就说:

> 亲爱的康斯坦丁·谢尔盖耶维奇!
> 你是一位戏剧艺术的伟大改造者。你和涅米罗维奇-丹钦科共同创办了一所模范的剧院,这是俄罗斯文化中的重大成功之一……

丹钦科在莫斯科艺术剧院的创立上,和斯坦尼斯拉夫斯基有等量的功绩。但是,他在全世界进步的剧场艺术的领域里的成功,或者还更重大。

弗拉基米尔·涅米罗维奇-丹钦科于一八五八年十二月二十三日生在高加索,一九四三年四月二十五日死在莫斯科。从青年时代起,他的心里就怀着一个创造新的文艺剧场的梦想。他,为了这个梦想的实现，在不如意的环境里痛苦地挣扎了若干年，终于和斯坦尼斯拉夫斯基合作，成立了莫斯科艺术剧院；受着政治的和社会的压迫，经历了经济的、政治的、战争的和革命的种种困难，终于使艺术剧院成长起来、发展起来，以至占有领导全世界戏剧艺术的地位。在斯坦尼斯拉夫斯基死后，他独力主持着这一座雄伟的艺术大厦。当法西斯德国侵略苏联的时候，艺术剧院全体参加了卫国战争，迁到萨拉托夫城。丹钦科以八十岁以上的高年，在战争中，仍然尽量维持着艺术剧院的一切新的传统，为全世界保卫着一个新演剧体系的榜样。他在萨拉托夫不断地复演着从前的剧目，如奥斯特洛夫斯基的《火热的心》、阿·托尔斯泰的《沙皇费奥多尔·伊万诺维奇》，如契诃夫、普希金和莎士比亚等作家的古典作品；并且计划，要到已经恢复了和平的各城市去巡回演出。诺维科夫说："艺术剧院全体，那种从无一瞬刻间断的、深刻而有力的艺术活动，正是这个剧院经常有新的成就去充实艺术的保证。"（见《国际文学》英文版和法文版，一九四二年，三四号合刊）这句话，也正说明了艺术剧院的创立者和领导者丹钦科在一生之中，是如何毫无间断地用新的成就去充实这个剧院的。所以，丹钦科的传记作者索博列夫肯定地说：

他整个人生的志趣，是向着唯一的目标：……创立艺术剧院。

而创立艺术剧院的目的，又是什么呢？这，我们可以从他一生的戏剧活动里，综括出四项相互联系的成就作为回答：

第一，为了创造一个新的剧场，必须培养出成为这样的剧场的骨干新演员。于是，丹钦科首先和旧的戏剧教育方法做斗争，给戏剧学校的行政、训练、课程、教授方法等等，建立一个新的制度。

第二，为了使新演员发挥他们的创造性，必须反对采用程式化的、形式主义的、肤浅的、庸俗的、无内容的剧本。于是，丹钦科专心去发掘、团结、鼓舞一向被忽略或者被残害的作家，去培养和艺术剧院怀着同样理想的作家，并且改编文学巨著，发扬文学遗产。

第三，为了使这样的剧本的价值不受损害，必须摧毁旧的导演和表演方法。于是，丹钦科提出"导演是一面镜子""导演必须死而复生在演员的创造中""导演是教师，又是组织者"和"演员内心体验"的理论。

第四，为了保证这种理论在实践上的实现，必须使"行政屈服于演出"。于是，丹钦科实行了"戏剧行政是为演出而存在"的集体创作制度。

这四种工作范例，便是丹钦科这一本经典著作《回忆录》的宝藏一般的内容。这无须我们再赘述了。

只有丹钦科——教育家——才懂得如何培养和领导青年，懂得不但要以声音、造型、舞蹈、剑术去训练演员，而且要以伦理的、文化的修养和内心情绪的培养去充实演员；只有懂得了如何改造戏剧教育制度，才能造就出克尼碧尔、莫斯克温和无数的划时代的演员。只有丹钦科——小说家、剧作家、批评家——才能使契诃夫、高尔基和托尔斯泰三个巨人在舞台上出现。若不是他第一个认识到契诃夫的内在深度，这一位自己都不相信自己是伟大剧作家的医生，便会永远埋没在尘土里；其他从生活的各角落聚拢来的、对戏剧做出不同贡献的许多人物，就更不必论了。只有丹钦科——优秀的组织者——才善于领导，善于和恶劣的环境斗争；才能在无数阻碍、挫折和压迫之下，使莫斯科艺术剧院有了光辉的历史；才能像主妇一样地给导演预备好工作环境，使新的导演和表演体系得以形成和发展；也才能叫斯坦尼斯拉夫斯基的名字和全世界最科学、最先进的演剧理论成为一体。只有丹钦科——实际战斗者——才证明了新的演出机构和制度不是空想；才证明了艺术剧院既不是一次偶然的成功，也不是一个突然降临的奇迹。

如果莫斯科艺术剧院是偶然的成功或是突然的奇迹，它早就因为反动政治的压迫而被消灭了。这一个剧院所以没有被消灭——相反地，却更加壮大起来——主要是因它的创办者把一生都贡献在正确的理想上，这样不顾一切地去苦干。一八九八年，当艺术剧院成立的时候，丹钦科正是四十岁，而斯坦尼斯拉夫斯基只有三十六岁。他们的成功，虽然是历史上不多见的例子，虽然有着许多不同的因素，而最重要的原因，是他们对现实主义的艺术的忠诚。

丹钦科的理想，不仅仅是要改造俄罗斯的戏剧艺术，而且也要改造全世界的戏剧艺术。他说过：

倘若不但是在美国和在意大利，而是全世界的剧场里都以这种新的制度作为它们的第一个信条，够多么好啊！

丹钦科在召唤着我们！

然而，领导新的戏剧活动或者新的演出机构的人物，本身必须首先像丹钦科这样拥有一个更高的理想：为进步的人类的文化事业而奋斗。他必须尊重生活，尊重现实主义的艺术；他必须没有偏见，没有幻觉；他必须懂得爱护和培养很多的演剧人才，并且引导这些人对艺术生出和他同样的虔诚与信念；他必须能够发现导演和演员，能够用灵魂去了解剧作家，鼓励他们，用全力灌溉他们，使他们在舞台上开花，创造出指导人生的活的画像；他必须认识到自己对观众所负的责任，通过演出为广大的观众服务，并且教育广大的群众为美好的生活而斗争。他又必须具有革命的勇气，为真理和理想奋斗；具备科学的方法，去实现这些理想和真理；具备民主的精神，去和别人合作，并且使合作的人相互合作，创造集体的制度，为共同的目标而努力。最后，他为了人类的自由与和平，必须宁愿自己死在十字架上，必须懂得：一颗麦粒，必须死在土里，才能永生。

丹钦科是具备这一切优良品质的巨人。在莫斯科艺术剧院成立三十周年的纪念会上，斯坦尼斯拉夫斯基说：

丹钦科是艺术剧院的母亲……而母亲的辛劳，是不容易令人注意的。

是的，他不但是艺术剧院的母亲，而且是新的戏剧教育制度的母亲、新的表演与导演体系的母亲、全世界新的戏剧运动的母亲。

在这一本《回忆录》里，我们可以从莫斯科艺术剧院发展的历史和成就中，看出它在俄罗斯文化生活和全世界戏剧生活中的地位和作用，因此，也就可以看出丹钦科在这里边的地位和作用。

二

我们首先要记住，丹钦科创立新的制度，是在沙皇政府的反动势力压迫之下开始的！

我举出这个事实，是为了向某种只求"做官"的所谓"戏剧家"发出一个警告。不幸的是，在我的个人经历中，有些人竟像海边的"软体动物"一样，越是在大时代的狂潮涌涨的时候，就越紧紧把住一块危石，不让大水撼动自己。他们在自鸣苟安之时，却忘记那洪流终会连危石都冲到海底的。这些人，正是把戏剧看成做生意、看成做官，而没有看成神圣的文化事业和社会事业的人；这些人，是极端自私的、出卖偶像老招牌的、不忠于人类的。他们不但没有理想，没有热情和忠诚，而且还与真理和正义为敌！

比如，我遇到过一个人，他对我对待戏剧工作的严肃态度加以批评之后，说："我们戏剧圈子，本来就是'鸡皮狗蛋'，你想改革是没有办法的！何必呢？这就是这么一行！"这个人，正负着我国唯一的一个戏剧学校①的领导责任。由他这个想法可以推知他的行为——也一定是除了"鸡皮狗蛋"以外，就不会有别的了。

这是我自己的错误：没有深思熟虑，就像做梦一般地加入了那个戏剧学校。那里分教员和学生这样的形式，但是，不但没有像瓦赫坦戈夫所要求的不能只"教"学生，还要"教育"学生，而且，对丹钦科所要求的以声音、造型、舞蹈、剑术和一般文化

---

① 指1935年创建于南京的国立戏剧专科学校，是中央戏剧学院的前身之一。——编注

课程作为基本训练也只是例行公事。我看不出那个地方的行政当局的教育目的是什么——除了他的"鸡皮狗蛋"的理论。我要求当局建立新的教育制度，要求加强课目内容和充实训练方法，至少，要求不要贻误青年，然而，所得的答复，反是一串"鸡皮狗蛋"的对付。本来，有些人和臭虫、老鼠一样，自己情愿生活在黑暗当中，不敢去朝向太阳。他们既已习惯于黑暗，反而认为光明是反常的、反动的、破坏性的。如果有人强迫他们去面对太阳，他们就必然为了存续自己的残喘，拼命号召一群怕光的同道来向你狂咬。《圣经》上说：

"凡是为恶的，就必怕光。"凡是自觉到没落之必然性的，就必然用尽全力去打击新的和向上的。

然而，我的错误是：向耗子要求光明——这岂不是一种梦想吗？

没有合理的教育，我们用什么去完成培养演剧的下一代人的工作呢！

在这个学校里，我又遇到一次演出：分配演员——导演没有权利；装置、道具和服装——导演也没有权利提出任何意见。不但由一个流氓专断地把排演的时间给导演规定得极短，而且导演没有过问那出戏在什么时候才可以正式上演的权利。不但如此，这一切工作，都被学校当局交给这个负着特殊"任务"的流氓来总管。因此，这个人便可以对导演下命令，随时独裁，随时贴出"师生一体凛遵勿违"的布告，而且，他还能在演出期间，强暴地不通知导演而开除演员。而这一切，反都是那个学校的校长加以鼓励、予以表扬的！

这，更令我日夜思念着丹钦科！

在这种压迫之下，我的梦想和热望，只有寄托在另外一个工作上，那就是：把丹钦科的《回忆录》很快地译出来，好供给全国戏剧工作者一本教科书，同时，也好向全国戏剧界提出一个严重的问题。

像一个囚徒想挣出牢狱一样，我每天从头到脚，就仿佛有一只凶兆的蜘蛛在不断地蠕动。愤怒的火、失望的冷水和早知就不该来这里的追悔，在我的心里激斗着，像炸弹将要爆裂。夜里，梦想将我唤醒，而现实又使我不能再睡。披起衣服，呆坐在床头；或是走到黑森森的庭院里的树下，蹲在那里，看着在一片黑暗之中微弱地燃烧着的香烟的红火头。在晨曦之前，瞪着东北方的一颗大星，看着它从银白变成橙黄，又随着朝霞由墨紫化成赤红而消逝下去，盼着白亮的太阳出现。一片寂静的宇宙，这时，只点缀着工人和农民行路的几下草鞋声。等到噪鹊的喧叫引起人类的骚动，我那因侮辱、欺凌、狡诈而受的苦痛，就更加剧烈起来。在这时，太阳召唤着我，艺术召唤着我，丹钦科召唤着我。我唯一的安慰，只有从早晨到黄昏，手不停挥地翻译这一本《回忆录》。然而，如噩梦一样的经历，时时侵入我的脑子。就在这种极度不安、极度错乱的心情下，我译完原书的三分之一。

如果有许多人为某一种病推荐许多的治法，那就证明这种病是不治之症了。这个学校的病症，是无法可治了。于是，我决然逃出魔窟。可恨的是，学校当局不放我走。不但扣下我应得的导演费，而且还派了那个负着特殊"任务"的流氓请我"吃讲茶"，并在江边码头上拦住我的去路，向我动武！幸而有青年学生的保护，我才逃到了重庆，在那里把全书译完。重读开头三分之一的译文，发现若干不可饶恕的错误。我又把这三分之一重新译过，把全稿校改了三道。每次读到《海鸥》经丹钦科的演出而成功的叙述，欣悦和感动就必然交织着使我心酸一次。

我把这本《回忆录》的译名改成了《文艺·戏剧·生活》。

全稿经过重译、校改、重抄之后，正待付审的时候，传来丹钦科死在他的戏剧岗位上的消息！

三

半年不断的劳动，使我病倒在床上。这时，听说戈宝权兄在丹钦科去世后一个半月，（一九四三年）才收到他亲笔签名赠送的一册俄文本的《回忆录》[①]。我的译稿，本是根据 John Cournos 的英译本的初版（*My Life in the Russian Theatre*，一九三六年九月，由 Little Brown & Co. 在波士顿印行），这英译本根据的是当初尚未印行的丹钦科手稿（俄文本经过修正之后，在一九三八年才出版，比英译本迟了两年[②]）。为了对丹钦科忠实，我就扶病去访问宝权兄，请他按照俄文本，对我的译文加以严格的校订。宝权兄的热忱，从他不倦地帮助别人的事实上得到确切的证明。他答应了这个请求。他那时也正在病着，但还勉强给我校订了约四分之一。在这一部分里，他不但把译音（Cournos 所用的是旧的

[①] 原名直译为《往事回忆》。——编注
[②] 此处信息不准确。俄文本初版于一九三六年由莫斯科"学院"（«Академия»）出版社出版，一九三八年又由莫斯科国家文学出版社出版。——编注

译音制）上的错误和俄英文不同的地方一一改正过来，并且把每一个极细微的语意也都弄得很恰当。这使我深深地感动！不幸，他的病况转重，只好停止工作，而后来，虽然他已逐渐痊愈，可是要能从医生那里得到继续工作的准许，至少要到明年了。

因为急切地想把这本书公之于全国的读者，我当时情愿把我的中译本早日印行一版，等到戈宝权兄病好，对照俄文本完全校订之后，再行改版重印。宝权兄也热诚地答应将来对再版仍做详细的校订。同时，我觉得，英译本既是由俄文手稿译成的，那么，把从英译本来的译本先行出版，再版时再依据俄文本的面貌改版，对于读者和研究丹钦科的人们也许是很有用处的，因为这样就等于得到他的两个稿本的中译本：一个是初稿的译本，一个是定稿的译本。从这两个稿本中，我们还可以看出丹钦科的写作过程和他的严肃的工作态度。

俄文本比起英译本来，主要的变动都是为了使《回忆录》更真实。所以，在俄文本的卷首，作者加题了一句：

> 为了使回忆具有某种意义，
> 它们应该首先是真诚的
> 而不是臆造出来的。

俄文本　　　　　　　　　　　　　　英译本
第一部　契诃夫　　　　　　　　　　契诃夫
第二部　一个新剧场的诞生　　　　　新剧场的诞生
第三部　高尔基的剧作在艺术剧院中　高尔基

第四部　艺术剧院的青年时代　　　第一次国外巡回
第五部　托尔斯泰的剧作在艺术剧院中　艺术剧院的托尔斯泰因素

总的内容却没有大动，所修正的地方只有六种情形：

第一，章节的重分。如把第一章分成两章。

第二，段落的重分。如把某两段合为一段，某一段的末尾并入另一段的开头。

第三，前后的重置。如把第一章讲到《伊凡诺夫》初版的几段，移到略前讲到同一剧本的地方。

第四，人名的增减。把初稿中没有提到的人名增加进去，如"我的传记的作者索博列夫"；或者把原有的人名删掉，如音乐学校初级课程的教员 H 被改为"一位演员"。

第五，琐事的删除。如契诃夫用一个字写一行的一篇十行对话，完全被删掉。

第六，叙述的增加。凡叙述略嫌不清楚的地方，都加入些解释，或者加入一些新的段落。

四

感谢戈宝权兄的热情帮助。

全书译稿，完成于前年（一九四三年）。但是，因为这是一本"滞销"书，所以找不到出版社，好容易找到一家，又被他们积压了一年半以上的时间，而且几乎把原稿遗失，最近才把原稿退回来。这一次，由于一位朋友的热情帮助，这本现代文艺、戏剧经典的译文，才得以在中国第一次印出来。

焦菊隐
一九四五年六月二十八日于重庆

校订后记

《文艺·戏剧·生活》前五版的译文，是根据英译本翻译的。几年来，屡次想根据俄文原本重新校订下。但是，解放以前，在重重的政治的和经济的压迫之下，工作无法进行。直到一九四九年以后，才开始重新翻译。由于自己的俄文根基太差，所以进行得很慢，用了两年多的时间，借着王以铸、吴启源等同志的帮助，才初步完成了这个新译本。

俄文本已经删去的句子，我依然保留下来，以供读者参考。这些地方，我都在译文的首尾，加上了一个符号——§。

新的译文只能算是一个初稿，错误和不妥当的地方一定会存在的。希望文艺、戏剧界的同志们和专家们，广大的读者们，随时提供意见，以便我改正，使这部经典著作的中文本更臻完善。

焦菊隐
一九五三年六月二十三日于北京

出版后记

1897年7月4日（旧历6月22日），康斯坦丁·斯坦尼斯拉夫斯基和弗拉基米尔·涅米罗维奇—丹钦科的一次历史性会面，孕育了后来举世闻名的莫斯科艺术剧院。[①] 其时，两人都已在各自的戏剧创作道路上小有成就。34岁的斯坦尼斯拉夫斯基是一位杰出的演员和导演，正努力在舞台上接近生活的真实，解说人的情感，引导和教育观众。39岁的丹钦科则是一位成功的剧作家、评论家、导演和教育家，正以其对戏剧艺术的深刻理解，揭露着俄国旧剧场的种种矛盾与弊端。

然而，他们都不满足，都渴望为俄国剧场带来新的气息，都想使俄罗斯文学的力量和独创性为舞台所用，都在寻找一种将自己所追求和宣扬的东西真正实现的方式——一座能够完全实现他们理想的新剧场。正如丹钦科在本书中所言："这样一个剧场的存在，和这样的剧场空气的魔力，有一种吸引力和一种令人不安之感。一股令人抗拒而又无从挣脱的力量就像涌过草原的宽河一

[①] 关于此次会面的日期，也有7月1日（旧历6月19日）一说。——编注（下同）

般，流过我的整个生命。"

梦想着建立在新原则上的剧场，为此物色着合适的人才，两个人终于寻找到了彼此。为了这项共同的戏剧事业，两头熊甘愿同穴。他们势均力敌而又彼此信任，因此能够认真合作、真正互补，成为世界艺术史上的一对传奇搭档。

斯坦尼斯拉夫斯基有着出色的导演才华，善于创造生动的舞台形象、抓住细节的重要意义；丹钦科则长于戏剧与文学分析，兼具丰富的专业知识和管理剧院的能力。顺理成章地，在两人的合作中，"文学的否决权属于丹钦科，艺术的否决权属于斯坦尼斯拉夫斯基"[1]。尽管后来因"体系"之名，斯坦尼斯拉夫斯基成为全世界的表演宗师，但在艺术剧院的建立上，丹钦科付出的心血和产生的影响也是半壁江山。"没有丹钦科就不会有斯坦尼斯拉夫斯基，斯氏将会永远做着工厂经理，将会永远在每出戏里都演主角，从悲剧一直演到闹剧，将会永远停留在单纯的形象与声音的路程上，而我们也永远不会接受到他那划时代的伟大理论。"[2]

作为导演，丹钦科有着心理学家的洞察力和数学家的智慧，善于发现人物心理的细微变化，但又不会迷失在细节中，总能立刻抓住戏剧的基本思想，确定演出的框架。受其影响，斯坦尼斯拉夫斯基变得更加追求演出的和谐性、目的性和完整性，而对

---

[1] ［苏联］斯坦尼斯拉夫斯基：《斯坦尼斯拉夫斯基全集》（第一卷），史敏徒译，217页，北京：中国电影出版社，1958。
[2] 焦菊隐：《北京人艺演剧学派创始人——焦菊隐论导演艺术》（上册），北京：中国戏剧出版社，2005。

剧本、演员、人物和其他次要的戏剧因素表现出一种超客观的态度。两位导演的合作，实质上，是斯坦尼斯拉夫斯基在舞台上对丹钦科的透彻洞察力进行阐释；用迈克尔·契诃夫的话说，就是丹钦科"描绘了戏剧演出的基本轮廓，斯坦尼斯拉夫斯基用情绪、气氛、生活去充实它"[1]。

作为艺术剧院的文学顾问，丹钦科时常要到作家们的乡间别墅去"跑业务"，或约稿或讨论改稿；选定剧目后，再以联合导演的身份与斯坦尼斯拉夫斯基共同确定演出的框架与基调，必要时还得向其"推销"剧作的价值。契诃夫就是这样被他的首席戏迷丹钦科推到斯坦尼斯拉夫斯基跟前的：无论生活怎样苦闷和矛盾，永远相信人，永远在灰暗的破乱中积极却无法地向往着更好的生活，"这种充满反抗精神的基本主题"[2]贯穿在契诃夫的剧作中。

不仅是契诃夫，高尔基、托尔斯泰等作家纷纷把自己的命运同艺术剧院结合了起来。继承了俄罗斯文学的优秀传统，艺术剧院在舞台上反映着普通人的命运，向观众提出了一系列来自生活的令人忧虑的问题。这些文坛巨匠的剧作的每一次上演，不仅仅是戏剧界的大事、戏剧人的"自嗨"，也引发着全社会的关注和"药物反应"。因为剧院越是看清生活的矛盾，越会高举人道主义旗帜，捍卫人的尊严、美德、思想和友爱，因而也越能引起观众的激动，唤起个人的良心与社会责任感。

---

[1] 童道明选编：《梅耶荷德论集》，48页，上海：华东师范大学出版社，1994。
[2] [苏联] 马尔科夫、楚西金：《莫斯科艺术剧院》，陈笃忱译，8页，北京：中国电影出版社，1958。

本书所记录的便是这样一段充满理想与激情的艺术奋斗史。作者丹钦科就像一位讲解员，带领观者穿越俄国现代戏剧的万神殿，回到生活、社会和戏剧的洪流中，感受大师们的思想碰撞与行家们的身体力行，见证一座人民的剧院如何在巨人们的肩膀上诞生。而众多的观者中，便有本书的译者焦菊隐先生。

20 世纪 40 年代，焦菊隐先生在幽暗与愤懑中感受到丹钦科的召唤，倾注心血将这本回忆录翻译成了中文。是偶然，抑或是命运。1952 年 6 月，如同在致敬 1897 年夏那场十八个小时的谈话，北京人民艺术剧院的四位奠基人围绕如何建院进行了一次为期一周的畅谈，而"四巨头"中就有时任人艺副院长兼总导演的焦菊隐。[1] 从此，这本回忆录不再仅仅是现代戏剧史的一段篇章、剧院建设的一张蓝图，它跨越了时间与空间，连通并点亮了不同文化背景下有着相似经历与诉求的文艺、戏剧、生活。今天，当我们再度翻开它，依然能够触摸到那束光的温度。

此次出版的《文艺·戏剧·生活》采用焦菊隐先生的经典译本，并根据英文本和俄文本再次校订，对人名和作品名按照现在通用的译法进行了统一，对通篇文字进行了少量润色。

读者若发现本书在编校上有疏漏之处，请随时联系我们，欢迎批评指正。

为了开拓一个与读者朋友们进行更多交流的空间，分享关于后浪剧场、后浪电影学院系列图书的"衍生内容""番外故事"，

---

[1] 另外三位是当时的院长曹禺、副院长兼副总导演欧阳山尊、党委书记兼副院长赵起扬。

我们推出了"后浪剧场"这个播客节目，邀请业内嘉宾畅聊与书本有关的话题，以及他们的创作与生活。敬请关注该节目的微信公众号（参见本书后勒口的二维码），或者在微信搜索栏搜索"houlangjuchang"来获取收听途径。

服务热线：133-6631-2326　188-1142-1266

服务信箱：reader@hinabook.com

"后浪剧场"编辑部
拍电影网（www.pmovie.com）
后浪出版公司
2020 年 8 月

图书在版编目（CIP）数据

文艺·戏剧·生活 /（苏）弗·伊·涅米罗维奇 – 丹钦科著；焦菊隐译. — 贵阳：贵州人民出版社，2020.8
ISBN 978-7-221-15996-0

I. ①文… II. ①弗… ②焦… III. ①聂米罗维奇 – 丹钦科（Nemirovich-Danchenko, Vladimir Ivanovich 1858-1943）– 回忆录 IV. ① K835.125.6

中国版本图书馆 CIP 数据核字（2020）第 073933 号

Copyright © 2020 Ginkgo (Beijing) Book Co., Ltd.
All rights reserved.
本书中文简体版权归属于银杏树下（北京）图书有限责任公司

文艺·戏剧·生活
WENYI · XIJU · SHENGHUO

[苏]弗·伊·涅米罗维奇 – 丹钦科 著　焦菊隐 译
出 版 人：王　旭
选题策划：后浪出版公司
出版统筹：吴兴元
编辑统筹：赵丽娜
营销推广：ONEBOOK
责任编辑：谢丹华　张　娜
特约编辑：肖　潇
装帧制造：墨白空间·张　萌
出版发行：贵州出版集团　贵州人民出版社
地　　址：贵阳市观山湖区会展东路 SOHO 办公区 A 座
印　　刷：北京天宇万达印刷有限公司
版　　次：2020 年 8 月第 1 版
印　　次：2020 年 8 月第 1 次印刷
印　　数：1—5000 册
开　　本：889 毫米 ×1194 毫米 1/32
印　　张：13
字　　数：273 千字
书　　号：ISBN 978-7-221-15996-0
定　　价：60.00 元

后浪出版咨询(北京)有限责任公司常年法律顾问：北京大成律师事务所　周天晖 copyright@hinabook.com
未经许可，不得以任何方式复制或抄袭本书部分或全部内容
版权所有，侵权必究

本书若有质量问题，请与本公司图书销售中心联系调换。电话：010-64010019